비욘드 디지털

세계 최고 기업들은
어떻게 디지털 이후의 미래를 준비하는가?

BEYOND DIGITAL

비욘드 디지털

폴 레인원드 · 마하데바 매트 마니 지음   PwC 컨설팅 옮김

매일경제신문사

배움의 여정을 계속할 수 있도록
격려해 준 모든 분들께

급변하는 치열한 글로벌 경영환경 속에서 기업들은 생존과 지속가능한 경쟁력 확보를 위해 많은 노력을 기울이고 있다. 최근에는 '디지털화'가 핵심 경영 어젠다가 되어 왔다. 이를 위해 많은 기업들이 기술과 솔루션을 도입하거나 경쟁사가 추진하고 있는 부분을 따라 하는 경우가 많았다. 디지털 도입기인 몇 년 전만 하더라도 이러한 방식이 디지털화가 늦은 기업 대비 어느 정도 차별화를 줄 수 있었기에 효과를 볼 수 있었다.

하지만 현재 한국의 디지털환경을 보면, 대부분의 기업들이 정도의 차이는 있지만 디지털화를 추진 중에 있으므로, 기존 방식으로는 더 이상의 차별성과 경쟁력을 확보하기는 어렵다. 경영학의 고전인 마이클 포터의 역량 모델처럼 디지털을 적용함에 있어서도 차별화가 필요하다. 그래서 지금 시점은 조직을 혁신하고 미래를 선점하기 위한 전략 및 실행 관점에서 디지털을 연계하는 '비욘드 디지털'을 적용하는 것이 매우 중요하다.

국내의 유수 기업들에게 경영 자문을 하면서 이러한 부분에 대해 고민하던 시기에 이 책이 출간되어 반갑기도 했고, 많은 공감을 하게 되었다.

이 책 『비욘드 디지털』은 디지털을 통한 사업 경쟁력 확보를 달성한 12개의 대표 성공 사례에 대해 PwC가 3년 동안 진행한 구체적인 분석과 리더들의 심층 인터뷰를 통해 사례 중심으로 생생하게 담고 있다. 또한 그 결과가 7가지 관점으로 잘 정리되어 있어서 디지털화를 추진하는 기업들이 바로 실행할 수 있는 구체적인 지침을 제공하고 있다.

이 책에서 제시하고 있는 사례들이 디지털 혁신을 통해 기업의 역량을 높이고, 지속가능한 경쟁우위를 확보하고, 기업가치를 창출하고자 고민하고 있는 국내 기업들의 CEO와 관련 조직들에게 실용적인 도움이 되기를 희망한다.

PwC 컨설팅 대표
이기학

　　3년 전 '비욘드 디지털'이라는 개념을 가지고 PwC가 조사 및 분석을 한다고 했을 때, 어떤 결과를 도출할지 궁금했다. 한국은 디지털 선진국이라고 평가되고 있고, 우리 역시 디지털 관련 컨설팅 업무를 많이 하고 있었던 시기라 그 결과에 대한 상당한 기대가 있었다. 12개 글로벌 대표 기업들을 선정하고 분석 과정을 지켜보면서 매우 실질적으로 혁신에 도움이 되는 결과를 도출할 것이라는 확신을 갖게 되었다.

　　마침내 책이 나오고 옮기면서, 그동안 국내 주요 대기업에서 디지털 관련 컨설팅 업무를 하면서 느꼈던 갈증을 어느 정도 해소할 수 있었다. 특히 한국의 유수 기업들이 디지털 혁신을 추진하면서 유사한 고민 및 실행을 하고 있어서 공감이 많이 되었다.

　　최근 바이러스, 전쟁 등의 영향으로 경영환경의 변동성volatility, 불확실성uncertainty, 복잡성complexity, 모호성ambiguity이 높아짐에 따라이전보다 산업이 급격하게 파괴, 전환, 생성되고 있다. 따라서 기업의 지속적 성장을 위해서는 차별화된 디지털 경쟁력과 리더십이 그 어느 때보다 중요하다.

이 책은 마이크로소프트, 코마츠, 일라이 릴리 등 산업별 주요 디지털 혁신 기업들의 구체적인 사례와 생생한 분석 의견을 통해 디지털 적용에 대한 방향을 설정하고 실행하는 길을 제시하고 있다. 이 책이 글로벌 기업으로 성장한 한국 기업의 CEO 및 관련 분들께 길잡이가 되고 도움이 되길 바란다.

마지막으로 이 책이 출간되기까지 지도해 주시고 이끌어 주신 삼일회계법인의 윤훈수 CEO님, PwC 컨설팅 이기학 대표님께 감사드리고, 평소 업무 수행 과정에 함께 고민하고 있는 동료 컨설턴트에게도 감사를 드린다.

옮긴이를 대표하여
PwC 컨설팅 문홍기

CONTENTS

PART 1

조직의
미래를 만든다

미래는 예측할 수 없지만 만들 수는 있다.

- 데니스 가보르Dennis Gabor, 노벨 물리학상 수상자

ㅓㅓㅓ

디지털 시대는 75년 전 트랜지스터 발명과 함께 막이 올랐다. 인터넷의 역사는 50년이 넘었고, IBM PC가 출시된 것도 40년 전이다. 애플은 45세, 구글은 곧 25세가 되는 등 선구적인 디지털 기업들도 소위 고령화되고 있다. 최초의 상용 인터넷 브라우저가 탄생한 후로(거의 30년 전) "디지털화being digital"는 많은 기업들이 추구하는 가치가 되었다. 하지만, 이제는 그것으로 부족하다. 단순히 과거의 방식을 디지털화하기보다는, 새로운 형태의 경쟁력을 확보하는데 집중해야 한다.

오늘날 비즈니스의 근간이 디지털인 것은 맞지만, 디지털화로 등위성equivalency을 달성하기는 쉽지 않으며, 가능하더라도 많은 비용이 소요된다. 지속가능한 경쟁력을 확보하기 위해서는 디지털 이상의 것이 필요하다. 새로운 경쟁우위가 요구되고 있으며, 디지털로는 충분하지 않음을 인식해야 한다.

이제는 "비욘드 디지털Beyond Digital"이 필요한 시점이다.

리테일 부문에서 그 이유를 찾을 수 있다. 대부분의 산업과 마찬가지로, 기업들은 90년대 후반부터 리테일 사업에 디지털을 도입하기 시작했다. 디지털화로 인해 재고 관리 효율 개선, 거래 처리 속도 증가, 구매 및 유통을 위한 분석 등이 가능해졌다. 이러한 변화로 가격은 낮아지고 고객 경험도 전반적으로 개선되었으나, 리테일 프로세스가 근본적으로 바뀐 것은 아니었다. 기업들은 여전히 리테일 점유율을 확보(및 확대)하고, 고객들이 원한다고 생각하는 비필수재 재고를 과잉 매입하여 남은 재고는 헐값에 판매하는 데 몰두했다. 물량만 줄었을 뿐, 더 빠른 속도로 실수를 반복하는 것에 불과했다.

베스트 바이Best Buy(미국의 대형 전자 제품 유통업체)의 경우 온라인 업체들과의 가격 경쟁 심화에도 불구하고 단순히 디지털화를 추진하지 않았다. 전자 제품 판매를 넘어선 더 과감한 전략으로 구매 직후부터 고객이 겪는 문제점을 해결하고자 했다. '긱 스쿼드Geek Squad'라는 가정 방문 및 매장 내 기술 지원 서비스를 도입했고, 이를 위해 다양한 디지털 기술을 활용했다. 그 결과, 베스트 바이는 고객과의 관계를 더욱 강화하고, 기술 지원도 제공하며, 고객의 성향과 욕구를 파악하고, 고객이 전자 및 기술 제품 구매에 대해 충분한 가치를 누릴 수 있도록 지원한다. 베스트 바이는 과거의 방식을 단순히 디지털화한 것이 아니라, 시장에서 자사의 역할을 재정의하고 그 역할 수행을 위해 새로운 방식으로 디지털 기술을 도입했다. 그 결과, 수많은 경쟁 업체가 문을 닫는 상황에서도 성장을 거듭하고 있다.

디지털 이후의 세계에서 기업은 새로운 방식을 도입할 수 있으며, 그렇게 해야 한다. 이를 통해 기업들은 고객에게 제공할 수 있는 차별화된 가치를 다시 고민할 수 있으며, 또한 그러한 노력이 필요하다. 디지털 기술은 단순히 방식을 개선하는 것이 아니라 더 의미 있는 일을 하게 만든다. 기업이 미래를 재해석하는 과정에서 완전히 새로운 비즈니스 모델을 탄생시키기도 한다.

그렇기 때문에, 독자들이 이 책에서 "디지털화"에 대한 내용만 기대했다면 실망할 것이다. 이 책은 근본적으로 변화된 세상에서 기업이 자사의 포지셔닝을 재평가하고 지속가능한 경쟁력을 확보하기 위해 어떤 변화가 필요한지를 다루고 있다.

베스트 바이 등 이 책에서 연구 및 분석한 기업들의 사례는 다수의 기업들이 현재 추진하는 방식과 완전히 대비된다. 사례 기업들은 불확실한 미래를 향해 점증적으로 나아가는 방식을 택하지 않는다. 과감하고 유의미한 목적을 추구하며, 이를 달성할 수 있는 역량 체계를 근본적으로 다시 고민함으로써 자신의 미래를 만들어나갔다.

어떤 변화 때문일까? 제품의 수명이 짧아지면서 좁은 시각에서 제품과 서비스에 집중하는 전략으로는 차별화된 포지셔닝을 유지할 수 없게 되었다. 오늘 최고의 제품이 내일도 최고의 위치에 있으리라고 장담할 수 없기 때문이다. 스마트한 기업들은 자신들이 판매하는 '대상'뿐만 아니라, 업무의 '내용'과 운영 '방식'을 차별화하는 데 주력하고 있다. 차별화된 역량을 제대로 확보하기만 한다면 제품, 서비스, 솔루션, 경험 등은 저절로 따라올 것이다.

예를 들어, 애플은 디자인 역량을 통해 컴퓨터, 음악 디바이스, 휴대폰, 카메라, 워치 등 진입하는 산업마다 시장의 판도를 완전히 바꾸어 놓았다. 아마존의 리테일 인터페이스 설계는 고도화된 검색, 댓글, 링크, 온라인 결제 기능 등을 갖추고 있으며, 이는 거의 모든 소비자 계층이 온라인을 사용하게 하는 원동력이 되고 있다. 프리토레이는 빠르게 새로운 맛(예: 치토스 맥앤치즈)을 출시하는 혁신을 통해 수요가 감지되면 신속하게 신제품을 출시하고 있다.

이러한 역량에서는 기술이 중요한 역할을 하지만, 기술보다는 역량이 훨씬 중요하다. 역량은 지식, 프로세스, 기술, 데이터, 능력, 문화, 조직 모델 등이 고도로 집약되고 복잡한 형태로 결합된 것으로, 이를 통해 기업들은 타사와 차별화된 방식으로 가치를 창출할 수 있다. 역량이란 다양한 요소가 집약되어 있고 매우 복잡해서 따라 하기 어렵다. 뛰어난 역량으로 차별화된 기업들이 독보적이고 지속성 있는 경쟁력을 확보할 수 있는 것도 이 때문이다.[1]

비욘드 디지털 시대의 미래는 과거의 신념 체계를 버리고 새롭고 더 과감한 가치 제안을 수립하는 기업의 것이다. 한 조직의 힘으로는 불가능한, 가능성의 한계를 계속해서 뛰어넘는 방식으로 네트워크와 생태계의 참여자들과 협업하는 기업에 미래가 있다. "현재 우리가 기여할 수 있는 차별화된 가치는 무엇인가?", "그러한 가치 창출을 남들보다 더 잘하려면 어떤 역량이 필요한가?"라는 근본적인 두 가지 질문에 명확하고 솔직한 해답을 가진 기업들이 미래를 주도하게 될 것이다.

문제는, 이것이 말은 쉽지만 실행은 어렵다는 것이다. 진정 차별화된 역량을 구축하는 것은 단기간에 이루어지지 않으며, 낡은 모델을 가지고는 이러한 역량 기반의 새로운 방식으로 가치를 창출하기 어렵다. 파괴적 혁신의 시대에 새로운 방식으로 가치를 창출하도록 기업을 변화시키는 것은 엄청난 일이다. 기업의 목적, 비즈니스 모델, 운영 모델, 인력 등 모든 측면에 대해 질문을 던지는 리더가 필요하다. 리더는 근본적인 기업 운영 방식에 의문을 갖고, 새로운 방식을 고민하고자 하는 의지와 능력이 있어야 한다.

다행인 점은 이것이 가능하다는 사실이다. 우리가 수행한 컨설팅 업무 그리고 동료들을 통해 직접 확인할 수 있었다. 이 책에서 자세히 분석한 기업들의 성공과 발전 사례에서도 나타났다. 금융, 제약, 보석, 소프트웨어, 항공, 건설 등 다양한 분야의 경쟁 속에서 이 기업들은 차별화된 역량 구축을 중심으로 전략을 피봇팅pivoting 했으며 비욘드 디지털을 추구하는 것의 중요성을 입증해 보였다.

'비욘드 디지털' 12개사

기존의 기업들이 비욘드 디지털을 추구하면서 경쟁에서 성공한 전략을 분석하기 위해 우리는 상당한 변화를 겪으며 성공을 거둔 기업들을 대상으로 3년간(2018-2021년) 조사를 실시했다. 먼저, 동종 업계 기업, 전문가 등에 대한 폭넓은 조사를 통해 새로운 전략 방향을 수립, 실행하는 역량으로 가장 인정받는 기업들을 파악했다. 업계 전문가들이 추천한 수십여 개의 기업들 중 다양한 기준을 통해 12개 기업을 선정했다. 그리고 해당 기업들이 대대적인 트랜스 포메이션을 실행했는지, 그 이후의 지속적인 사업적 성공과 어떤 상관관계를 보이는지 등을 살펴보았다. 최대한 다양한 산업과 지역에 해당되는 기업들을 선정하고자 했다. 우월한 위치에서 변화를 시도한 기업뿐만 아니라 위기 상황에 잘 대응한 기업들도 포함되었다. 마지막으로, 리더들이 수차례의 심층 인터뷰를 통해 자신의 인사이트와 경험을 솔직하게 공유하고자 하는 기업들을 선택했다.

우리가 분석한 12개 기업들을 간략히 소개하면 다음과 같다. 각장에서 좀 더 자세히 설명하기로 한다.

- **필립스:** 네덜란드의 다국적 기업으로, 19세기 말 전구 제조업체로 설립되었다. 주요 사업이었던 조명 및 소비자가전 부문을 매각하고 의료기기 제조 노하우와 첨단 기술, 헬스케어 솔루션 역량을 결합해 새로운 미래 전략을 수립했다. 그 결과, 전 세계 수십억 명의 건강 증진에 기여하고 있다.
- **히타치:** 발전 사업부터 가전기기, 반도체에 이르기까지 제품

기반의 포트폴리오를 보유한 일본의 대기업이다. 글로벌 시장 환경과 경쟁 구도가 급격하게 변화하면서 소위 "사회 혁신 비즈니스"를 통해 삶의 질을 높이고 환경을 보호하는 사회를 만들기 위한 사업 재편을 단행했다. 이후 히타치는 IT, 에너지, 산업, 스마트 라이프, 모빌리티 시장에 집중했고, IT, 운영 기술, 제품 분야에서 강점을 확보하고 있다.

- **타이탄**: 인도 타타그룹 산하의 시계 제조사로, 강력한 생태계 구축을 통해 인도의 보석 업계를 바꾸어 놓았다. 현대적인 리테일 경험과 함께 장인정신이 담긴 우수한 제품을 선보이고 있다.

- **일라이 릴리**: 미국의 제약 회사. 가장 수익성 높은 의약품들의 특허가 만료되면서 위기에 놓였다. 치료제의 R&D 성공률과 출시 시기를 크게 개선하고자 대대적인 변화를 실행했고, 다시 업계 최고의 포지션을 되찾았다.

- **씨티그룹**: 미국의 글로벌 은행으로 금융 슈퍼마켓 역할을 했다. 2007~2008년 금융 위기로 파산 위기에 놓이자 먼저 회사의 정체성에 대해 고민하고 씨티홀딩스를 설립해 새로운 정체성에 맞지 않는 사업은 모두 매각했다. 이를 기반으로 금융 위기를 이겨낸 경험을 통해 전략을 혁신하고, 미래 지향적인 디지털 글로벌 뱅크로의 변신을 꾀하고 있다.

- **어도비**: 실리콘밸리의 그래픽 소프트웨어 기업이다. 비즈니스 모델을 혁신해 클라우드 기반의 구독 서비스로 전환하여 제

품군을 강화하고 새로운 관련성을 창출했다. 이를 통해 확보한 데이터, 고객 인사이트를 활용해 디지털 사업을 효과적으로 구축 및 운영하고 있다.

- **코마츠:** 건설 장비 제조 및 판매업체에서 디지털 기반의 스마트 건설 솔루션의 강자가 된 일본 기업이다. 고객사의 생산성 및 안전성을 획기적으로 개선하는 데 기여하고 있다.

- **허니웰:** 미국에 본사를 둔 다국적 대기업이다. 경쟁이 치열한 상업용 항공기 판매 및 서비스 시장이 디지털화로 인해 대대적으로 변화하는 것을 경험한 후 커넥티드 항공기 사업을 시작했다. 기내 및 항공기 간 통신 방식을 혁신해 더욱 안전하고 생산적이며 즐거운 비행을 만들어 가고 있다.

- **마이크로소프트:** 워싱턴주 레드먼드에서 설립된 소프트웨어 거대 기업이다. 클라우드 중심, 모바일 중심 시대에 재빠르게 적응했다. 소프트웨어 라이선스와 제품을 판매하는 기술 기업에서 클라우드 서비스 판매에 기반한 비즈니스 모델로 변신했다. 다양한 조직과 개인들이 업무를 개선하고 더 나은 일상을 즐길 수 있게 되었다. 새로운 변화를 통해 마이크로소프트는 대대적인 조직 및 문화의 혁신을 실행하고 있으며, 이를 통해 고객의 성공을 바탕으로 성공을 거두는 비즈니스를 전 세계적으로 구축 및 운영하고 있다.

- **클리블랜드 클리닉:** 혁신으로 유명한 헬스케어 센터이다. 우수한 의료 역량을 더 많은 지역과 환자를 대상으로 확대해 왔으

며, 생태계 확장 과정에서 얻은 교훈을 공유하여 어디서든 양질의 의료 서비스를 제공하기 위해 노력하고 있다.

- **인디텍스:** 스페인의 다국적 리테일 기업으로 자라Zara 브랜드를 통해 중저가 패션 시장을 오랫동안 선도해 왔다. 경쟁사보다 더 빨리, 더 깊이 고객의 니즈를 이해하고, 그러한 니즈를 더욱 효과적으로 충족시키기 위해 오프라인 매장과 온라인 판매 채널을 통합하는 등 최근 운영 방식을 완전히 바꾼 바 있다.
- **STC 페이:** 사우디 텔레콤의 금융 스타트업으로, 사우디 기업, 시민 및 외국인 노동자들에게 혁신적인 금융 솔루션, 은행 기술, 디지털 경험을 제공하는 매우 성공적인 핀테크 플랫폼을 선보였다. 공급이 부족했던 이슬람 뱅킹 시스템에, 과거에는 보지 못했던 편리한 서비스가 탄생했다.

기업들의 사례는 각기 다르지만, 이들은 모두 산업과 비즈니스 모델을 새로운 시각에서 접근했다. 이미 우월한 입지에서 시작한 기업도 있었고, 존재의 위협에 직면한 기업도 있었다. 하지만, 이들의 공통점은 디지털 이후의 세계에서 새로운 경쟁 전략이 필요함을 깨닫고 변화에 적극적으로 대응하면서 스스로 미래를 만들어 갔다는 것이다.

이러한 12개 기업에 대한 분석을 통해 우리는 디지털 이후의 세계에서 성공적 혁신을 위한 핵심 원칙 7가지를 도출했다. 이는 지속적인 성공을 달성하는 데 강력한 로드맵이 될 것이다. 자세한 내용은 다시 설명하겠지만, 먼저 경쟁 다이나믹스의 변화를 간략히 살펴보는 것이 도움이 될 것이다("속도의 덫" 참조).

속도의 덫

"디지털 이후의 시대"의 차이점을 연구하면서, 한 동료가 이렇게 말했다. "변화의 속도가 빨라진 것이 차이점이라고 누가 한 번만 더 얘기하면, 짜증이 나서 쓰러질 것만 같다. 『미래의 충격』이 출간된 것이 1970년이다.[a] 자그마치 비틀즈가 해체됐을 때다."

사람들이 변화에 주목하는 이유는 새롭기 때문이고, 지속성을 무시하는 이유는 새롭지 않기 때문이다. 정전이나 누수를 겪어야만 전기 또는 수도의 중요성을 깨닫는 것과 마찬가지다. 아마존의 제프 베조스는 2012년 이렇게 말했다. "나는 '10년 후 세상이 어떻게 바뀔까?'라는 질문을 정말 자주 받는다. 흥미롭기도 하고, 정말 자주 듣는 질문이다. 하지만, '10년 후에도 바뀌지 않는 것은 무엇일까?'라는 질문을 하는 사람은 거의 없다. 단언컨대, 후자의 질문이 더 중요하다. 시간이 지나도 바뀌지 않는 것들을 중심으로 비즈니스 전략을 세울 수 있기 때문이다."[b]

사람들이 가장 먼저 떠올리는 새로운 시대의 특징은 "속도"지만, 속도는 다양한 현상을 진단한 것에 불과하다(이 책을 통해 이러한 흥미롭고 다면적인 현상에 대해 자세히 살펴볼 것이다). "속도"라는 답은 단순한 정도가 아니라 위험한 진단에 해당한다. "쳇바퀴를 가장 빨리 돌리는 햄스터가 되라."는 잘못된 처방으로 이어질 수 있기 때문이다. 속도에만 집중한다면, 같은 실수를 더 빨리 반복하게 될 뿐이다.

우리가 질문해야 할 것은 '쉽게 바뀌지 않는 것'들이다. 해결이 필요한 중대한 사안들, 고객들이 현재 그리고 앞으로도 갖게 될 근본적인 욕구와 니즈, 조직이 제공할 수 있는 차별화된 가치 등이다.

속도는 분명 중요하지만, 일반적으로 생각하는 방식과는 다르다. 중요한 것은 내부 의사 결정의 속도인데, 사람들은 외인적인 속도(환경의 변화속도)에만 관심을 갖기 때문이다. 사람들은 특히 기술의 변화 속도에만 집중하지만, 더 중요한 것은 비즈니스 모델 혁신의 속도이다. 이러한 혁신은 보통 기술이 주도하지만, 훨씬 느리게 진행된다.

쉽게 바뀌지 않는 것들을 조직의 근간으로 삼는다면, 고객과 조직의 목표 달성을 위해 가장 중요한 것에 집중할 수 있다. 이러한 전략은 변화에 앞서가는 조직, 스스로 미래를 만들어 가는 조직을 가능하게 한다. 외부적 요인에 수동적으로만 반응하는 것이 아니라, 조직이 원하는 변화를 주도적으로 만들어 갈 수 있다.

a Alvin Toffler, Future Shock(New York: Random House, 1970)
b https://www.youtube.com/watch?v=04MtQGRlluA

새로운 경쟁 다이나믹스

첫 번째 단계는 현재 성공 동력의 기본 요소를 차분히 다시 점검하는 것이다. 수많은 신기술이나 트렌디한 비즈니스 모델, 최신 툴과 어플리케이션 등을 말하는 것이 아니다. 경쟁우위가 바뀌게 된 근본적 방식, 승자와 패자를 결정짓는 새로운 요인에 해당한다.

우리가 확인한 주요 변화는 '수요 혁명', '공급 혁명', '경영환경 변화' 이 3가지로 구분할 수 있다.

수요 혁명

수요 측면에서, 인터넷은 각 기업의 홈페이지 또는 아마존, 이베이, 알리바바 등의 플랫폼을 통해 고객들의 선택 폭을 훨씬 넓혔다. 이제 고객들은 전 세계 어느 곳의 업체든 그 상품과 서비스를 보고 구매할 수 있으며, 모든 기업은 경쟁자 수가 급격히 늘어나게 되었다. 온라인 후기 덕분에 고객들은 비교 후 구매하고, 다른 고객들의 경험도 확인할 수 있게 되었다. 탁월성과 차별성을 모두 확보하지 못한 기업은 숨을 곳이 없어졌다.

디지털 시장에서는 고객들이 자신이 선택한 제품을 모든 신제품과 비교하고 최적의 가치 제안을 제시하는 기업을 선택하는 것이 용이해짐에 따라 고객 충성도와 고객 유지율이 하락했다.[2] 관계는 여전히 중요하지만, 진정한 차별화 없이는 관계를 구축 및 유지하는 것이 점점 어려워지고 있다. 성능이 계속해서 재평가됨에 따라 신뢰, 품질, 경험, 가치에 대한 고객들의 기본적인 기대치는 계속 변하고 있다. 또 다른 변화는 고객 스스로 다양한 제품을 통합하려는 경향이 줄어들고 있다는 점이다. 고객들은 직접 솔루션을 이어 붙여 가는 것이 아니라, 기업이 통합적인 솔루션을 제공해 주기를 기대하고 있다.

이렇게 선택의 폭이 넓어지고 구체적인 요건이 계속 늘어나면서 고객들도 변화하고 있다. 수많은 커뮤니케이션 채널을 통해 자신의 니즈를 표현하는 것뿐 아니라, 그러한 니즈가 충족될 것을 요구하고 있다. 따라서 이제 단순한 고객 세분화는 의미가 없다. 기업들이 맞추어야 하는 고객의 기대는 거의 무한대이기 때문이다.

마지막으로, 고객들은 제품 또는 서비스의 경험에 대해서도 더 많은 것을 요구하고 있다. 검색, 구매, 배송 속도, 지속적인 서비스 등에 이르기까지, 경험은 제품이나 서비스만큼 중요하다.

고객의 기대치가 높아지고 다양한 선택에 대한 평가가 용이해지면서 기업에 대한 기대치가 크게 높아졌다. 단순히 생존하는 것만으로는 충분하지 않으며, 남들과 똑같이 하면 오히려 뒤떨어진 기업이 될 확률이 높다. 미래는 실질적인 차별화, 즉 측정가능하고 의미 있는 가치 창출이 핵심이 될 것이다.

공급 혁명

공급 측면에서 아직 기존 방식의 영향은 있지만, 상당한 변화가 기업들의 경쟁 구도를 바꾸어 놓고 있다.

먼저 규모의 문제다. 대기업들은 수십 년간 대량 생산, 유통, 마케팅, 백오피스 운영 등의 장점을 활용해 시장을 지배할 수 있었다. 이제는 그러한 기능 없이 유사한 수준의 스케일업이 얼마든지 가능하다. 과거 대기업들이 누렸던 백오피스의 강점을 이제는 클라우드 컴퓨팅이 대체하고 있으며, 복잡한 제조업도 과거에 비해 훨씬 덜 자본집약적이다. 중소기업(주로 대안금융을 통해 운영)이 기존의 대형 업체들과 정면으로 승부할 수 있는 세상이다. 미국의 로빈후드Robinhood, 독일의 N26, 영국의 오크노스뱅크OakNorth Bank 등 핀테크 기업들은 금융 서비스 시장을 크게 바꾸어 놓았다. 전통 기업의 힘은 쇠퇴하고, 진입 장벽은 낮아졌다.

둘째, 마찰 비용이 낮아지면서 소위 '협력 장벽'이 크게 줄었다. 30년 전에는 기업들이 시스템으로 데이터를 교환하려면 수만 달러를 투자해 협력사를 선정하고 전용 통신선을 설치해야 했다. 이제는 다양한 규모의 협력사와 연결되는 것이 훨씬 쉬워졌다. 마찰 비용이 아예 사라진 것은 아니지만, 비용과 비효율이 줄어들면서 기업, 기관 등의 생태계가 형성되었고, 어느 한 기업의 힘으로는 해낼 수 없었던 방식으로 가치를 제공하고 있다. 이러한 생태계 기반 경제는 여러 면에서 중요한 의미를 갖는다.

- 과감한 가치 제안을 제시함으로써 고객의 실질적인 문제를 해결하고(모빌리티, 헬스케어 등의 니즈 해결), 다른 기업들도 이에 동참하도록 유도한다.
- 알리바바, 아마존 등 대규모의 네트워크가 형성되고, 이러한 생태계로 참여시키는 플랫폼업체가 등장한다.
- 조직의 강점 분야에 집중하고 나머지는 아웃소싱하는 전문화가 증가한다. 이제 마케팅의 경쟁력은 분석, 웹디자인, 사용자 경험 설계, 디지털 자산 관리, 유료 검색 및 SNS 활용, PR, 브랜딩, 광고 등 다양한 것을 아우르고 있다. 전문 서비스를 편리하게 활용할 수 있게 되면서 기본적인 기대치가 높아져 방대하고 속도가 느린 제너럴리스트 기업은 경쟁하기 어려운 상황이 되었다.

- 경쟁이 심화된다. 생태계 접근이 용이해졌다는 것은 그 안에서 역할을 하는 모든 참여자가 자신의 위치를 잃지 않도록 대비해야 함을 의미한다.

또한, 기업의 데이터 확보, 저장, 분석 능력 덕분에 고객, 공급망, 제조 등 모든 업무의 퀄리티가 크게 향상되었다. 필요한 데이터를 보유한 기업과의 파트너십, 고객의 욕구 또는 니즈에 대한 인사이트를 얻을 수 있는 고객 인터랙션 채널 구축 등 어떤 방법을 택하든 간에, 데이터를 통한 스케일업은 이제 많은 프로젝트에서 필요한 원동력이 되었다.

경영환경의 변화

경쟁 다이나믹스, 즉 경영환경의 변화를 가져온 세 번째 요인은 세상이 훨씬 복잡해졌다는 것이다. 과거의 리더는 주로 수익 창출이 목적이었지만, 오늘날의 리더는 가치 창출을 위해 훨씬 더 많은 요인들을 종합적으로 고려해야 한다. 고객을 위해 가치를 창출하고, 직원들에게 투자하며, 협력 업체와 공정하고 윤리적인 방식으로 협업하며, 환경의 지속가능성을 생각하고, 지역 사회를 지원하면서도, 주주를 위한 장기 가치를 창출해야 한다.[3] 이제 모든 기업은 미래를 위한 사업 목표에 ESG(환경, 사회, 거버넌스)를 반영해야 하는 시대가 되었다. 이해관계자들은 기업의 ESG 영향을 투명히 공개할 것을 요구하고 있으며, 기업 또는 투자의 전체적인 가치 평가시 비재무적 보고의 중요성이 급격히 높아졌다.

이제 직원들은 점점 자신들의 가치관에 공감할 수 있는 직장을 원하며, 기업들은 이러한 변화를 수용해야 한다. 직원들은 기업이 지역 사회에 다양한 기여를 할 것을 요구하고 있다. 현재 세계를 위협하는 기후 변화, 양극화, 실업, 양성평등, 인종주의, 정신/감정적 건강 등 중요한 사회 문제 해결에 기업이 기여하기를 기대하고 있다.

전 세계적으로 연결성의 속도가 점점 빨라지면서 중요한 기회가 창출되는 한편 불확실성과 리스크는 높아졌다. 허리케인, 홍수, 산불, 공급망 중단, 무역 전쟁, 정치적 갈등, 무력 분쟁, 팬데믹 등 이러한 사건이 사업장과 멀리 떨어진 곳에서 발생한다 하더라도 전혀 영향을 안 받기는 어렵다. 기업은 고객의 구매 능력, 직원의 업무 수행 능력, 협력사의 실행 능력에 영향을 주는 문제에 대응해야 한다.

또한, 규제도 새로 수립되고 계속 변화하고 있다. 기후 변화 대응, 국내 경제 보호, 팬데믹으로부터 국민의 건강 보호 등 그 목적이 어떤 것이든 제도 변화는 불가피하며, 기업 운영에 상당한 영향을 끼칠 수 있다.

...

물론 이러한 변화는 단기간에 일어나지 않는다. 어니스트 헤밍웨이의 소설 『태양은 다시 떠오른다』 속 한 인물이 이러한 현상을 가장 정확히 설명한 듯하다. 어떻게 파산하게 되었냐는 질문에 그는 답했다. "두 가지 방법으로였다. 서서히, 그러고는 갑자기."[4]

리더와 기업은 어떻게 대응해야 하는가

수요 혁명, 공급 혁명, 경영환경 변화가 커리어 사이클의 절반도 안 되는 시간 동안 빠르게 일어나고 있다. 기업은 어떻게 대응해야 하는가? 리더인 우리는 어떻게 대응해야 할까? 전통적인 전략은 규모의 확대를 통해 장악하고, 분할을 통해 "가치를 확산"시키며, 사업의 디지털화 또는 합리적 개선, 아니면 그저 속도를 높이기 위한 프로젝트를 지속적으로 수행하는 것이었다. 하지만, 이것은 근본 원인이 아닌 증상에 대한 대응에 불과하다.

더 심층적인 대응은 경쟁 다이나믹스의 변화에 맞추어 근본적으로 새로운 가치 창출 방식을 찾는 것이다. 이제 중요한 성공 요소는 새로운 디지털 기반 생태계 및 플랫폼을 통해 차별화된 특별한 방식으로 고객과 시장에 가치를 제공하는 핵심 역량을 확장하는 것이다.

인디텍스의 플래그십 브랜드인 자라는 이러한 역량 기반 방식으로 경쟁하고 차별화된 역량을 발전 및 확장하기 위해 모든 디지털 도구와 기술을 도입해 시장(중저가 패션)을 재편한 기업의 예이다.

패션 시장은 수요 혁명이 먼저 시작된 분야 중 하나다. 소비자

취향이 빠르게 변화하고 고객 이탈률이 높은 초경쟁 시장이다. 자라는 수십 년 전부터 이러한 트렌드에 정면으로 대응하기 시작했다. 전통적인 물량 기반의 리테일 모델이 아닌, "수요 맞춤"에 기반한 독특한 비즈니스 모델을 만들어 냈다. 다음 패션 시즌을 위한 제품 생산에 많은 자원을 투입하기보다는 소량을 투입한 후 고객의 피드백과 고도의 반응형 생산 네트워크를 활용해 주 2회 다양한 새로운 제품을 채워 넣고 있다. 전통적인 대량생산 방식을 벗어나 유연한 대응을 위해 소규모로 배치 및 생산하고, 제조 공장의 60%를 스페인 본사 인근에 두는 방식을 택하고 있다. 그 덕분에 단 5일 만에 새로운 스타일의 프로토타이핑이 가능하고, 신제품 설계와 생산에서 매장 출시까지 15일이면 충분하다. 이러한 컨셉은 엄청난 성공을 거두고 있다. 인디텍스는 1988년부터 글로벌 확장을 시작했고, 매출 기준 세계 최대의 패션업체로서 온라인 플랫폼을 통해 200개 이상의 시장을 대상으로, 오프라인은 96개국에 6,000개 이상의 매장을 운영하고 있다.

자라의 성공은 고객에 대한 깊은 인사이트, 패션을 정확히 예측하는 디자인, 효율적인 반응형 제조 및 운영 체계, 글로벌하고 일관성 있는 브랜딩 등의 역량을 조직 전반에서 구축하고 확장했기에 가능했다. 이러한 역량은 각각 상호 의존적, 보완적으로 작용하면서 시스템 안에서 서로 맞물려 돌아가고 있다.

하지만, 자라의 리더들은 그러한 성공에 만족하지 않았다. 자사의 혁신적 공급 모델은 변화에 맞춰 계속 변화해야 함을 인식하고,

디지털을 도입해 자라의 차별성을 완전히 새로운 수준으로 강화했다. 과거에는 판매 직원과 매니저들이 고객이 무엇을 좋아하고 싫어하는지, 어떤 제품의 입고를 원하는지 등을 직접 관찰하고 대화하면서 고객에 대한 인사이트를 얻었다. 이것도 여전히 중요하지만, 이제는 추가적인 정보를 통해 좀 더 보완하고 있다. 2014년 인디텍스의 리더들은 기존의 기술을 새롭게 해석해 자라가 판매하는 모든 제품의 보안 태그에 저렴하고 재활용이 가능한 RFID 칩을 설치했다. 당시에는 거의 최초의 시도였다. 이러한 태그 덕분에 지금까지도 의류 제품을 물류 플랫폼에서 최종 판매 단계까지 전 세계 어디서든 즉시 개별적으로 추적할 수 있다. 자라는 이러한 정보를 활용해 예전보다 훨씬 정확하게 패션 트렌드를 파악하고 새로운 컬렉션을 내놓고 있다. 헤수스 에체바리아_{Jesús Echevarría} 자라 최고 커뮤니케이션책임자는 "RFID는 엄청난 진전이었다. 전통적인 '수요 맞춤' 모델의 정확도를 더욱 높일 수 있는 툴이었다. 신속하게 매장에서 원하는 사이즈를 찾고, 재고 정보를 업데이트할 수 있었다. 물론 그 덕분에 파블로 이슬라_{Pablo Isla} CEO가 온라인과 오프라인 매장을 완전히 통합한 플랫폼을 구축할 수 있게 되었다."[5] 라고 회상했다.

자라는 여기에서 멈추지 않았다. RFID 도입 후 물류의 효율성, 매장 내 의류 관리 정확성이 상당히 높아지고, 전반적인 고객 서비스 기준이 개선되었음을 발견했다. 온·오프라인 매장의 완전한 통합도 가능해졌다. 이는 리더들이 RFID 확대에 대해 고민하기 시작했을 때 예상도 못 한 부분이었다. 하지만, 이반 에스쿠데로_{Iván} Escudero RFID 및 통합창고 총괄이 언급한 바와 같이, 이제는 이커머스 매출이 더 중요해지면서 "어느 국가에서나 온라인이 최고의 매장이 되었다."

인터넷은 모든 컬렉션이 모여 있는 거대한 매장이다. 고객들도 많이 바뀌었다. 온라인에서 마음에 드는 것이 있어 매장을 방문했는데 찾는 제품이 없으면 실망할 수 있다. 이제는 온라인으로 주문한 제품을 원하는 매장에서 픽업할 수 있으며, 어느 매장에서 주문하더라도 집까지 배송된다. 이것이 가능한 것은 RFID를 사용하는 방식 덕분이다. RFID는 재고가 어디에 있는지를 정확히 알려줌으로써 중앙화된 재고 관리를 가능하게 한다. 주변에 있는 고객이 주문을 하면 창고에서 매장으로 보내고, 이것을 최종 고객에게 배송한다.

인디텍스는 매장의 컨셉도 바꾸고 있다. 대형화된 하이테크 매장을 열고, 기존 매장은 확장 및 현대화하며, 새로운 통합 서비스에 최적화되지 않은 소형 매장은 통합한다. 또한, 쇼핑 경험을 단순화할 수 있는 기술 도입을 확대하고 있다. RFID를 통해 원하는 제품을 손쉽게 찾을 수 있으며, 고객들은 모바일 어플리케이션이나 매장 내 기기를 통해 피팅룸을 예약할 수 있다. 고객이 계속 쇼핑을 하고 있으면 피팅룸이 준비되었음을 문자로 알려준다. 셀프

비욘드 디지털

계산, 모바일 계산 등을 통해 대기 시간도 줄이고 있다.

2017년 자라는 새로운 쇼핑 경험을 위한 팝업 컨셉을 도입했다. 팝업 매장은 런던에서 시작해 다른 도시로 확대되었고, Zara.com에서 구매할 수 있는 제품 중 일부를 선별해 매장에서 선보이고 고객들이 온라인으로 주문을 하고 환불 또는 교환할 수 있다. 자라 직원들은 태블릿 PC를 들고 다니며 고객들이 매장에서 언제든 구매와 결제를 할 수 있도록 지원한다. 스마트 미러를 통해 제품을 실물 크기로 확인하고 다른 의류, 액세서리 제품과 매치해 볼 수 있다.

인디텍스의 온·오프라인 통합 플랫폼 전략의 근간이 된 다양한 트렌드는 코로나-19로 인해 더욱 가속화되었다. 2020년 6월, 자라는 디지털 트랜스포메이션을 가속화 및 확대하겠다고 발표했다. 향후 2년간 첨단 기술 솔루션을 도입해 온라인 사업 강화에 10억 유로, 매장 통합 플랫폼 업그레이드에 17억 유로를 투자할 예정이다. 또한 이러한 새로운 고객 경험을 제공하기에 최적화되지 않은 1,000개 이상의 소형 매장은 통합할 예정이다. 파블로 이슬라 자라 회장은 "가장 중요한 목표는 고객이 시간, 장소, 디바이스에 구애받지 않고 언제 어디서나 불편함 없는 서비스를 제공한다는 원칙을 바탕으로 통합 매장의 전면적 도입을 가속화하는 것이다."라고 말했다.[6]

자라의 사례와 같이, 차별화 역량은 기능 부서 리더들만의 업무가 아니다. 이러한 역량은 기업의 정체성을 결정짓는 것이기 때문에 사업 목적의 핵심에 담겨 있어야 하며, 고객에게 약속한 가치 제안의 실현을 가능하게 해야 한다. 또한, 조직은 이러한 역량에 더 많은 자원과 인재를 투자해야 한다.

비욘드 디지털 리더십을 위한 7가지 핵심 원칙

기존 기업들이 디지털 이후의 세계에서 지속적인 가치를 창출하기 위해서는 트랜스포메이션이 필요한 경우가 대부분이다. 하지만, 여기에서 핵심은 단순한 기술 혁신이 아니다. 이미 기업들은 디지털을 통해 고객에게 도달하는 방법과 직원들의 기본적인 업무 환경을 구현했다. 하지만 이러한 디지털 이니셔티브의 가속화는 단순히 생존을 위한 수준에 불과하다. 아무리 많은 디지털 이니셔티브를 실행한다 하더라도(속도는 다르더라도), 모두 똑같은 것을 실행하고 있는 상황에서는 그것만으로 성공할 수 없다.

그렇다면 성공적인 트랜스포메이션을 위해서는 무엇이 필요하고, 이를 어떻게 실행해야 하는가? 우리는 기업의 성공 비결에 대한 기존의 연구와 경험을 보완하기 위해 앞서 언급한 12개 기업들을 자세히 분석했다. 성공적인 기업만 선택해서 성공하는 기업들의 공통점을 찾으려고 하지 않았다. 이는 이미 많은 연구자들이 실패한 방식이다. 우리는 안정적인 대기업 중에서 장기간에 걸쳐 일관성 있는 성과를 도출할 수 있는 전략을 도입한 사례에 집중했다

(방대한 분석과 수십 년간의 현장 고객 경험을 바탕으로 파악한 것이다). 그 전략이란 차별화된 가치 제안을 실현할 수 있는 차별화 역량을 기반으로 기업의 미래를 만들어 가는 것이다.[7] 우리는 이러한 방법을 택한 기업들을 선정하고 이들이 무엇을 어떻게 실행했는지를 연구해 비욘드 디지털 시대에 이들이 시장에서의 적합성을 유지하고 계속해서 가치를 창출하는 데 성공한 비결을 알아보고자 했다.

우리의 목표는 단순히 이러한 기업들이 '무엇을' 했느냐가 아니라, '어떻게' 했는지를 파악하는 것이었다. 미래에 대해 어떤 선택을 했는지, 의사 결정의 근거가 된 인사이트를 어떻게 얻었는지, 리더들이 어떤 방식을 택하고 조직 구성원들을 어떻게 몰입시켰는지, 그 과정에서 불가피한 장애물들을 어떻게 극복했는지를 파악하고자 했다.

산업, 지역, 규모의 차이에도 불구하고, 12개의 사례 기업들이 택한 트랜스포메이션의 과정과 그 리더들이 변화에 대응한 방식에서 공통적인 핵심 원칙을 발견할 수 있었다. 이들은 먼저 외부 환경을 파악하는 것에서 시작해 자사의 가치 제안, 고객 및 협력사와의 관계를 재구성했다. 그 후 대대적인 조직 내 트랜스포메이션을 통해 운영 및 리더십 방식을 목표에 일치시켰다. 트랜스포메이션의 마지막 단계는 리더들이 자신의 신념, 강점, 약점 등이 조직의 미래를 만드는 데 적합하도록 스스로 변화를 받아들인 것이다.

이러한 분석에서 얻은 인사이트를 "7가지 리더십 핵심 원칙"으로 요약해 보았다. 이는 필요한 트랜스포메이션을 구성, 실행하는 방법에 관한 강력한 지침이 될 것이다.

각 요소에 대해서는 나머지 장에서 자세히 살펴보겠지만, 성공적인 사례 기업들이 각 핵심 원칙을 실행한 방법을 정리하면 표1과 같다.

기업의 포지셔닝을 재구상한다

비욘드 디지털 세계에서 성공을 거두기 위해서는 기업이 어떤 포지셔닝을 목표로 하는지 결정해야 한다. 기존의 사업 및 제품 포트폴리오와 타사의 전략을 넘어 기업이 원하는 모습을 재구상하기 위해 획기적인 상상력이 필요하다. 고객, 사회를 위해 창출하고자 하는 차별화된 가치, 타사는 할 수 없는 방식으로 가치를 창출하기 위해 필요한 특별한 역량 체계의 관점에서 기업의 포지셔닝을 새롭게 정의해야 한다. 우리 조직이 지구상에서 사라진다면, 고객과 사회에 얼마나 큰 공백을 남기게 될 것인가?

오늘날 기업들은 5~10년 전에는 상상할 수 없었던 수준으로 훨씬 많은 가치를 창출하고 있다. 공동의 목표를 위해 협업하는 것이 훨씬 용이해졌고, 플랫폼과 생태계의 발전 덕분에 주력하고자 하는 분야와 외부 조직의 역량을 활용할 수 있는 분야를 더 확실하게 선택할 수 있게 되었기 때문이다. 이는 대기업에만 해당되는 것이 아니다. 어떤 기업이든(그리고 모든 기업은) 목표로 하는 사업 부문 또는 고객의 니즈에 대해 더 대범하고 명확한 비전을 택할 수 있으며, 또 그렇게 해야 한다.

표1 조직의 트랜스포메이션 및 타사와의 차별화를 위한 7가지 리더십 핵심 원칙

		타사의 전략	우수 기업으로부터 얻은 교훈
외부 환경 대응 방안		디지털 이니셔티브를 실행하고 고객 및 경쟁사의 움직임에 적응한다.	기업의 포지셔닝을 재구상한다: 기업이 해결하고자 하는 중대한 문제, 그리고 이를 해결하기 위한 차별화 역량을 재정의하여 기업 스스로 미래를 만들어 간다.
		공급업체, 유통업체 및 기타 외부 업체로부터 가치사슬의 구성 요소를 조달한다.	생태계를 통해 가치를 창출 및 수용한다: 타 조직(경우에 따라 경쟁사 포함)과 협업하여 어떤 기업도 혼자서는 할 수 없는 가치 제안을 제공한다. 가장 잘하는 사업에 집중하고, 생태계 내에서 가능한 역량, 속도, 규모를 결합해 모든 참여자를 위해 더 많은 가치를 창출한다.
		데이터 애널리틱스에 투자해 고객 행동에 대한 이해를 높인다.	고객에 대한 독보적인 인사이트 시스템을 구축한다: 고객의 진정한 욕구 및 니즈에 관한 차별화된 인사이트를 얻기 위해 고객과의 신뢰관계를 구축한다. 적극적으로 데이터를 확보 및 공유함으로써 독보적인 인사이트를 창출하는 역량을 강화한다. 변화에 앞서고 지속적으로 더 나은 가치를 창출하기 위해 이러한 인사이트를 기반으로 경쟁한다.
본질적인 경쟁력 확보 방안		기능 부서 및 사업부 전문화라는 매트릭스 모델로 구성되어 있다. 크로스펑셔널 프로젝트를 통해 변화를 위한 프로젝트를 수행한다.	성과 지향적인 조직을 만든다: 조직의 미래를 이끌어 갈 차별화된 역량을 발휘하는 성과 지향적 팀에 다차원적 능력을 집중시킨다. 이러한 팀들을 조직의 운영 모델의 중심에 두고, 새로운 업무 방식이 가능하도록 조직의 DNA를 바꾼다.
		경력이 많은 리더에게 강력한 탑다운 권한을 부여해 각 부문에서 결과를 도출하도록 유도한다.	리더십 팀의 포커스를 완전히 바꾼다: 리더의 역할, 능력, 권한 구조를 재평가해 협업 성과를 높인다. 거버넌스 메커니즘을 구축해 리더들이 함께 트랜스포메이션을 추진하는 데 주력하게 한다.
		변화에 대한 저항을 극복하고 구성원의 참여에 대한 인센티브를 제공하기 위해 변화 및 커뮤니케이션 프로그램을 실행한다.	구성원과의 사회 계약을 다시 수립한다: 직원 중심의 트랜스포메이션을 통해 자동화 시대에 인간의 본질적 가치를 확인시키고 트랜스포메이션 과정에서 주도적 역할을 할 수 있는 자유와 수단을 부여한다. 목적, 기여, 공동체, 급여 외 보상 등을 핵심으로 하는 몰입 체계를 만든다.
리더십의 재해석		중요한 변화의 실행을 위해 강인한 리더십을 확보한다.	자신의 리더십 방식을 파괴적으로 혁신한다: 다양한 리더십 패러독스에 있어 강점이 독이 되지 않도록 새로운 유형의 다면적 리더십이 필요함을 인식한다.

강력한 포지셔닝 전략은 예술과 과학을 모두 아우르는 것이다. 트렌드를 관찰하고 고객의 욕구를 파악하는 것으로는 충분하지 않다. 가치를 평가하고 창출할 방법을 결정함으로써 변화에 앞서가야 한다. 미래에 영향을 끼칠 수 있는 제도, 사회, 환경, 기술 변화를 인식해야 한다. 기업의 차별화된 경쟁력이 무엇인지, 이를 활용해 특별한 가치를 창출할 수 있는 방법은 무엇인지 파악한다. 다양한 가치 제안이 수요 창출에 어떤 도움이 되는지, 외부 충격이 있는 경우 그러한 가치 제안은 어떻게 될지를 평가할 필요가 있다. 또한, 어떤 가치 제안이 확실한 성공을 가능하게 하고 조직의 포지셔닝을 결정할지에 대해 과감한 판단이 필요하다.

시장에서의 위치를 정의한 다음에는, 그 위치를 확보하는 데 필요한 역량을 재구성해야 한다. 이를 위해서는 가치 제안을 실현하는 데 필요한 요소를 처음부터 끝까지 새로운 시각에서 고민해야 한다. 모든 것에 투자하는 모험을 하기보다는 기술에 대한 의사 결정이 기업의 역량에 어떻게 도움이 될지 명확히 파악할 필요가 있다. 디지털을 활용해 기업이 약속한 가치를 강화하는 데 에너지를 집중해야 한다.

생태계를 통해 가치를 수용 및 창출한다

혼자서만 경쟁하려고 한다면 기업이 활용할 수 있는 가치 창출 기회가 제한될 뿐만 아니라 고객에 대한 깊은 인사이트를 얻고 충분히 빠른 속도로 필수 역량을 확장하는 것이 불가능하다. 규모와 산업에 관계없이, 협업하지 않는 기업은 뒤쳐질 가능성이 높다.

오늘날의 문제는 대부분 너무나 방대하기 때문에 어느 한 기업의 힘으로는 해결할 수 없다. 다양한 기업과 기관이 네트워크를 만들어 힘을 합칠 때에만 해결할 수 있다. 고객이 다양한 솔루션을 직접 통합하여 사용할 것을 요구하는 시대도 끝났다. 고객은 공급업체들이 협업을 통해 통합 솔루션을 제공하기를 기대하고, 또 요구하고 있다.

변화의 속도를 고려할 때, 기업은 신속하게 역량의 규모를 확대해야 한다. 필요한 모든 역량을 혼자서 구축할 수 있는 시간 또는 경제적 자원이 부족하다. 파괴적 변화의 시대에 기업이 성공할 수 있는 유일한 방법은 생태계 참여자와의 협업을 통해 다른 기업들이 확보한 역량을 활용하고, 그것도 빠르게, 대규모로, 유연하게 실행하는 것이다.

생태계 전략을 효과적으로 실행하는 것은 쉽지 않다. 그 과정도 복잡하고, 단순히 내부적인 가치 실현뿐만 아니라 생태계 파트너들의 상황까지 고려해야 하기 때문이다. 생태계 파트너들이 기업의 데이터, 지적 자산, 인재 등에 자유롭게 접근하게 되면서 실질적인 리스크에 노출될 수도 있다. 하지만 앞으로는 점점 더 생태계 기반으로 경쟁의 승패가 결정될 것이기 때문에 이러한 리스크와 노력은 충분한 가치가 있다.

고객에 대한 독보적인 인사이트 시스템을 구축한다

고객을 이해하는 것은 항상 중요하지만, 이제는 그 시급성의 수준이 완전히 달라졌다. 고객은 더 빠른 변화를 원하고, 고객의 니즈와 욕구는 더 세분화되었다. 또한 데이터 수집, 저장, 분석 기회가 폭발적으로 증가했다. 이를 활용하지 않는 기업은 뒤처지게 된다.

고객에 대한 독보적인 인사이트 시스템을 구축하기 위해서는 단순히 시장 조사 데이터를 구매하는 것을 넘어 기업의 목적과 신뢰를 위한 기반을 쌓아야 한다. 고객은 기업이 제공하는 가치에 공감할 때에만 가장 유용한 정보를 기업에 제공하며, 이는 기업이 그 정보를 잘 활용할 것이라 신뢰하기 때문이다. 기업은 목적이 명확한 고객 인사이트 전략과 로드맵을 수립해 고객의 가장 중요한 문제 해결에 집중해야 한다. 기업은 인사이트 확보 메커니즘을 기업 운영의 필수 요소로 삼아 고객과의 모든 상호 작용에서 그들의 의견을 "경청"해야 한다. 그리고 이러한 독보적 인사이트를 지속적인 차별화를 위한 가치 제안, 역량 체계, 제품, 서비스를 체계적으로 강화하는 데 활용함으로써 업무 방식에 녹여내야 한다.

가치 창출 및 지속가능한 차별화의 중요성을 고려할 때, 독보적 인사이트 확보는 가장 중요한 역량 중 하나가 될 수 있다. 더 우수한 인사이트를 얻을수록 고객에게 유의미한 방식으로 자사의 가치 제안을 더욱 개선할 수 있다. 가치 제안이 개선될수록, 고객과의 약속을 지킴으로써 더 많은 신뢰를 얻고 더 많은 고객이 몰입하게 될 것이다. 더 많은 고객이 기업에 몰입하고 신뢰할수록, 고객과 더 연결되고 유의미한 가치를 제공할 수 있다. 외부 환경이 바뀌더라도 이러한 전략은 유효하다. 고객 행동의 지속적인 변화와 이에 대한 적절한 대응이 두려운 기업이라면 핵심 역량의 개발은 도태되지 않을 수 있는 가장 좋은 방법이다. 더 나아가 기업의 가치 제안을 계속해서 강화할 수 있는 최고의 도구이다.

성과 지향적인 조직을 만든다

차별화 역량을 확장해 가치를 창출하기 위해서는 새로운 업무 및 팀워크 모델이 필요하다. 대담한 가치 제안을 실행하는 과정에서는 이러한 역량을 상당한 수준으로 끌어올려야 하기 때문이다. 각 부문에서 업무를 하고 있는 직원들을 모아 업무 시간의 10~20% 또는 6주, 6개월 정도 같이 일하라고 하는 것으로는 의미가 없다. 전형적인 크로스펑셔널cross-functional 팀은 가치 제안 실행에 필요한 몰입, 집중, 에너지 수준에 도달하지 못한다. 필요한 역량을 조직 내에서 결합해 차별화 역량을 확보할 수 있는, 보다 지속성 있는 성과 지향적 팀을 구축해야 한다.

이러한 팀을 구축하기 위해서는 먼저 가치 제안이 제대로 실행되게 하는 가장 중요한 요인을 파악해야 한다. 결과물을 도출하기 위해서는 어떤 전문성, 지식, 기술, 데이터, 프로세스, 행동을 결합해야 하는가? 이러한 사고를 통해 과거의 기능 중심, 고정된 조직에서 조직 내 경계에 구애받지 않고 역량을 수행하는 성과 지향적 모델로 전환할 수 있다.

성과 지향적 팀은 본사, 사업부, 기능/공유 서비스 등과 함께 존재하지만, 조직에서 그 역할이 점점 강화되고 있다. 해당 팀의 리더들은 본사, 부서, 사업부 임원과 동등하게 리더십 팀을 구성한다. 성과 지향적 팀에는 다양한 기능별 전문가들이 포진해 있으며, 각 부서와 사업부 등을 순환하면서 다양한 역량과 협업 방식을 강화한다. 역량 중심의 조직에서 순수한 기능적 팀은 기능적 방법과 절차 수립뿐만 아니라 단일한 기능 업무 수행에 더 집중하게 된다. 이에 따라 조직 내에서도 기능형 인재를 양성한다. 새로운 모델에서의 사업 부서는 고객 및 시장 중심(제품 중심보다는)이 되고, 그렇기 때문에 고객의 니즈에 적합한 역량을 개발하는 중요한 통합 역할을 하게 된다.

조직 구조를 바꾸는 것만으로 조직이 새로운 협업 모델로 전환되지는 않는다. 투자 배분 방식, 기획 및 예산 수립 방법 변경, 평가 및 보상 구조의 개편, 유동적인 조직을 구현할 수 있는 커리어 모델 수립, 새로운 행동의 유도를 통한 변화 촉진 등을 바탕으로 조직의 DNA를 만들어 가야 한다.

리더십 팀의 포커스를 완전히 바꾼다

기업이 차별화 역량을 구축하기 위해 전략적 노력을 기울여야 하는 것처럼, 리더십 팀은 이러한 새로운 가치 창출 모델로 전환하기 위한 새로운 능력과 메커니즘을 갖추어야 한다.

이 부분에 대해서는 침착하게 처음부터 다시 생각해 봐야 한다.

비욘드 디지털

적합한 역할을 두고 있는가? 적합한 인재를 확보하고 있는가? 적합한 업무에 집중하고 있는가? 필요한 트랜스포메이션을 추진하고 있는가, 아니면 조직의 단기적인 니즈에 대응하는 데 시간을 낭비하고 있는가? 효과적으로 협업하고 있는가?

우리는 연구를 통해 리더십 팀이 트랜스포메이션 아젠다를 추진하는 데 도움이 될 3가지 중요한 방법을 파악했다.

- 근속연수가 아닌, 필요한 능력을 기반으로 리더십 팀을 구성한다. 조직에서 목표로 하는 역량과 포지셔닝을 확보하기 위해서는 어떠한 역할, 능력, 전문성이 필요한가?
- 리더십 팀이 현재의 니즈에 대응하는 것이 아닌, 트랜스포메이션 추진에 집중하도록 포커스를 바꾼다. 중요한 일이 시급한 일보다 우선순위가 되게 하려면 어떠한 구조와 메커니즘이 필요한가?
- 리더십 팀이 협업 및 행동하는 방식에 책임 의식을 갖게 한다. 시장에서 요구되는 수준의 공동책임, 협업 의식을 고취할 수 있는 최선의 방안은 무엇인가?

구성원과의 사회 계약을 다시 수립한다

트랜스포메이션 과정에 직원을 몰입시키는 것은 항상 중요했지만, 이제는 그 의미가 완전히 달라졌다. 직원들의 혁신 역량에 점점 의존하게 되고 변화의 속도가 빨라지면서 리더의 힘만으로 미래를 만드는 것은 불가능하다. 성공의 유일한 방법은 "시민 주도 방식"을 도입하는 것이다. 즉, 조직과 생태계 내부의 구성원들이 환경의 변화에 뒤쳐지지 않고 기업이 추구하는 방향에 맞추어 계속해서 기여 및 혁신할 수 있게 하는 것이다.

이러한 구성원들과의 "계약"을 근본적으로 재검토하여 이들이 매일 업무에서 최고의 역량을 발휘할 수 있게 해야 한다. 여기서 계약이란 취업규칙을 명시한 계약서가 아니라, 조직과 구성원이 서로 윈윈할 수 있도록 양 당사자가 암묵적으로 합의한 사항을 말한다.

조직의 방향에 대해 구성원들이 주인 의식을 갖도록 하기 위해 조직의 미래를 만들어 감에 있어 기술 주도의 세계에서도 그들의 역할이 중요함을 다시 확신시킬 필요가 있다. 디지털화와 자동화로 인해 직원들은 자신이 로봇으로 대체될 것이라는 두려움을 더 많이 느끼고 있다. 조직의 역량 체계에서 사람이 핵심이며 앞으로도 그러할 것임을, 그리고 기술을 혁신적으로 활용하기 위해서는 여전히 사람이 필요하다는 것을 명확히 한다.

직원들이 자신의 역할을 이해하게 되면, 다음과 같이 유의미한 방식으로 이들을 몰입시킨다. 구성원의 목적과 조직의 목적을 연결하고, 그들이 문제 해결에 기여하고 참여할 수 있음을 명확히 한다. 공동체 의식을 심어 주고, 그들이 필요한 능력과 경험(기술을 보다 효과적으로 활용하는 능력 포함)을 쌓을 수 있도록 돕는다. 조직의 차별화 역량을 구축하는 데 필요한 시간과 자원을 제공한다.

비욘드 디지털

사회 계약을 다시 수립하는 것은 단순히 직원들의 기분을 좋게 만드는 것이 목적이 아니다. (물론 결과적으로는 그렇게 될 것이다!) 조직의 트랜스포메이션을 위해 직원과 생태계 구성원들이 동참하기로 선택하게 만드는 것이다. 조직의 방향을 더욱 명확히 함으로써 리더의 모든 행동이 서로 어떻게 연계되는지 보여주고, 직원들도 함께 목표를 달성할 수 있는 방법을 찾는 데 기여할 수 있게 된다.

자신의 리더십 방식을 파괴적으로 혁신한다

변화하는 디지털 이후의 세계에 대응하는 과정에서 리더들은 5~10년 전과는 다른 문제에 직면하게 된다. 새로운 형태의 리더십이 필요하다. 우리가 이번 연구에서 인터뷰한 리더들이 한결같이 강조한 사실은 이들이 개인적인 트랜스포메이션을 경험했으며, 그 과정이 조직의 트랜스포메이션만큼이나 즐거우면서도 힘들었다는 것이다. 트랜스포메이션의 본질상, 앞서 설명한 다양한 의사결정을 위한 고민과 행동이 모두 필요하다.

각 기업(그리고 각 리더)의 발전 과정은 모두 다르겠지만, 리더들이 갖추어야 할 공통점을 확인할 수 있었다. 오늘날 성공적인 리더들은 전략가이자 실행가여야 한다. 기술을 잘 다루면서도 매우 인간적이어야 한다. 연대를 추구하고 타협을 하면서도 자신의 진실성을 잃지 않아야 한다. 매우 겸손하고 자신의 한계를 알면서도 방향을 제시하고 어려운 결정을 내려야 한다. 계속해서 혁신을 추구하는 한편 기업의 정체성을 근간으로 삼아야 한다. 글로벌 마인드를 갖춘 동시에 지역 사회에 깊은 뿌리를 두고 있어야 한다.

리더들이 이 모든 측면에서 탁월해야 한다는 의미는 아니지만, 몇 가지만 잘하고 나머지에서는 취약하다면 대규모의 트랜스포메이션을 리드하기 어려울 것이다. 따라서 강점은 더욱 강화하되, 이러한 특징에 대해 깊이 인식하고 있으면 구체적인 방향성을 가지고 자기개발을 하고 필요한 경험을 쌓으며 자신의 리더십 프로필을 완성하는 데 적합한 사람들과 함께 일하는 데 도움이 될 것이다.

7가지 핵심 원칙의 상호 연관성

7가지 리더십 핵심 원칙은 상호 연관되어 있어 2~3가지만 선택하기는 매우 어렵다. 그중 하나라도 간과하면 어떤 결과를 초래할지 생각해 보라. 예를 들어, 시장에서 기업의 위치에 대해 확실히 결정하지 못했다면 고객을 위한 가치 창출에 기반한 명확한 목표를 갖기 어렵다. 생태계에 어떤 기업들이 속해 있는지, 이러한 기업들과 어떻게 파트너십을 구축해야 할지 등의 의사 결정을 위한 기준이 없는 셈이다. 고객에 대한 독보적인 인사이트 체계를 갖추지 못하면 고객의 욕구와 니즈가 어떻게 변화하는지 알 수 없으며, 가장 중요한 고객층에 맞추어 새롭게 포지셔닝하는 전략을 결정할 수 없다. 성과 지향적인 조직이 되지 못하면 구성원들은 사일로 조직의 문제를 겪게 되고, 원하는 포지셔닝을 확보하는 데 필요한 차별화된 크로스펑셔널 역량을 구축 및 확장하기 어렵다. 이러한 핵심 원칙 중 어느 하나라도 간과한다면 나머지도 제대로 발휘할 수 없다.

하지만, 다행인 사실은 그중 어느 하나를 위해 노력하는 것이 나머지를 강화하는 데도 도움이 된다는 점이다. 예를 들어, 생태계를 활용하면 더 많은 고객에 대해 더 다양한 관점에서 더 깊은 인사이트를 얻을 수 있다. 생태계 파트너들과 협업하며, 고객에게 더 큰 가치를 제공하고, 더 야심 찬 포지셔닝을 할 수 있다. 리더들은 다른 기업들의 업무 방식을 가까이에서 관찰할 수 있기 때문에 리더의 역량 강화에도 도움이 된다. 마찬가지로, 구성원과의 사회 계약을 다시 수립하고 이들을 유의미한 방식으로 몰입시키면 구성원들은 조직의 방향 설정과 그 방안 수립에 기여할 수 있다. 현장 직원들은 고객에 관해 파악한 사실을 적극적으로 공유하게 되고, 그러한 인사이트를 바탕으로 회사의 발전 방향을 정하는 데 기여한다. 전통적인 사일로 조직을 더 세분화하여 팀워크 방식을 개선하고자 노력하게 된다.

기업이 구축해야 하는 차별화 역량을 명확히 규정하는 것은 매우 중요한 일이다. 역량은 원하는 포지셔닝을 실제로 구현할 수 있게 하는 힘이다. 조직의 차별화 역량을 아주 명확하게 규정하는 것은 생태계를 통한 협업의 전제조건이다. 자사의 사업 영역과 파트너사의 지원 영역을 명확히 설정할 수 있는 기준이 되기 때문이다. 대부분의 경우, 독보적인 인사이트는 차별화 역량 중 하나가 될 수 있으며, 기업의 가치 제안을 변화에 맞추어 적절하게 유지할 수 있다. 차별화 역량은 조직이 도출해야 하는 가장 중요한 결과가 무엇인지, 그리고 이를 달성하기 위해 어떤 리더가 필요한지를 결정한다. 차별화 역량을 명확히 규정하면 구성원들의 노력과 혁신을 가장 필요한 부분에 집중할 수 있다. 리더도 스스로의 트랜스포메이션 방법을 파악함으로써 이러한 역량을 세계 최고 수준으로 끌어올릴 수 있다.

우리의 경험에 따르면, 기업들은 대부분의 영역에서 상당한 노력이 필요하다. 한두 가지만 해결하는 것으로는 부족하다. 하지만 기업은 주로 당면한 문제를 단순화하려고 할 뿐, 모든 영역에 해당되는 근본적 문제를 파악하려고 하지 않는다. 7가지 핵심 원칙 전체를 위해 노력하면, 당면한 문제에 대응하는 역량까지 갖추게 되는 확실한 연동 시스템이 구축될 것이다.

로드맵

7가지 리더십 핵심 원칙이 성공의 유일한 방법이라고 생각하지는 않는다. 하지만 이는 리더들이 기업의 적절한 포지셔닝을 효과적으로 구상하고 실행하며 시간이 지나도 적절성을 잃지 않는 트랜스포메이션 근육을 갖추는 데 도움이 될 강력하고 포괄적인 방법이다. 본질적인 가치를 발견할 수 있는 매력적인 방법이기도 하다. 점점 늘어나는 경쟁사들의 전략에 대해 수동적인 대응만 하는 것이 아니라, 주도적으로 변화에 앞서가며 기업의 미래를 만들어 갈 수 있다.

다음 7개 파트는 이러한 리더십 핵심 원칙을 각각 기술하고 있다. 파트2~4는 외부 세계에 대한 대응, 파트5~7은 내부적 상호작용, 파트8은 리더 개인의 성장, 파트9는 기업의 미래를 만드는 방법에 대한 중요한 교훈을 담고 있다.

각 여정은 쉽지 않을 것이며, 단기간에 이루어지지도 않을 것이다. 하지만 여러분은 진정한 성취감을 느끼게 될 것이며, 리더로서의 가장 중요한 성과를 얻게 될 것이다.

이제 시작해 보자.

PART 2

기업의 포지셔닝을
재구상한다

큰일에 도전하지 않고
가능성을 외면한 채 타협하며 살아간다면
열정을 가질 수 없다.

- 넬슨 만델라Nelson Mandela

＜＜＜

암스테르담에 본사를 둔 다국적 기업 필립스는 10년 전, 오디오 및 비디오와 같은 소비자가전에서부터 조명과 의료기기에 이르는, 성장하는 사업 포트폴리오를 갖춘 대기업이었다. 역사도 잘 알려져 있었다. 1891년 전구 제조업체로 시작해 20세기 중반에는 전기 면도기 시장을 개척했으며, 1970년대에서 1990년대까지 필립스의 오디오 카세트가 없는 집이 없었다. 1982년에는 소니와 컴팩트 디스크를 공동개발했다. 1차 세계대전 중 엑스레이 기술 사업에 진출하고 병원용 CT 및 MRI 등 영상 기술을 혁신하면서 의료기기도 제조하게 되었다.

2011년 필립스 일렉트로닉스(당시 기업명)는 세계 최대의 조명 회사이자 앞서가는 소비자 가전업체, 최고의 의료기기 제조업체 중 하나로, 여러 산업 부문으로 다각화된 전자 제품 대기업이었다. 하지만 일자리와 매출이 줄어들면서 수천 명의 직원을 해고했고, 15억 유로의 손실을 기록했다.

새로운 CEO로 프란스 반 하우튼Frans van Houten이 취임하면서 필립스는 미래에 대해 고민하고 조직을 근본적으로 재구상하기로 결정했다. 헬스케어 및 건강한 삶을 중심으로 "더 건강하고 지속가능한 세상을 만들기 위해 2030년까지 매년 25억 명의 삶의 수준을 높인다."는 매우 야심 찬 목표를 세웠다.[1]

필립스는 통합된 헬스케어 솔루션과 서비스를 가능하게 하는 헬스 기술 기업으로 트랜스포메이션하여 치료 현장에서 데이터 및 AI를 활용하고, 건강한 삶에서부터 진단, 치료, 사후 관리에 이르는 전방위적 헬스케어를 최적화하고자 했다. 이러한 트랜스포메이션은 필립스가 보유한 소비자에 대한 깊이 있는 인사이트와 역량, 의료기기 기술 전문성, 데이터와 AI 기능을 모두 활용해 헬스케어 및 건강한 삶을 위한 비용을 낮추고 퀄리티는 높이는 변화를 가져올 것으로 기대되었다.

현재 필립스의 기술 기반 제품으로는 건강한 라이프스타일 관리를 위한 개인용 웨어러블 디바이스, 건강 문제를 정확히 진단하고 올바른 치료법을 지원하는 AI로 강화된 정밀진단 솔루션, 질병을 정확하고 안전하게 치료할 수 있는 최소 침습적 치료 솔루션, 건강한 삶으로의 빠른 회복을 위한 홈케어 모니터링 및 서비스 등이 있다.

필립스는 두 가지 원칙에 따라 포지셔닝을 구축했다. (1) 통합적인 헬스케어 및 건강 관리에 대한 충족되지 않은 수요, (2) 의료기

기 분야의 강점, 소비자 인사이트, 기술 혁신이다. 반 하우튼 CEO
는 이렇게 설명한다.

헬스 분야에서 우리는 첨단 기술 제품을 놓고 경쟁했고, 리더의
위치를 확보했다. 하지만, 디지털 데이터 혁명이 등장하고 있음
을 감지했고, 단순히 데이터를 생성하는 것보다는 데이터를 이
해하는 것에서 더 많은 가치가 창출될 것으로 예상했다. 따라서,
헬스 분야에 실질적인 영향을 끼치기 위해서는 대대적인 트랜
스포메이션이 필요했다. 그때 나는, 우리가 조명과 헬스케어 사
업을 동시에 트랜스포메이션할 수 있는 가능성은 그리 높지 않
음을 깨달았다. 우리는 헬스케어의 미래에 대한 비전을 수립했
다. 필립스가 보유한 헬스케어 및 임상 기술에 대한 인사이트와
함께 소비자 인사이트를 활용하기로 했다. 우리는 전 세계 수십
억 명의 삶의 질을 높이게 될 것이다.

필립스의 새로운 포지셔닝은 가치 기반의 헬스케어(의료행위 횟수
에 따라 보상하는 전통적인 "서비스 비용" 방식과 달리 가치 기반 헬스케어는 환
자 치료 결과가 성공적일 때 의료기관에 보상하는 방식이다)를 통해 더 우수
한 성과를 내고 전체적인 비용을 낮출 수 있다는 연구가 바탕이 되
었다. 필립스는 이에 착안하여 "전방위적 헬스케어health continuum"를
기본 원칙으로 삼았다. 이는 건강한 삶과 질병 예방에서 정확하고
신속한 진단, 적절한 치료, 홈케어 및 모니터링, 그리고 가능하다면

건강한 삶으로의 회복까지를 포함한다. 필립스의 목표는 전방위적 헬스케어 솔루션을 제공하고, 헬스케어 및 건강한 삶에 대한 약속을 지키는 것이다. 반 하우튼 CEO는 다음과 같이 회상한다.

기존의 업무를 전방위적 헬스케어를 중심으로 구성하면서, 우리는 모든 것을 하나로 연결하는 방법을 고민하기 시작했다. 제품 기반으로만 경쟁하는 것은 한계가 있었다. 환자들이 건강을 유지하도록 지원하는 방법, 최초 진단에서 정확한 결과를 얻는 방법, 진단받은 환자들을 최소 침습적으로 치료하고 빨리 회복하게 하는 방법, 만성 환자들이 각 가정과 지역 사회에서 편안한 삶을 누리도록 돕는 방법 등을 중심으로 솔루션을 제공하는 것이 훨씬 더 효과가 있을 것이라 생각했다.

필립스로서는 정말 새로운 방식이었다. 제로엔 타스Jeroen Tas 필립스 전 최고혁신전략책임자는 이렇게 설명하고 있다.

과거에는 제품에만 집중했다. 우리는 심장 초음파 분야에서 최고였다. CT로 심혈관 질환도 발견했고, 16-유도 심전도(첨단 심전도 기술)도 보유하는 등 우수 사례가 끝도 없었다. 이러한 제품들은 모두 개별적으로, 매우 특수한 목적으로 개발된 것이었다. 하지만 이제 성과에 집중하려면 과거와는 완전히 다른 방식으로 접근해야 한다. 동일한 CT 기계를 사용하더라도 이제는 기술적 성능을 최고로 만들기 위해 경쟁하는 것이 아니라 진단의 정확도를 높이고, 고객의 경험을 개선하며, 방사선 전문의 및 임상의들에게 훨씬 더 나은 경험을 제공하는 것을 목표로 삼는 것이다. 특히 가장 중요한 것은 환자의 치료 경과를 더욱 개선하는 것이다.

제품이 아닌 환자의 여정이라는 관점에서 헬스케어에 접근하면서 필립스는 데이터, 인포매틱스, 워크플로우 자동화를 활용하고 플랫폼을 개발해야 할 필요성을 느꼈다. 반 후튼 CEO에 따르면 "방사선학, 병리학, 분자생물학, 유전자학 등 사일로 형태로 존재하던 각 분야를 통합적으로 살펴보면, 환자의 문제에 대해 완전히 일치하는 한 가지 소견을 얻을 수 있다. AI와 디지털 기술을 적용해 적절한 치료법을 찾는 것, 이것이 최고의 방법이다." 반 후튼 CEO에게 이러한 플랫폼은 치료 분야의 생산성을 높이고 환자에게 진정한 가치를 제공할 수 있는 방법이었다.

헬스케어를 "하나로 연결"하는 방식을 통해 필립스는 다양한 개선, 효율성 증진, 혁신 등을 이뤄낼 수 있게 되었고, 이는 환자 경험 개선, 치료 경과 개선, 치료 비용 절감, 의료기관의 편의 증진이라는 4가지 목표를 추구하는 데 도움이 되고 있다.

필립스는 새로운 미션을 중심으로 다양한 트랜스포메이션을 추진해 포트폴리오, 비즈니스 모델, 조직문화를 혁신했다. 오랫동안 기업 정체성의 일부였던 전통적 사업부를 매각하는 등 이러한 변화는 급진적인 구조조정을 의미했다. 2011년부터 TV, 오디오, 비디오 사업부를 매각했고, 조명 부문은 새로운 회사인 시그니파이 N.V.Signify N.V.로 분사시켰다. 국내 가전 사업을 매각하면서 2021년 주요 매각 작업을 마무리했다(그중 일부 사업부는 계속해서 필립스 브랜드 제품을 생산 및 판매하고 있다). 필립스는 과거 사일로 형태의 부서를 통합해 고객 부문별로 사업을 재편함으로써 고객을 위한 성과를 도출하고 생태계 파트너십을 구축하며 기술, 데이터, 소프트웨어 역량을 업그레이드할 신규 인력을 확보했다. 헬스 기술 사업에 집중하면서 필립스의 수익성과 주주 가치는 크게 개선되었고, 2020년 말까지 5년간 주가가 82% 상승했다.

필립스는 21세기 가장 역동적인 사업 중 하나가 될 헬스케어 분야의 기업으로 자사를 포지셔닝했으며, 이는 자신의 미래를 만들어 가는 기업에게 필요한 새로운 구상의 좋은 사례라 할 수 있다.

포지셔닝 재구상이 중요한 이유

기업의 포지셔닝을 재구상하는 것은 향후 연관성을 유지하기 위해 필요한 전제조건이다. 재구상이라는 것은 기업이 제공하고자 하는 강력한 가치, 그리고 이것을 차별화된 방식으로 창출하는 방식을 정의한다. 제공하고자 하는 가치 및 이를 그 누구보다도 효과적으로 제공할 수 있는 차별화 역량은 모두 기업의 포지셔닝을 결정한다. 둘 중 하나에만 주력하는 것은 충분하지 않다. 필립스는 단순히 헬스케어 개선을 통해 사람들의 삶의 질을 높이겠다고 선언한 것이 아니었다. 이미 보유한 차별화 역량(예: 영상의학 기술에 대한 심도 있는 임상적, 기술적 이해)을 바탕으로 새로운 차별화 역량(예: AI 기반의 예측 진단) 구축에 집중하면서, 목표 달성을 가능하게 할 고유한 역량을 정의해야 했다. 이 두 가지는 서로 결합되어 조직이 가치 창출을 위해 '무엇을', '어떻게' 할지에 대해 강력한 프레임을 제공한다. 이것은 디지털 이후의 세계에서는 필수적인 부분으로, 신뢰와 성과는 단순한 지향점이 아닌 필수 사항이 되고 있다.

파트1에서 논의한 바와 같이, 수요 혁명, 공급 혁명, 기업 운영환경 변화는 가치 및 그 창출 방식에 대한 고객의 기대를 바꾸고 있다. 성공 모델이 완전히 바뀌고 기업은 가장 중대한 사회 문제 해결에 기여해야 하는 상황에서, 기존의 기업들은 대부분 자사의 포지셔닝을 재구상해야 할 것이다.

하지만, 이러한 변화의 무게를 아직 완전히 경험하지 못한 기업들이라 하더라도, 현재 업무 방식을 단순히 디지털화하거나 점증적으로만 바꾸는 것은 현명한 전략이 아니다. 효율성은 계속 개선될지 모르지만 경쟁사도 마찬가지일 것이고, 결국은 차별성이 사라진다. 그러한 기업은 어느 정도 연관성이 있는 시장에서 "생존"할 수 있을지는 모르지만, 경쟁사들이 두각을 나타내는 동안 포지션을 유지하는 것이 점점 힘들어질 것이다. 어떤 기업들은 오랜 시간 유지된 자사의 가치 제안, 강력한 브랜드, 오랜 명성, 충성스러운 고객 등이 지속될 것이라고 믿는다. 하지만 고객은 기업의 과거 명성보다는 지금 차별화된 가치를 제공하고 있는지에 점점 관심을 갖고 있다. 지속적인 경쟁력이 없는 것을 오히려 혁신의 기회로 볼 수도 있다. ESG가 가치의 인식 및 평가 방법에 변화를 가져오면서 모든 기업들은 자사가 제공하는 가치가 현 시대에 적합하며 연관성을 가지는지 다시 검토해야 한다. 따라서, 경쟁의 속성과 외부 환경이 변화하는 상황에서 즉각적인 위협이 예상되지 않는다 하더라도 그러한 상태는 오래 지속되지 않을 것이므로, 상황이 비교적 안정적일 때 미래를 만들어 나가는 방식을 고민해야 하는 것이다.

그렇다면, 오늘날의 환경에서 진정한 차별화란 무엇인가? 오늘날 진정한 시장 경쟁력은 모두 강력한 차별화 역량에서 기인한다. 즉, 타사보다 잘할 수 있는 소수의 몇 가지에 집중하는 것이다. 자라가 대부분의 리테일 브랜드보다 빠르고 정확하게 트렌디한 제품을 생산해 낸 것처럼, 이러한 역량은 본질적으로 복합적이다. 훌륭한 역량은 일반적으로 지식, 프로세스, 기술, 데이터, 능력, 문화, 조직 모델이 모두 결합된 것이며, 기능별 업무를 통합해 적절한 성과를 내는 것은 특히 어렵다(이 부분은 파트5에서 논의하기로 한다). 복잡성은 방해 요인으로 볼 수도 있지만, 이러한 유형의 복잡성은 오늘날의 환경에서 특별한 의미를 갖는다. 기업의 포지셔닝을 강화할 수 있으며, 경쟁사가 성공 모델을 흉내 내지 못하게 하는 높은 진입 장벽이 될 수 있기 때문이다.

하지만 복잡성이 전부는 아니다. 사실상 역량은 새로운 형태의 규모, 강력한 미시적 경쟁력을 가능하게 한다. 한때는 사업의 규모 자체가 경쟁력인 때도 있었지만, 이제 중요한 것은 차별화 역량의 규모다. 오늘날 역량 확보는 보통 상당한 (주로 고정)투자를 필요로 하며, 특히 데이터, 기술, 인력 등의 투자에 해당한다. "지능형" 공급망에 대한 투자 또는 중요한 데이터, 애널리틱스, 도구, 인재를 필요로 하는 가격 결정 모델 투자가 그러한 예이다.

이러한 투자는 처음에는 쉽지 않은 듯 보일 수 있지만, 중요한 사업 부문에 집중한다면 상당한 경쟁력을 확보할 수 있다. 고객에게 중요한 것을 그 어떤 기업보다도 잘 해낼 수 있게 될 뿐만 아니라, 자기강화적인 선순환을 통해 조직이 성장할 수 있기 때문이다. 즉, 더 우수한 차별화 역량을 보유할수록 고객은 차별화되고, 유의미한 가치를 경험하면서 기업은 시장에서 더 많은 성공을 거둘 수 있다. 시장에서 더 많은 성공을 거둘수록 각 역량은 더욱 확장된다. 기업이 포지셔닝한 분야에서 제품과 서비스를 (규모의 경제를 달성하기 힘든 소규모 사업으로까지) 확대하거나, 생태계 내 파트너들에게 자사의 역량을 "빌려"주면서 선순환은 더욱 강력해진다. 이러한 형태의 "유의미한" 규모를 갖추게 되면 필요한 역량 없이 시장에 진입하려는 경쟁사로부터 조직을 방어할 수 있다. 프리토레이는 점포직배달Direct Store Delivery(DSD) 서비스를 통해 배송 횟수를 늘리고 매대 관리를 개선했다. 어떤 것이 효과가 있고 없는지 시장의 피드백을 빨리 확인할 수 있기 때문에 이러한 역량은 신제품 또는 브랜드를 런칭할 때 특히 효과적이다. 다른 기업들이 돈을 주고라도 입수하고 싶어 하는 정보이기도 하다. 프리토레이는 주로 스낵 사업을 대상으로 역량을 개발했지만, 자체적인 역량 확보가 어려운 소규모 사업(예: 디핑소스 등)에도 도움이 될 수 있다.

이러한 역량 엔진을 구축하기 위해서는 100% 집중하고 투자할 몇 가지 강점 분야를 명확히 파악해야 한다. 사업 또는 기타 독립 자산의 규모에만 집중하지 말고, 이러한 새로운 역량 규모의 효과와 사업 분야를 정의하기 시작해야 한다. 기업의 포지셔닝을 명확히 정의하지 않으면 경쟁력 있는 차별성을 위한 핵심 역량을 확장하기 어렵다. 평균 정도의 성과를 내는 사업은 많지만 탁월하게 잘하는 것은 없는 기업으로 전락할 것이다. 하지만 뚜렷한 포지셔닝이 확립되면 가치 제안을 활용해 필요한 역량 시스템에 계속해서 집중하고 자신의 입지를 확실히 지킬 수 있다.

이러한 전략을 실행할 수 있는 방법을 자세히 알아보기 전에, 새로운 포지셔닝을 추구한 또 다른 기업의 사례를 살펴보자.

히타치: 사회 혁신 사업을 중심으로 포지셔닝을 재구상하다

2009년 일본의 다국적 대기업 히타치는 일본 제조업체로는 사상 최고 연간 손실액인 7,870억 엔(80억 달러)을 기록했다. 글로벌 사업 침체기인 2007~2009년 직후였다. 1910년에 설립된 히타치는 발전소에서부터 반도체에 이르는, 계속 확장되는 방대한 비즈니스 포트폴리오를 갖고 있었으며, 여기에는 평면 TV, 컴퓨터 저장기기

비욘드 디지털

등 유명한 제품도 포함되어 있었다.

모리타 마모루Mamoru Morita 전무 겸 최고전략책임자는 다음과 같이 말한다.

> 기존의 방식을 답습한다면 우리에게 미래는 없다는 것을 너무나 잘 알고 있었다. 고객들은 자본 투자, 제품 구매에서 과금pay-per-use 모델로 전환하기 시작했다. 즉, 고품질 제품을 제조하고 고객들이 이를 구매하게 만드는 기존의 비즈니스 모델은 더 이상 주효하지 않다는 뜻이었다. 인프라 사업도 마찬가지로, 사용한 만큼만 지불하는 계약을 하면 더 많은 고객을 확보할 수 있다고 확신했다. 일부 지역에서는 철도 운영도 마찬가지였다. 고객들은 자신이 사용할 열차를 아침에 인수받고 사용 후 저녁에 반납하는 방식을 원했다. 그래서 우리는 철도 차량 구독 모델을 개발했다. 히타치는 서비스 수준 협약에 따라 임대, 유지 보수, 서비스를 제공하고 있다.

가와무라 다카시Takashi Kawamura 히타치 맥셀Hitachi Maxell 전 회장은 히타치에서 회장, 사장, CEO를 지냈으며, 회사의 재편을 위해 "긴급 내각"을 구성했다. 히타치 유럽에서 전무를 역임하고 미국에서 히타치 글로벌 스토리지 테크놀로지스Hitachi Global Storage Technologies를 성공적으로 회생시킨 나카니시 히로아키Hiroaki Nakanishi가 합류했다. 나카니시는 가와무라 회장의 뒤를 이어 2010년 사장, 2014년 CEO

로 취임했고, 히타치의 트랜스포메이션에서 중심적 역할을 했다. 모리타 전무는 "나카니시와 같은 리더를 둔 것은 히타치의 행운이었다. 그는 회사를 처음부터 완전히 바꿔야 한다고 진심으로 믿었다."고 설명했다. "그는 의사 결정이 이루어지자마자 즉시 실행하고, 상황에 따라 신속하게 대응하도록 촉구하는 리더였다."

2009년 7월, 히타치는 새로운 성장 전략을 발표했다. "우리는 전략을 수립하면서 디테일에 매몰되어 속도가 늦어지게 되는 것보다는 전체적인 방향을 수립하고 조직 전체를 이에 맞추어 정렬하는 것부터 시작했다."라고 모리타 전 회장은 언급했다. "시장이 매우 빠르게 변화하는 지금과 같은 시대에 세부 전략을 세웠더라면 시장 변화를 절대 따라잡을 수 없을 것이라 생각한다."

이들은 히타치를 소비자 사업 등 다양한 부문의 제품-푸시형 기업에서 사회, 환경, 경제적 가치 창출을 위해 IT로 연결된 첨단 사회적 인프라를 제공하고 고객과 함께하는 사회 혁신의 글로벌 리더로 변화시켰다. 에너지, 모빌리티, 하수도 사업 등 대규모의 사회, 환경적 영향을 끼칠 수 있는 산업에 집중하고, "사회 문제에 해답을 제시하는" 솔루션을 제공하고자 기술과 혁신 전문성을 도입해 가치를 창출했다. 히타치는 발전소 및 저장장치 제조업체에서 완성차업체들이 생산 체인을 개선하고 철도 운영사가 장비 고장을 예방하도록 지원하는 기업으로 변신했다.

히타치는 모빌리티, 스마트 라이프, 산업, 에너지, IT라는 5개 시장을 선택, 집중했다. 히타치는 고객들이 직면한 문제를 깊이 이해하고 솔루션을 수립하기 시작했다. 예를 들어, 철도 고객사를 위한 솔루션에는 위치 정보, 운영 정보, 신호 통제를 활용해 철도 운영 효율성을 높이고 승객 서비스를 개선하는 제어 시스템과 철도 차량, 문, 콤프레서에 센서를 설치하고 고장 발생 전에 부품을 교체할 수 있게 하는 고장 방지 시스템 등이 해당된다. 히타치는 전력망 디지털화(에너지), 생산 자동화 및 전력화(산업), 차량용 OTA 소프트웨어 업데이트 시스템(스마트 라이프), 공공기관 데이터 기반 가치 창출(IT)에도 주력했다.

"우리는 성장 전략을 수립하면서 고객의 관점을 반영하고 히타치의 강점을 활용하는 데 집중했다."「하버드 비즈니스 리뷰」일본판과의 2016년 인터뷰에서 나카니시 당시 CEO는 이렇게 설명했다. "고객이 변화하는 방향에 맞추어 사업 계획을 수립해야 한다고 생각했다. 그리고 히타치가 고객에게 가장 잘 기여할 수 있는 방법을 고민했고… IT(정보 기술)과 OT(운영 기술)를 결합해 사회 혁신 사업에 집중하여 고도화된 사회 인프라 시스템을 제공하기로 결정했다. IT와 OT를 결합해 가치를 창출하는 솔루션을 제공함으로써 고객의 사업 운영에 긴밀히 참여할 수 있고, 우리는 이를 통해 다양한 관련 제품을 추가적으로 제공할 수 있다."[2]

새로운 포지셔닝에 집중하기 위해 히타치는 반도체 사업 분사, TV 산업 철수, 화력발전소 사업 분사 등을 단행했다. 하드 디스크 드라이브(HDD) 사업부도 매각했다. 나카니시 전 CEO가 미국 히타치 글로벌 스토리지 테크놀로지스의 CEO였을 때 HDD 사업을 살려낸 장본인이기 때문에, 이 부분은 상당히 충격적이었다. 하지만 그는 회사의 새로운 전략을 감안할 때 HDD 사업이 히타치의 새로운 포지셔닝과 연관성이 적다고 판단했다. 해당 결정은 구성원들에게 "성역은 없다"는 중요한 메시지를 보냈다. 과감한 비용 절감 프로그램과 함께, 이러한 매각 덕분에 히타치는 성장 산업에 투자할 수 있는 현금흐름을 확보할 수 있었다.

2016년 디지털 플랫폼 루마다Lumada를 출시한 것은 중요한 마일스톤이었다. 루마다는 사이버 세계와 현실 세계를 연결하고 고객사의 성능과 효율을 높이기 위한 구체적인 인사이트를 제공하기 위해 개발되었다. 히타치는 이를 통해 고객들에게 더 많은 가치를 창출하고자 했다. "우리는 플랫폼의 디지털 측면을 잘 다룰 수 있는 내부적 역량뿐만 아니라 필요한 IT 및 OT 역량도 모두 갖추고 있었기 때문에 적합한 전략이라고 생각했다." 모리타 전 회장은 설명했다. "단순히 전 세계 고객들의 데이터를 긁어모아서 가치 제안도 고려하지 않은 채 데이터만 분석하고 싶지는 않았다. 우리는 기업들에게 어떠한 가치를 달성해야 하는지 확인하고, 이를 위해 함께 협업할 것을 제안하는 것부터 시작했다. 루마다를 통해 우리는 필요한 데이터를 센서, 기타 OT로 수집하고 분석한 뒤 디지털 시뮬레이션을 수행했다. 그 덕분에 시뮬레이션 결과를 기반으로 실제 제품을 운영하여 가치를 창출할 수 있었다."

고객의 문제를 해결하는 것은 히타치 혼자만의 힘으로는 어려운 경우도 있었다. 그 경우에는 다양한 외부 업체와 파트너십을 맺고 이들이 루마다에 접근할 수 있게 했다. 즉각적으로 문제를 해결하는 것뿐 아니라 생태계를 확장하는 방법이었다.

2016년 나카니시의 뒤를 이어 히가시하라 도시아키Higashihara Toshiaki가 CEO로 취임해 히타치의 트랜스포메이션을 이어 가며 모멘텀을 유지했다. 그의 리더십을 통해 히타치는 글로벌로직 GlobalLogic Inc.(미국의 디지털 엔지니어링 서비스업체)뿐만 아니라 ABB의 전력망 사업도 인수했다. 인수 규모는 각각 100억 달러 이상으로, 전 세계 더 많은 고객들에게 더 많은 가치를 제공하고 히타치의 디지털 솔루션 사업을 가속화하기 위한 결정이었다.

2009년만 해도 사상 최대 적자를 기록했던 히타치는 2년 만에 흑자로 전환했고, 문어발식 대기업에서 시장주도형 사회 혁신 사업에 주력하는 기업으로 변신했다. 제품 중심 기업에서 IT, OT, 제품의 경쟁력을 활용한 솔루션업체로 변신한 것이다. 직접 개발한 루마다 플랫폼은 이제 히타치의 새로운 핵심 사업이 되었다. 시장에서 자사의 위치를 근본적으로 재구상하고, 이를 달성할 수 있는 트랜스포메이션에 철저하게 집중함으로써 가능했다.

포지셔닝 재구상 방안

독자들은 비즈니스 전략 수립을 위한 수많은 접근법, 이론, 프레임워크 등에 대해 이미 잘 알고 있을 것이다. 그중 상당수는 개별적으로는 유용할 수 있지만, 이제는 정답을 두고 타협하지 말고, 한 걸음 물러서서 조직의 가장 근본적인 전략을 고민해야 한다. 앞으로 기업은 과감한 목표와 구체적인 실행 방안 모두 명확하게 수립해야 한다. 그렇다고 해서 전략에서 유연성을 배제해야 한다는 뜻은 아니나, 유연성 그 자체는 오늘날의 환경에서 효과적인 전략은 아닐 수 있다.

먼저, 사례 기업들을 분석해 파악한 4가지 인사이트부터 고려해 볼 것을 강력히 권한다.

미래에 대한 관점을 수립한다

리더의 역할은 현 상황을 유지하거나 현재의 수익성을 보전하는 것이 아니라, 수십 년간 성공을 이어 갈 조직을 만드는 것이다. 그 첫 단계는 가치에 대한 정의가 어떻게 바뀌는지를 이해하는 것이다. 오늘날의 기업은 주주를 위한 수익 창출뿐만 아니라 수익 창출의 방식(예: 탄소 중립을 위한 배출량 목표 달성), 조직 구성원(예: 기회 및 보상의 평등) 및 지역 사회(예: 기후 영향, 중요한 사회 문제 해결)를 위한 포용적인 가치 등에 따라 평가된다. 전 세계 규제당국 및 투자자들이 이러한 다양한 가치 평가 기준을 강조함에 따라 보고 요건이 빠르게 변화하고 있으며, 기업들이 가치 창출 방식을 재검토하도록 압박하고 있다.

이렇게 가치를 명확히 재정의하는 것은 매우 중요하다. 조직을 형성하는 근간이 될 뿐만 아니라, 고객 및 투자자를 대상으로 자사의 가치 창출 방식을 공유하는 방법, 회사 실적을 보고하는 방법, 직원 및 생태계 파트너들과 관계를 형성하는 방법 등 조직 정체성의 다양한 측면에도 반영된다.

직원 및 사회 전체를 위해 창출하는 가치도 중요하지만, 기업의 포지셔닝에 있어 가장 중요한 출발점은 기업이 목표로 하는 고객의 근본적인 니즈를 정의하는 것이다. 쉬운 것처럼 들릴지 모르지만, 현재 이를 명확하게 정의하고 있는 조직은 거의 없다.

필립스는 "더 건강하고 지속가능한 세상을 만들기 위해 2030년까지 매년 25억 명의 삶의 수준을 높인다."는 목표를 통해 고객의 니즈를 명확히 정의하고 자사의 포지셔닝을 확립했다. 이러한 확신을 바탕으로 조직이 원하는 변화를 명확히 선언하는 것은 생태계 전체의 동기부여에 중요한 역할을 한다. 조직 구성원들은 기대 이상의 성과를 내고, 생태계 파트너는 가치 제안 실현을 지원하며, 금융 시장은 자본을 제공한다. 무엇보다 중요한 것은, 고객들이 기업의 서비스에서 의미 있는 가치를 발견할 뿐만 아니라 이를 지속적으로 개선하는 데 동참하게 되는 것이다. 기업의 확신이 틀릴 수도 있다. 하지만 대부분의 기업들은 고객의 니즈에 대해 놀라운 인사이트를 갖고 있으며, 훌륭한 리더들은 자사만이 해결할 수 있는 현실적 문제에 전념하는 능력을 갖고 있다("과감한 의사 결정을 위한 역유인 극복" 참조).

임원들에게 경쟁력 확보에 관심이 있는지 물어보면, 대부분 적극적으로 그렇다고 답할 것이다. 하지만, 사업 매각 또는 완전히 새로운 역량 확보 등 과감한 결정을 내릴 것을 요청하면 곧 주저하고 의심하는 모습을 보일 것이다. 이러한 중대한 결정을 하는 기업들이 많지 않은 이유는 무엇일까? 이들의 발목을 잡는 요인은 무엇일까?

이번 연구에서 우리는 대부분의 CEO들에게 이러한 선택이 어려운 이유 5가지를 발견했다.

- **주주-임원 인센티브의 차이:** 주주는 투자 포트폴리오를 통해 중대한 의사 결정의 리스크를 관리할 수 있지만, 임원들은 과감한 전략적 대안을 추구하는 것에 대한 역유인disincentive이 있을 수 있다. 임원들은 평균 수익률 달성 가능성뿐만 아니라 자신이 운영하는 기업 또는 개인의 커리어에 도움이 될지를 고민해야 하기 때문이다.
- **장기-단기 관점의 차이:** 임원들은 재무적 성과를 보여주는 것보다 전략적 변화를 성공시키는 데 더 오랜 시간이 걸린다고 생각한다. 단기적 성과에 대한 부담 때문에 중요한 도전은 미뤄지거나 우선순위가 낮아진다. 마찬가지로, 미래에 대한 높은 불확실성 때문에 장기적 투자가 잘못된 방향으로 이루어질 수 있다고 생각하기도 한다.
- **인식-실제 제약 요인의 차이:** 과거의 의사 결정, 특히 비즈니스 포트폴리오와 관련(지리적 영향 포함)된 의사 결정은 CEO에게 영향을 준다. 이 때문에 명확한 전략적 도전이 어려울 수 있으며, 정치적 또는 기타 이유로 변화가 어려운 상황에서는 더욱 문제가 된다.
- **변화의 방법을 모색할 역량 부족:** 임원들이 조직의 변화 필요성을 인식하고 있으며 변화의 목표도 알고 있으나, 현 상황에서 목표 상태까지 달성하는 방법을 찾아낼 수 없는 경우다. 예를 들어, 성장이 더딘

대규모 사업을 매각하고 잠재력이 훨씬 높고 규모가 훨씬 작은 사업 부문에 투자하는 것 등이다.

- **실패 경험으로 인한 트라우마:** 과거에 중요한 전략적 결정이 제대로 실행되지 않았던 경험 때문에 임원들이 주저하는 경우도 있다. 새로운 중요한 시도를 하는 것이 두려운 것이다(전략이 효과적으로 실행되지 않은 이유는 전략 자체가 실행 불가능한 것이었기 때문일 것이다).

이러한 어려움에도 불구하고, 많은 임원들이(이 책에서 인터뷰한 리더들 포함) 확신을 갖고 도전함으로써 만족할 만한 성과를 거둔 경우가 실제로 있다.

시장에서의 적절한 포지셔닝 때문에 과감한 도전을 할 필요는 없다고 생각한다면, 아무것도 하지 않는 것도 리스크임을 기억하라. 임원들이 종종 간과하는 리스크이다. 중대한 전략적 의사 결정을 하지 않는다면, 경쟁사가 적극적으로 그러한 결정을 내리고 시장에 진입하게 될 수도 있다.

택시 업계가 좋은 예이다. GPS와 스마트폰 앱 기술로 인해 길 찾기, 배차 및 호출 시스템 등 과거 택시의 경쟁력이 약화되면서 많은 택시 회사들은 고객을 유인할 방법이 크게 줄었다. 운전사, 콜택시 회사들이 그렇게 친절한 것도 아니었고, 차량이 특별히 깨끗하지도 않았다. 택시 회사들은 최신 기술을 지속적으로 도입하지 못했다. 택시 운전사와 택시 회사들은 규제가 새로운 진입자의 위협을 막아 줄 것이라 생각했기 때문에 변화의 필요성을 느끼지 못했다. 진정한 경쟁력이 부재한 상황에서 택시 산업은 수년 동안 변화에 상당히 취약한 상태였다. 하지만 최근 차량공유 회사들이 등장하면서 많은 택시 회사들은 이제서야 택시 호출 앱을 도입하고 서비스를 개선하는 등 노력을 꾀하고 있다.

택시 회사들이 미리 자신의 포지셔닝을 재구상하고 몇 년 전부터 트랜스포메이션을 시작했다면 얼마나 좋았겠는가?

과감한 의사 결정을 내리는 임원 및 기업들은, 현재 경영환경의 불확실성과 변동성과 상관없이, 미래가 어떻게 되든 후회하지 않을 결정을 내리는 방법을 알고 있다. 고객에게 차별화된 가치를 제공하는 역량을 바탕으로 하는 전략적 정체성을 선택한다면, 그 조직의 선택은 환경이 어떻게 변하더라도 옳은 결정이 될 것이다.

리스크에 대한 논의는 주로 "잘못된 결정에 대한 두려움"에 집중되어 있다. 그것도 합리적인 고민일 수 있지만, 처음부터 아무것도 하지 않는 것보다 의사 결정을 위해 분석을 해보는 것이 언제나 훨씬 쉽고 생산적이다. 사실, 새로운 포지셔닝의 실행 속도와 확장 정도를 실험하고 고민하는 데도 어느 정도 투자가 이루어져야 한다. 불확실성이 너무나 커서 의사 결정을 하기 어렵다고 느껴지면 다른 조직과의 파트너십을 통해 부족한 역량을 보완하고 의사 결정 시점을 미룰 수도 있다. 하지만, 결정을 미루는 것이 의사 결정을 회피하는 수단이 되어서는 안 된다. 모든 결정을 미루면, 결국에는 의사 결정 부재로 근본적 경쟁력을 확보하지 못해 핵심 분야에서 취약해지고, 시간이 지남에 따라 점점 연관성을 잃는 기업이 될 것이다. 비즈니스 모델 혁신의 속도가 생각보다 느리다 하더라도, 아예 아무것도 하지 않으면 리스크 지향적 경쟁사의 먹이가 될 수 있다.

세상은 지금도, 그리고 앞으로도 계속 불확실할 것이기 때문에 유연성이 필요한 것은 맞다. 하지만 우리가 인터뷰한 모든 리더들은 결국 외부적 불확실성에도 불구하고 앞으로 가치를 창출할 계획에 대해 명확한 견해를 갖고 있었다. 씨티그룹(파트2 후반부 참조)과 인디텍스(파트1 참조)의 경우, 미래에 대한 관점은 앞으로도 바뀌지

비욘드 디지털

않을 부분(금융 중개 서비스, 저렴하지만 품질이 좋은 패션에 대한 수요는 사라지지 않음)에 대한 확고한 신념에 기반하고 있었다. 필립스, 히타치 등 다른 기업들의 경우에는 단일 제품 및 서비스 중심에서 고객에게 더 많은 영향을 끼칠 수 있는 통합형 솔루션으로 가치 창출 방법이 바뀔 것이라는 확고한 생각에 기반하고 있었다. 어떤 경우든, 미래에 대한 이러한 관점은 자사가 진출한 각 시장에 대해 깊은 인사이트와 경험을 갖추었기에 가능하다. 외부 환경이 크게 변화할 것으로 예상되는 경우, 일부 기업들은 다양한 시나리오를 검토해 자사 및 해당 시장이 최적의 성과를 낼 수 있는 방법을 분석했고, 자사의 새로운 포지셔닝이 다양한 시나리오하에서 성공할 수 있음을 확인했다. 중요한 것은 조직에 타격을 주는 불확실성을 파악만 하는 것이 아니다. 그 불확실성의 미래를 만들어 나가는 데 동참하는 것이 훨씬 더 중요하다.

생태계를 활용해 시야를 넓힌다

기업은 다수의 생태계에서 참여자 또는 조력자 역할을 할 수 있다. 히타치와 코마츠(파트3 참조)의 사례와 같이, 이러한 생태계는 해결이 필요한 실질적인 고객의 문제와 궁극적인 최종 사용자의 니즈에 대해 풍부한 인사이트를 제공할 수 있다. 기업이 참여하고 있는 생태계, 이에 대한 기여 방식, 협업을 통해 창출되는 가치 등을 구체적으로 이해하면, 포지셔닝 전략을 위한 강력한 인사이트를 얻을 수 있을 것이다.

숨겨진 강점을 발견한다

기업은 기존의 제품과 서비스 외에 더 많은 가치를 제공할 수 있는 강점을 보유하고 있을 수 있다. 가치 있는 차별적 역량을 찾아내고 생태계 내의 중요한 문제를 해결하기 위해 무엇을 더 할 수 있을지 고민하라. 아마존 웹 서비스Amazon Web Services는 원래 아마존 내부 용도의 클라우드 서비스로 시작했지만, 아마존은 이것이 다른 기업에서도 강력한 서비스가 될 수 있음을 깨닫고 외부로 확장했다. 조직은 자사가 기여할 수 있는 것이 무엇인지 냉정하게 객관적으로 판단하고 "자사의 강점 분야"로 믿었던 것이 아직도 유효한지를 자문해 보아야 한다. 탁월한 역량은 시장, 제품, 서비스보다 영속적이지만, 지속적 혁신, 유지, 투자를 필요로 한다. 숨겨진 강점을 찾는 가장 좋은 방법은 현재 기업이 성공을 거두고 있는 사업 분야부터 살펴보는 것이다. 모든 성공은 언제나 고도로 차별화된 강점, 즉 그러한 성과를 내기 위한 하나의 역량 또는 다수의 역량 체계에서 나온다. 성공적인 팀의 핵심적인 성공 비결이 무엇인지 확인하고, 그러한 강점을 새로운 방식으로 활용할 수 있는 방법을 고민하라.

팀의 제약 요인을 제거한다

포지셔닝 재구상이 특별히 어려운 경우는 두 가지 제약 요인을 방치하기 때문이다. (1) 과거의 의사 결정, (2) 불가피하게 조직의 미래에 영향을 줄 것으로 판단되는 파괴적 변화의 영향이다.

현재 포트폴리오의 연관성을 유지하는 데 모든 에너지를 집중하기 때문에 리더가 고려할 수 있는 대안은 과거의 의사 결정에 따라 제한된다. 과거의 가치 창출 모델에 따라 포트폴리오를 구성했는데(예: 시장 지배력 확보를 위해 물량 확대) 이것이 디지털 이후의 세계에서는 더 이상 유효하지 않은 전략이라면 어떻게 할 것인가? 리더가 기업의 포지셔닝을 재구성하는 과정에서는 모든 사업 부문이 미래에 적합할지 아닐지를(일단은) 떠나서 대안을 고민해야 한다. 현 상태에서 목표 지점까지 도달하기 위한 로드맵을 만들고 다양한 포트폴리오 결정의 영향을 고려해야 하지만, 처음부터 제약 요인 때문에 한계를 설정해서는 안 된다.

마찬가지로 중요한 것은 조직이 실제로 통제할 수 있는 것과 실제 외부 요인을 분리하는 것이다. 리더들은 파괴적인 혁신이 영향을 끼치기까지 걸리는 시간은 과소평가하고 이에 대응하는 데 걸리는 시간과 노력은 과대평가하는 경향이 있으며, 결국에는 체념하기에 이른다. 이러한 왜곡된 시각으로 인해 리더들은 변화를 자신들이 주도할 수 있고 주도해야 하는 것으로 여기기보다는 그저 어쩔 수 없는 일로 받아들인다. 그러한 덫에 걸리지 않기 위해서는 경쟁사의 예상 대응에 따라 자사의 포지셔닝을 재구성하는 것이 아니라 근본적인 문제나 니즈를 해결하기 위한 전략을 출발점으로 삼아야 한다. 정부 규제나 거시경제적 여건 등 실질적인 외부 요인에 대해서는 몇 가지 시나리오를 수립해 팀원들과 대응 방안을 논의한다. 다양한 시나리오에서 새로운 포지셔닝의 성공 가능 여부,

각각의 결과에 대응하기 위해 필요한 대안 등을 파악한다.

이러한 내용을 염두에 두고, 이번에는 미래의 포지셔닝을 결정하고 강력한(그리고 융통성 있는) 포지션을 확보할 수 있는 3단계 방법을 살펴보자.

1단계: 가치 창출 방안에 대한 아이디어를 구상한다

포지셔닝을 재구상하는 첫 단계는 미래 가치를 인식 및 정의하는 방법을 결정하는 것이다. 지속적 가치 창출이라는 것은 단기적 수익과 주주 수익 실현을 넘어선다. 즉, 고객, 구성원, 사회를 위한 가치를 창출하는 것이다.

이러한 포괄적 측면을 먼저 이해한 뒤 가치 창출 방안에 대한 아이디어를 구상하게 되는데, 3가지 렌즈를 통해 바라볼 것을 추천한다. 업계의 미래를 예측한다. 고객에 대한 깊이 있는 인사이트와 시장 전문성을 활용해 미래에 대한 관점을 수립하고, 고객과 최종 사용자의 니즈가 어떻게 변화할지, 메가트렌드(ESG, 기술 트렌드 등)가 가치 창출에 어떤 영향을 줄지, 가치 풀pool이 어떻게 변화할지를 판단한다.

- 업계 및 시장의 중요한 문제 중 아직 해결되지 않은 것은 무엇인가? 고객과 최종 사용자들이 진정으로 원하는 것은 무엇인가? 고객 여정에서 해결해야 할 불편함pain points(예: 인터페이스 단절, 정보 흐름 차단, 개인 취향에 맞춘 솔루션)이 있는가?

비욘드 디지털

- 수요는 어떻게 변화할 것인가? 인구 변화, 자원 부족, 도시화 등의 메가트렌드는 중요한 고객 및 최종 사용자들과 그들의 니즈에 어떤 영향을 끼치고 있는가? 업계에만 해당되는 주요 트렌드는 무엇이며, 이것이 고객 및 최종 사용자의 욕구와 니즈에 어떤 영향을 끼치고 있는가?
- ESG 요건은 앞으로 어떤 영향을 끼칠 것인가? 가치에 대한 인식이 어떻게 바뀔 것인가? E, S, G 각 분야에서 어떤 긍정적 기여를 할 수 있는가? 어떤 규제 변화가 예상되는가?
- 기술은 가능성의 세계를 어떻게 바꿀 것인가? 기술은 현재의 업무 내용과 방식을 어떻게 혁신할 수 있는가? 업계의 파괴적 혁신 기업이 등장할 것인가? 우리가 업계에 새로 진입하는 기업이라면, 가장 먼저 무엇을 하겠는가?
- 가치 풀은 어떻게 변화하고 있는가? 업계의 엔드투엔드end-to-end 가치사슬/네트워크는 어떤 모습이며, 최종 사용자에게 가치를 제공하기 위해서는 어떤 과정이 필요한가? 이러한 가치사슬 단계 또는 가치 네트워크 노드의 수익 비중은 각각 어느 정도인가? 새로운 방식으로 가치사슬을 트랜스포메이션 할 수 있는 기술 기반의 파괴적 혁신이 있는가?

다음은 이러한 미래 예측을 가치 창출 전략에 반영한다. 조직이 해결할 수 있는 중대한 문제는 무엇인가? 조직이 대응할 수 있는 근본적인 고객 니즈는 무엇인가? 업계의 판도를 어떻게 바꿀 수 있는가? 어떤 새로운 가치 풀을 활용할 수 있는가?

예를 들어, 식품 제조업체의 경우 이 첫 번째 렌즈를 통해 더 많은 식물 기반(동물 기반 대비) 식품을 출시해 탄소 영향은 저감하면서 고객의 요구에 맞춘 보다 편리하고 건강한 식품 대안을 제공하는 등의 가치 창출 방안을 구상할 수 있다.

타 기업 및 산업 부문에 비슷한 사례나 모델이 있는지 살펴본다. "퓨어톤puretones"이라는 공통적인 가치 창출 전략 모델은 스트래티지앤Strategy&이 2008년 시작한 연구에서 개발한 개념으로, 이후 『필수 경쟁우위The Essential Advantage』라는 책에 소개되었다.[3] 퓨어톤 모델은 전 세계 다양한 기업의 기본적인 가치 창출 전략을 반영한 것으로, 특정 가치 제안의 연관성을 판단하는 데 도움이 된다. 그중에는 아마존, 페이스북 등의 플랫폼 모델이나 우버Uber, 웨이즈Waze 등의 탈중개화 모델 등 최근까지도 상당히 널리 사용된 전략도 있고, 카테고리 리더 또는 통합 모델 등 더 이상 유효하지 않은 전략도 있다. 이케아IKEA, 월마트Walmart의 가성비 모델 등 여전히 굳건한 전략도 있다(자세한 내용은 부록 참조. 17가지 다양한 비즈니스 전략, 각각에 해당하는 기업명, 새로운 경쟁 다이나믹스로 인한 영향 등이 기술되어 있다). 이러한 전략은 업계 내 가치 창출 방안을 도출하는 데 참고가 될 것이다. 비슷한 다이나믹스를 경험한 타 기업의 사례를 참고하면서 교훈을 얻을 수도 있을 것이다.

앞서 예로 들은 식품 제조업체의 경우, 두 번째 렌즈를 통해 영양, 음식 및 식단 준비, 제품 번들 판매 등과 관련된 소비자의 어려움을 해결하기 위해 소비자와 직접 소통하는 솔루션 기업이 될 수 있다.

자사의 강점과 이를 활용해 타사는 할 수 없는 방식으로 가치를 창출하는 방법을 파악한다. 스스로에게 다음의 질문을 한다.

- 우리 조직의 독보적인 강점은 무엇인가? 시장에서 인정받고 존경받는 부분이 무엇인가? 경쟁력 있는 사업 부문에서 우리가 성공하는 이유는 무엇인가? 성공의 핵심이라고 할 수 있는 차별화 전략은 무엇인가?
- 이러한 강점을 활용해 추가적으로 얻을 수 있는 성과는 무엇인가? 세계의 다른 중요한 문제를 해결하는 데 적용될 수 있는가? 이러한 강점은 생태계의 파트너들에게도 유용할 수 있는가?

예로 들은 식품 제조업체의 경우, 세 번째 렌즈를 통해 자사의 고효율 공급망 역량을 활용하거나 고유의 신선도 유지 기술을 강화할 수 있다.

이러한 3가지 렌즈를 통해 살펴본다면 업계의 가치 창출 방안에 대해 다양한 아이디어를 얻는 것이 어렵지 않을 것이다. 남들이 "말도 안 되는 아이디어"라고 하더라도 걱정할 필요가 없다. 의도적이라도 그러한 아이디어를 포함시키면 팀원들의 사고에 대한 제약이 사라지고 뻔한 결론에 빠지지 않을 수 있다.

2단계: 가치 창출 아이디어를 자사의 포지셔닝 옵션에 반영한다

1단계에서 업계의 가치 창출 방법에 대한 아이디어를 얻어 시야를 넓힌 다음에는, 이러한 아이디어를 조직에 맞는 포지셔닝 방안에 반영한다.

이제 필요한 것은 예측한 시장 방향성과 연관성을 가지며 독보적인 강점을 활용할 수 있는 가치 제안이다. 연관성을 확보하기 위해서는 단순한 모델이 아니라 진정 차별화된 강력한 가치 제안에 다수의 퓨어톤을 함께 결합해야 함을 발견하게 될 것이다. 연관성이 있는 방안이라는 것은 단순히 고객의 문제를 해결하는 것이 아니라 상당한 규모의 수익원을 활용하는 것도 가능하게 한다. 단순히 시장의 니즈만 충족시키는 것이 아니라, 그 방식에 있어 독보적으로 잘하는 것(또는 그렇게 되는 방법을 찾아내는 것)도 필요하다.

연관성 있는 방안을 파악할 때는 반드시 목표 수준을 높게 설정해야 한다. 현재의 가치 제안 또는 현재의 실행 능력에 따라 한계를 두어서는 안 된다. 21세기의 생태계에서는 다른 조직과의 협업이 훨씬 용이하므로 고객에게 더 큰 가치를 제공할 수 있고, 이에 요구되는 엄청난 역량을 확보할 수 있기 때문에 트랜스포메이션을 가속화할 수 있다. 따라서, 가치 창출 방안에는 생태계에 대한 관점, 생태계를 통해 달성가능한 부분을 포함해야 한다.

앞서 예로 들었던 식품 제조업체의 경우 3가지 옵션이 가능하다. 첫째, 가성비 전략으로 소수의 핵심 사업에 집중하고 규모 중심의 공급망 역량을 활용해 비용을 절감하고 매장에 물량을 늘리는 것. 둘째, 깊이 있는 소비자 인사이트를 활용하고 건강한 식단 및 지속가능성에 대한 소비자의 욕구를 충족시키며 식물 기반의 혁신 기업이 되는 것. 셋째, 편리함과 건강을 위한 소비자의 욕구를 해결하는 건강한 식품 솔루션업체가 되는 것이다.

3단계: 과감한 선택을 한다

이제 가장 적절한 포지셔닝 옵션들을 파악했으니, 평가를 통해 가장 확실한 성공 전략을 선택해야 한다.[4] 이를 위해서는 (1) 시장 잠재력, (2) 독보적이고 차별화된 성과를 내는 능력이라는 두 가지 요소를 고려해야 한다.

이 단계에서는 각 방안에 따라 조직이 어떻게 발전하고 성장할 수 있는지, 주변 시장이 어떻게 변화할지 예측해 보는 것이 좋다. 생각해 볼 질문은 다음과 같다.

- 각 방안에 해당하는 가치 창출 방식으로 탁월한 성과를 내려면 무엇을 해야 하는가? 자사의 독보적 경쟁우위가 어떻게 활용되는가?
- 어떤 차별화 역량이 필요한가? 우리 조직은 현재 부족한 이러한 역량을 구축 또는 확보하기에 효과적으로 포지셔닝되어 있는가? 이를 더 잘할 수 있거나 더 적합한 현재 또는 미래 경쟁자가 있는가?
- 각 방안은 조직의 포트폴리오에 어떤 영향을 끼치는가? 일부

사업을 매각하고 다른 사업을 인수할 필요가 있는가?

- 각 방안은 업무 방식에 어떤 영향을 끼치는가? 생태계를 통해 어떻게 가치를 창출할 것인가?
- 각 방안은 시간이 지남에 따라 시장에서 어떻게 진화할 것이며, 우리 조직의 가능한 최고의 미래를 만들기 위해서는 무엇이 필요한가?

특히 마지막 질문에 대한 해답을 찾는 과정을 일종의 전쟁 게임처럼 생각해 보면 좋다. 현재 또는 미래의 경쟁사 대비 어떻게 포지셔닝되어 있는지, 포지셔닝을 확보하는 데 특히 도움이 될 조치들은 무엇이 있는지, 우리 조직에 대한 위협 요인은 무엇인지 등을 더 잘 파악할 수 있다. 그러한 전략적 시뮬레이션에서는 다양한 팀들이 각각 다른 역할(일반적으로는 조직, 고객, 경쟁사, 생태계 파트너, 규제 당국)을 맡아 보고 서로의 행동에 대해 역동적으로 대응해 보는 것이다. 여기에 제도 변화 또는 지정학적 변화 등의 충격을 추가하면 외부 요인으로 인해 자사의 포지셔닝이 흔들릴 수 있는지를 파악할 수 있다. 하지만, 외부 요인도 중요하지만, 포지셔닝의 성공은 결국 조직과 조직의 시장 대응 방식에 달려 있다는 점을 기억해야 한다. 전쟁 게임을 활용하면 이러한 기획 과정을 적극적으로 참여하고 싶은, 재미있고 창의적인 것으로 만들 수 있다. 근본적으로 새로운 미래를 정의하려면 전략적 기획 프로세스라는 낡은 모델을 버려야 한다. 그러한 모델에서는 수많은 템플릿을 작성하고, 왜 시장이 4%가 아니라 3% 성장할 것으로 예측하는지 근거를 대야 했다. 조직의 포지셔닝을 재구상하기 위해서는 직원들의 창의적 잠재력을 충분히 활용해야 하기 때문에 전쟁 게임 방식이 특히 효과적일 수 있다.

팀에서 한 가지 방향을 정하지 못하고 다양한 방안을 통해 위험을 분산시키려고 한다면 어떻게 해야 할까? 목표는 창의적인 에너지를 모아 그 대부분을 새로운 포지셔닝에 집중시키는 것임을 기억하라. 이것을 응집력coherence이라고 한다. 조직의 가치 제안, 차별화된 역량, 제품 및 서비스 포트폴리오는 모두 결합되어 성공가능성을 높이고 규모의 경제 효과를 달성하는 방식으로 작용해야 한다. 이는 차별화 역량을 모든 업무의 중심으로 삼을 때 가능하다. 어느 정도의 응집력 부족은 자연스러운 것이며, 다른 대안에서 학습할 기회를 얻기 위한 실험적 시도에서는 심지어 가치 있다고 할수 있다. 하지만 어떤 경우이든 응집력 부족은 최소화해야 한다. 리더, 조직, 생태계, 그리고 무엇보다 고객들은 조직이 약속한 가치제안을 제공할 것을 기대하고 있다.

마지막으로, 조직의 포지셔닝은 연관성이 있고 독보적인 것이어야 하며, 조직은 포지셔닝에 맞는 자격을 갖춰야 한다. 포지셔닝은 기업의 제품 또는 서비스를 구매할 잠재 고객 또는 사용자들에게 연관성이 있어야 한다. '누구의' 삶 또는 사업을 개선하고자 하는지가 명확해야 하는 것이다. 또한 포지셔닝은 독보적이어서 우리 조직이 사라진다면 시장에 공백이 생기는 것이어야 한다. 더불어서 포지셔닝에 맞는 자격이 필요하다. 즉, 탁월한 포지셔닝을 위한 역량을 이미 확보하고 있거나 확보할 능력이 있어야 하며, 경쟁사보다 더 효과적이고 효율적으로 해낼 수 있어야 한다.

씨티그룹Citigroup은 조직의 포지셔닝을 근본적으로 재구상하고 계속해서 업데이트하기 위해 이 3단계를 실행한 사례를 보여준다.

씨티그룹: 금융 슈퍼마켓에서 디지털에 집중하는 은행으로

씨티그룹("씨티")은 1812년 뉴욕씨티뱅크로 설립되었으며, 미국 은행 역사에서 중요한 역할(성공과 역경 모두)을 해 왔다. 그 이후, 남북전쟁에서 대공황, 20세기 말 시작된 규제 자유화, 2007~2008년 금융 위기, 그 이후의 경기 침체를 모두 경험했다. 씨티는 항상 혁신을 추구했다. 1865년 최초의 대서양 횡단 케이블 사업 자금을 제공했고, 1970년대에는 ATM의 선두주자였다. 2000년대, 씨티는 은행, 중개, 채권 트레이딩, 보험, 자산 관리 등 전 세계 모든 사람에게 모든 금융 서비스를 제공하는 진정한 금융 슈퍼마켓이 되었다. 마이클 코바트Michael Corbat 전 CEO는 씨티 및 그 전신이었던 기업에서만 커리어를 쌓았고, 2012년부터 2021년 2월까지 CEO로 재직했는데, 그에 따르면 당시 씨티의 주된 경영 방식은 M&A 중심이었다. "일단 기업을 인수한 다음, 그 기업을 어떻게 활용할지를 고민하는 방식이었다. 그러다가 그냥 시간이 흐르고, 결국엔 똑같은 과정을 반복했다."

씨티가 금융 슈퍼마켓 시기에 인수했던 사업 중 하나는 서브 프라임 모기지 대출이었다. 서브 프라임 모기지 대출 시장이 2007년 붕괴되면서 금융 위기가 시작되었다. 씨티는 2008년 가을 거의 파산 또는 국영화 위기에 놓였다가 씨티그룹 주식을 대가로 공적자금 450억 달러를 투입하면서 다른 여러 은행들과 함께 구제되었다. (씨티는 2009년 12월 미국 정부에 해당 자금을 모두 상환했다.) 문제는 서브 프라임 모기지 대출만이 아니었다. 위기 전부터 씨티는 전략적으로 표류하고 있었고, 사업 및 매출의 규모만으로 상당한 순이익 성장을 내는 데 어려움을 겪었다.

파산에 가까운 경험은 리더들에게 큰 충격을 주었지만, 트랜스포메이션의 시급성을 깨닫는 기회이기도 했다. 제인 프레이저Jane Fraser는 금융 위기 당시 전략총괄을 담당했으며 현재는 씨티그룹의 CEO이다. 프레이저 CEO는 2008년 가을 당시 금융 위기가 최악으로 치닫고 씨티의 파산이 확실한 듯 보였던 그날을 기억한다. "미국 금융 시스템 전체가 무너질 거라 생각했었다. 그런 상황에서… 모든 고객의 예금, 시스템 안의 모든 예적금 등이 모두 사라졌다고 생각하니, 놀라울 정도로 확실한 것을 깨닫게 되었다. 조직에 대한 의사 결정에 대해서는 상당히 무감각해졌고, 기득권에도 아무 관심이 없어졌다."

프레이저 CEO는 "지속가능성을 위해 조직을 재정의하고 재구성해야겠다는 것을 위기를 통해 깨달았다. 규제 당국 입장에서, 개인 및 기업고객 입장에서, 직원 입장에서의 지속가능성이 필요했다."라고 덧붙였다.

내부적 반성을 통해 씨티는 승산이 있는 사업에 집중하고, 더 강해지기 위해 규모를 축소하고 응집력을 강화해야 한다는 결론을 내렸다. 첫 번째 자각은 씨티가 보험사, 자산운용사, 헤지펀드, 사모펀드가 아니라 과거에도 그리고 지금도 그 본질은 은행이라는 점이다. 리더들이 확인한 두 번째 사실은 씨티가 경쟁력 중 하나인 글로벌함을 유지, 활용해야 한다는 점이었다. 다국적 기업고객 입장의 경우, 복잡한 거래, 통화, 그리고 사업의 복잡성으로 인한 리스크를 모두 관리할 수 있는 파트너가 필요하기 때문에 이 부분이 특히 중요했다. 코바트 전 CEO에 따르면, "그다음은 '은행과 글로벌'이라는 두 가지 축을 기준으로 이에 적합한 것과 그렇지 않은 것을 구분하는 작업이었다. 절대적으로 나쁜 사업이라는 것은 없으며, 미래 전략의 핵심에 해당하지 않을 뿐이라는 것이 명확해졌다." 리더들은 씨티를 남들이 부러워하는 최고의 브랜드로 만들고자 했다. 일부 사업 부문과 시장에서는 이미 그러한 브랜드였지만, 그렇지 않은 곳도 있었다.

씨티의 리더들은 기업 본사 내에 비핵심 자산을 관리 및 매각하는 자회사인 씨티홀딩스Citi Holdings를 설립하고 자체 경영진을 두었다. 프레이저 CEO는 다음과 같이 기억하고 있다. "우리는 분리된 2개의 조직이 필요하다는 점에 대해 매우 확고했다. 아침에는 최고의 매각 전략을 고민하다가, 저녁에는 핵심 사업부의 성장 전략을 고민할 수는 없었다."

이러한 트랜스포메이션의 규모는 상당한 것이었다. 씨티홀딩스를 통해 씨티는 40개 이상의 국가에서 60개 이상의 비핵심 사업부를 매각했다. 자산 규모 약 8,000억 달러, 직원 규모는 10만 명에 달했다. "이러한 규모로 뭔가를 시도한 적은 처음이었다." 2009년 코바트는 씨티홀딩스의 CEO가 되었다. "당시 8,000억 달러라는 자금은 모건스탠리Morgan Stanley, 골드만삭스Goldman Sachs, GE캐피탈GE Capital의 2배보다 큰 규모였다. 전체 직원의 1/3을 정리하는 작업이었다." 씨티의 기업금융 고객 수는 3만 2,000개에서 1만 3,000개로, 개인금융 부문(글로벌의 중요성이 상업은행만큼 크지 않음)은 금융 위기 전 60개 국가에 사업부가 있었으나 2020년 말에는 19개국으로 감소했다.

현재 씨티는 자체적인 표현에 따르면 "개인 및 기업을 위한 성장과 경제적 증진을 가능하게 하는, 책임감 있는 방식으로 금융 서비스를 제공하는 글로벌 은행"이라는 새로운 포지셔닝에 집중하고 있으며, 목표 고객군에서 유기적인 성장에 집중할 준비가 되어 있다. 이를 위해 리더들은 고객을 위한 가치 창출과 서비스만 생각하고 이에 집중해야 했다. 코바트 CEO는 "비지니스 모델을 완전히 뒤집었다. 상품 중심 조직에서 복합적 관계 고객 방식으로 바꾸어 상품보다 고객을 중심에 두는 조직이 되었다."라고 설명한다. 미래의 씨티는 상품, 서비스 솔루션, 고객과 기업의 상호 작용 등 고객이 경험하는 가치와 경험 방식을 개선하는 데 필요한 역량에 더욱 집중했다.

씨티는 기술 등 역량 확보에 많은 투자를 했다. 최고의 은행이 되기 위해서는 최고의 디지털 은행이 되어야 한다는 것이 분명했다. 코바트 CEO는 이렇게 언급했다. "사람들은 규모가 중요하다고 애기한다. 하지만, 무엇의 규모를 뜻하는 것일까? 자산? 예금? 지점 수? 고객 수? 진출한 국가 수? 모두 포함될 수도 있지만, 나는 특히 기술과 기술 투자 규모가 중요하다고 본다. 이제는 기술이 진정한 차별화 요인이기 때문이다." 씨티는 매년 예산의 약 20%를 기술에 투자하고 있으며, 수천 명의 코딩 인력, 데이터 애널리스트, 기타 전문가(2020년 한 해에만 트레이딩 및 투자 사업부에서 2,500명)를 채용했다. 페이팔PayPal 및 구글Google과의 파트너십을 통해 경제적 건강과 모바일 기능을 핵심으로 하는 새로운 디지털 체크 및 적금 계좌 등 새로운 디지털 서비스를 추진 중이다.

이러한 모든 노력과 함께, 코바트 CEO는 직원들에게 "전통적인 은행 방식을 벗어난" 사고, 즉 소비자에게 영향을 끼치는 다양한 요인들을 고민하고, 그의 표현에 따르면 "생애 최고의" 경험 또는 이를 뛰어넘는 고객 솔루션을 제공할 수 있는 방법을 고민할 것을 주문했다. "소비자들의 우버 경험, 아마존 경험 또는 그 어떤 경험이든 간에 적어도 그 수준까지 도달하지 못한다면 우리는 취약한 조직이 되는 것이다."라고 그는 설명한다. "그러한 "생애 최고"의 경험을 만들어야 한다는 책임감을 가져야 한다. 이는 소비자의 삶에서 마찰 비용friction을 얼마나 제거할 수 있느냐로 평가된다. 마찰 비용이란 시간, 돈, 그리고 질적 저하에 해당한다. 소비자들은 좋은 기업이라면 계속해서 그러한 마찰 비용을 낮추기를 기대한다. 그렇게 할 수 있다면, 경쟁력을 유지할 수 있다." 씨티가 마찰 비용을 절감한 서비스의 예는 "문서 간소화" 및 손쉬운 "디지털 가입"이다. 이를 통해 고객들은 전자서명으로 계좌를 개설할 수 있게 되었다. 코로나 팬데믹 시기에는 특히 중요한 서비스였다.

씨티의 트랜스포메이션은 주기적인 업데이트와 함께 계속 진행 중이다. 씨티홀딩스의 경험에서 배운 중요한 교훈에 대해 묻자 마크 메이슨Mark Mason 씨티그룹 CFO는 규율discipline을 강조했다. "우리는 쉬지 않고 포트폴리오를 들여다보면서 '이것이 타당한가? 내가 참여해야 하는가? 이것은 나의 핵심 역량이며, 나머지 고객 서비스에 중요한 의미를 갖는가?' 등을 고민한다. 과거의 경험 덕분에 다양한 정보를 바탕으로 전략을 수립한다. 전략적으로 맞지 않는 부분은 덜어 내기 위한 노력도 있다. 결국 전략은 무엇을 하느냐만큼, 무엇을 하지 않느냐도 중요하다."

이러한 규율은 제인 프레이저 CEO가 취임 초기에 기획했던 트랜스포메이션의 원칙이 되었다. 프레이저 CEO는 "디지털 세계에서 글로벌 니즈가 있는 고객을 위한 선도적인 은행"이라는 씨티그룹의 포지셔닝을 재확인했고, 4가지 원칙에 기반해 '전략의 새로고침'을 실행했다.

- **평가:** 훨씬 디지털화된 세상에서 씨티가 선두적인 시장 포지션을 유지 또는 확보할 수 있는 사업이 무엇인지 평가한다.
- **집중:** 장기적으로 강력한 성장을 추진하고, 수익을 개선할 수

있는 사업에 직접 투자하고 자원을 집중시킨다.

- **연결:** 사업부를 체계적으로 연결하고, 연결성의 장점을 활용한다.
- **단순화:** 고객에게 더 나은 서비스를 제공하고, 규제 요건을 준수하며, 주주 가치를 실현하는 단순한 목표를 추구한다.

'전략 새로고침'은 이미 대대적인 의사 결정으로 이어졌다. 씨티는 성공에 필요한 규모를 갖추지 못한 아시아, 유럽, 중동 지역 13개 시장에서 소비자 사업 부문을 매각하고 자산 관리 사업부는 2배로 확대했다.

씨티그룹의 트랜스포메이션은 용기 있는 결정이었다. 그렇게 급격한 규모로 조직을 축소하고, 규모는 작지만 강력한 핵심 사업부만 가지고 성장을 추진하는 것은 상당한 용기를 필요로 한다. 씨티그룹이 이러한 여정을 시작한 것은 생존의 위협에 직면했기 때문이다. 외부의 변화보다 앞서가고 조직의 미래를 만들기 위해 이러한 여정은 계속되었다. 2021년 3월 1일 제인 프레이저 CEO가 취임하면서 그녀는 규제당국이 제기한 심각한 문제를 해결하고 은행의 수익률을 높이기 위해 아직 해야 할 일이 많음을 지적했다. 2008년 거의 사망 선고를 받았던 씨티는 포지셔닝을 재구상하면서 2020년 「글로벌 파이낸스Global Finance」가 선정한 "세계 최고의 디지털 은행"이 되었다. 위기의 시기에 다시 깨달은 엄격한 규율은 앞으로도 씨티의 여정에 상당한 도움이 될 것이다.

기업의 포지셔닝을 명확히 정의하는 것은 비욘드 디지털의 성공에 매우 중요하다. 경쟁우위의 기반은 바뀌었다. 이제는 매일 출고하는 기존의 제품과 서비스만 아니라, 조직의 역량에 있어서도 경쟁사보다 탁월함을 갖추어야 하는 시대다. 고객, 최종 사용자, 사회 전체를 위해 조직이 창출하는 가치를 재평가하고, 과거의 경쟁 다이나믹스 모델에 기반한 포트폴리오에 의문을 제기하지 않는다면 기업의 미래는 없다. 이제 기업의 포지셔닝을 재구상하기 위해서는 비즈니스 리더들이 고민하는 기술, 시장 구조, 경제 및 환경 조건 등에도 불구하고 과감한 도전을 하고 기업의 존재 가치에 근본적인 질문을 던져야 한다.

지금까지 살펴본 기업들의 사례와 같이, 그리고 각자의 직접 경험을 통해서 알다시피, 이러한 트랜스포메이션의 선택은 두려울 수 있다. 하지만, 사례를 통해 확인했듯, 일단 결정을 내리면 이러한 도전은 리더가 조직의 미래를 주도하고 그 여정을 이끌어 나가는 데 확실한 나침반이 되어 줄 것이다.

PART 3

생태계를 통해 가치를
수용 및 창출한다

당신이 할 수 없는 것은 내가 할 수 있고,
내가 할 수 없는 것은 당신이 할 수 있으니,
우리는 함께 위대한 일을 해낼 수 있습니다.

- 테레사 수녀Mother Teresa

일본의 건설 업계는 심각한 문제에 직면했다. "인력의 1/3이 55세 이상으로 은퇴를 앞두고 있고, 청년 세대들은 건설직을 선호하지 않는다." 오하시 데쓰지Tetsuji Ohashi 코마츠 회장 겸 전 CEO는 말했다. 일본건설업연합회 예측에 따르면, 부족한 숙련 건설 노동자 수는 2025년경 130만 명에 이를 전망이다. 한편, 수요는 계속 증가하고 있다. "도로, 교량 등 사회 인프라는 악화되고 있으며, 일본에는 홍수나 지진 등 자연재해가 다수 발생하기 때문에 상황이 더 심각하다." 오하시 회장은 설명했다.

그가 사장이 되었던 2013년, 코마츠는 업계에서 대두되는 인력 문제를 해소하기 위해 최초로 GPS, 디지털 맵핑, IoT 연결 등을 활용한 ICT(정보통신 기술) 건설 장비를 도입해 효율성을 개선하는 작업에 나섰다.

코마츠 직원들은 사업장에서 당면한 문제를 정확히 파악하기 위해 고객사와 더 긴밀한 관계를 유지해야 함을 깨달았다. 그래서 오하시 회장은 코마츠의 전통적인 "제품 퇴출" 방식으로 장비를 매각하는 것이 아니라 2000년 설립한 렌탈 비즈니스 네트워크를 활용하기로 결정했다.

고객사와의 연계를 강화하면서 코마츠는 특별한 인사이트를 얻게 되었고, 이를 통해 신규 장비가 생산성 증진에 예상만큼 기여하지 못하고 있음을 곧 확인하게 되었다. 장비를 사용하는 공정 중 업스트림과 다운스트림 모두에서 현장의 병목현상이 발생한 것이 이유였다. 예를 들어, 고속도로 건설 현장에서 코마츠의 ICT 장비는 기존 장비 대비 50% 더 많은 표토를 제거할 수 있었으나 건설회사들은 이를 현장에서 운반하는 데 필요한 덤프트럭의 수를 정확히 예측하고 준비하지 못했다. 그뿐만 아니라, 제거해야 하는 표토의 양도 정확히 예측하지 못하고 있었다.

결과를 분석한 코마츠의 담당 팀은 장비의 생산성이 현장 공정 중 일부에만 기여하고 있음을 파악했다. 현장의 생산성을 크게 높이기 위해서는 각 회사가 수행하는 개별 업무를 개선하는 것이 아니라, 관련된 모든 당사자들 간의 업무를 훨씬 효과적으로 조율해야 했다. 이에 따라, 오하시 회장은 건설 사업에 참여하는 고객사 및 기타 이해관계자들과의 긴밀한 협업을 위해 2015년 "스마트 건설 추진부"를 신설했다. 건설 현장 분석을 주도한 팀의 총괄이었던 시케 치카시Chikashi Shike를 부서장으로 임명했다.

시케 총괄은 다음과 같이 회상했다. "오하시 회장은 건설 현장 및 모든 당사자의 관점에서 수주부터 완공까지의 과정을 살펴볼 것을 주문했다. 코마츠의 건설 장비 사용을 중단해야 한다는 결론에 도달하게 되더라도 이 부분을 꼭 기억해 달라고 당부했다." 스마트 건설 추진부의 역할은 장비 판매, 렌트, 서비스를 넘어 고객사가 현장에서 안전과 생산성을 높일 수 있는 솔루션을 만드는 것이었다.

그 후 불과 몇 달 만에 새로운 솔루션이 실행되었고, 여기에는 건설 작업 계획 수립을 위한 고해상도 드론 기반 측량 및 3D 지형 데이터, 클라우드에 업로드된 3D 데이터를 관리 및 활용하는 툴 등이 포함되었다. 당연히 코마츠가 이러한 솔루션을 모두 혼자 개발한 것은 아니었다. 프로펠러Propeller의 드론 맵핑 및 분석 역량, 엔비디아NVIDIA의 이미지 프로세싱 및 시각화, AI 경험, 어드밴텍Advantech의 차량 내 컴퓨팅 및 통신 기술, 세슘Cesium의 3D 공간 기술 등 다양한 업체의 특정 역량을 평가 및 통합했다.[1]

코마츠는 현장 측량에서부터 설계, 시공 전 단계, 시공, 시공 후 점검, 유지 보수에 이르는 전체 공정에 대해 장비, 표토, 자재 등 현장의 모든 요소를 3D 데이터로 시각화하기 위해 노력했다. 그리고 건설 및 생산 업무에 참여하는 모든 인력과 기업들을 디지털로 연결했다. 훨씬 더 많은 정보를 수집할 수 있게 됨에 따라 생태계 내의 기업들은 협업을 통해 효율성과 생산성을 높일 수 있었다.

2017년 코마츠는 이러한 노력을 건설 산업 전체로 확대하고 고객 서비스를 강화하고자 랜드로그Landlog라는 오픈 플랫폼을 출시했다. 랜드로그 플랫폼에서는 코마츠의 스마트 건설 정보뿐만 아니라 타사의 장비에서 수집한 정보도 활용할 수 있으며, 3가지 주요 기능이 제공된다. 건설 공정 시각화, 데이터 및 이미지를 실행 가능한 정보로 전환, 사용자가 랜드로그 플랫폼에서 직접 어플리케이션을 개발할 수 있는 어플리케이션 프로그래밍 인터페이스(API) 등 건설 현장을 더욱 스마트하고 안전하게 만드는 데 기여한다.

예를 들어, 드론을 사용하면 일반적인 현장 측량을 기존의 3일이 아닌 20분 안에 완료할 수 있으며, 랜드로그는 드론이 수집한 정보를 통합해 자동 불도저를 프로그래밍한다. 건설 현장에 스마트 기술을 도입한 고객사들은 업무를 2배 빨리 완료할 수 있게 된 것으로 나타났으며, 비용을 절감하고 건설 근로자들의 과도한 업무 부담도 줄일 수 있었다.[2] 일본 건설 회사의 90% 정도는 직원이 10인 이하이며, 연간 매출액이 60만 달러도 되지 않는다. 따라서 코마츠는 이러한 기업들이 자체적으로는 구축할 수 없었던 역량을 제공한 셈이고, 고객사 베이스가 확대되면서 더 많은 데이터와 어플리케이션을 확보하고 역량 투자를 더 효과적으로 활용해 자체 역량도 강화할 수 있었다.

각 공정을 하나씩 디지털화하는 것으로 시작해(코마츠의 표현에 의하면 "수직적 디지털화"), 최근에는 공정 전체를 디지털화("수평적 디지털화")하는 "스마트 건설 디지털 트랜스포메이션"이라는 명목하에 새로운 IoT기기와 어플리케이션이 도입되었다. 덕분에 실제 작업 현장과 디지털 트윈을 동기화함으로써 작업장 전체의 안전성, 생산

비욘드 디지털

성, 환경 성능이 크게 개선되었고, 작업 현장 운영 최적화가 가능해졌다. 작업 현장의 디지털화 후 다음 단계는 이를 원격으로 연결해 복수의 작업 현장을 최적화하는 것이 될 것이다(코마츠에서는 이를 "심층 디지털화"라고 부르고 있다).[3]

시케 부서장은 "코마츠는 새로운 오픈 플랫폼, 어플리케이션, IoT기기를 활용한 스마트 건설로 미래를 만들고자 한다. 과거에는 자사의 장비와 관련된 공정에만 참여했지만, 그것만으로는 고객사의 문제를 해결할 수 없었다. 많은 사람들을 참여시켜야 했고, 그들이 함께 일할 수 있는 플랫폼이 필요했기 때문에 랜드로그를 출시하게 되었다. 실제로 이는 업계의 판도를 바꿀 수 있다."라고 말했다.

2020년 말, 코마츠는 스마트 건설을 일본 내 1만 개 이상의 건설 작업 현장에 도입했고, 이제는 미국, 영국, 독일, 프랑스, 덴마크 등 해외로도 확대했다. 이러한 국가들은 건설 인력의 고령화가 일본만큼 심각하지 않을 수 있으나, 건설 현장의 안정성 및 생산성 측면에서는 동일한 장점을 누리고 있다.

1921년 산업 공구 및 건설 장비 제조업체로 설립된 코마츠는 일본의 다국적 기업으로서 지난 100년간 수많은 우여곡절과 변화를 겪어 왔다. 하지만, 업무 방식과 고객을 위한 가치 창출 방식을 근본적으로 재구상한 그 전략 덕분에 조직의 미래를 만들고 비욘드 디지털의 영역으로 효과적으로 확장할 수 있었다.

변화하는 외부 환경에서 향후 포지셔닝을 재구상하고 차별화 역량을 구축해 가는 과정에서 기업들은 비지니스 생태계가 제공하는 "게임 체인저"의 기회를 활용하는 데 분명 다양한 선택에 직면하게 될 것이다.

생태계가 중요한 이유

파트2에서 설명한 바와 같이, 포지셔닝은 고객 또는 최종 사용자의 실질적인 문제 해결에 기반을 두어야 한다. 하지만, 아직까지 해결되지 않은 문제 중 상당수는 너무나 방대하거나 복잡해서 어느 한 기업이 해결할 수 없다. 예를 들어, 모빌리티에 대한 니즈는 대중교통, 공유 교통, 자가 등 다양한 방식과 인프라, 공공 5G 네트워크, 에너지 공급, 자금, 규제 등 다양한 요소가 포함된다. 건강에 대한 니즈는 예방, 진단, 치료, 치료 후 케어 등에 대한 개선을 필요로 한다. 이러한 문제는 다양한 기업과 기관이 네트워크를 이루어 공동의 목표를 위해 협업할 때에만 해결될 수 있다. 문제 해결에 필요한 투자와 문제의 규모 자체 때문에 생태계 접근 방식이 필요한 경우가 거의 대부분이다.

또한, 고객이 직접 제품들을 결합해서 사용하던 시대는 지났다. 오늘날의 고객은 공급업체가 단순히 솔루션의 일부만 제공하는 것이 아니라 코마츠가 자사의 생태계를 통해 건설업체들을 조율했던 것과 같은 솔루션을 제공해 주기를 기대한다. 다수의 공급업체 및 파트너사의 자원을 결합하는 비용과 노력이 점점 늘어나면서 고객의 기대도 계속 높아지고 있다. 공급업체는 고객을 대신해서 그러한 복잡한 문제에 대응해야 하는 상황이고, 이에 따라 고객의 인정을 받게 될 것이다.

생태계 활용이 중요한 이유는 또 있다. 필요한 규모의 역량을 자체적으로 확보할 수 있는 시간이나 자금이 부족하다는 점이다. 예를 들어, 디지털 이후의 세계에서 데이터는 기업의 가치 제안을 위한 구체적인 고객 인사이트를 확보하는 데 필수적인 재화이다(이 부분은 파트4에서 자세히 다루기로 한다). 또한, 더 많은 인사이트를 얻는 데 필요한 규모의 데이터를 확보 및 구축하기 위해서는 외부의 도움이 필요하다. 다른 업체가 선점하기 전에 차별화 역량을 신속하게 확장할 필요도 있다. 필요한 인재를 적시에 충분히 찾지 못하는 등의 이유로 뒤쳐지고 있을 여유가 없다. 특정 주제에 깊은 전문성을 갖춘 인재들은 해당 분야에 전문화된 기업, 매력적인 커리어 패스를 제시하는 기업에서 일하고 싶어 하기 때문에 생태계를 통해 이들의 역량에 접근할 수도 있다. 특히 장기적인 영향을 끼치는 기술을 선택하는 경우, 자체적으로 개발하는 것보다는 타사의 혁신을 통합하는 것이 기술 구식화 위험을 줄일 수 있다. 신뢰하는 생태계 내에서 타사의 역량을 활용하는 것은 조직의 차별화 기반을 빠르고 안정적으로, 더 낮은 비용에 구축하는 강력한 방법이 될 수 있다. 그렇다고 오해해서는 안 된다. 당연히 특정 역량에서는 자체적인 구축, 규모 확장이 필요하고, 전문성과 데이터를 통합하는 역할을 해야 한다. 어느 영역에서 진정한 차별화가 가능한지는 신중하게 결정해야 한다("비즈니스 생태계의 속성" 참조).

비즈니스 생태계의 속성

"생태계"라는 용어가 비즈니스 관점에서 처음 사용된 것은 1993년 제임스 무어James F. Moore의 「하버드 비즈니스 리뷰」 아티클이었다. 그는 개방형 기술, 디자인 씽킹, 사회적 변화 등의 분야에서 사고의 리더십으로 잘 알려진 비즈니스 전략 전문가이다.[a] 무어는 디지털 시대 초기에 새로운 유형의 네트워크를 구축한 기업들을 소개했다. 과거 네트워크는 '전술'에 해당했으며, 보통 공급업체, 유통업체, 세일즈 채널, 일부 기타 파트너사로 국한되어 있었다. 대부분 폐쇄적이며, 등록된 업체만 사용할 수 있었다. 주로 허브앤스포크hub-and-spoke 패턴으로 설계되어 있었기 때문에 대부분의 연결점(그리고 대부분의 가치)은 네트워크 중심에 있는 리더로 집중되었고, 주로 리더의 비용과 효율성 개선에만 도움이 되었다. 자동차 또는 섬유 산업의 전형적인 제조업 아웃소싱 계약에 해당된다.

반면, 20세기 말과 21세기 초에 진화한 비즈니스 생태계는 좀 더 전략적이다. 비용 절감과 효율성 증진뿐만 아니라, 생태계 파트너들은 이제 협업을 통해 고객 성과를 개선하고 새로운 시장을 창출하고 있다. 이러한 새로운 생태계에는 더 많은 파트너가 참여하고, 그 종류도 더 다양하다. 일반적으로 정해진 규칙이 없이 운영되며, 참여자는 계속해서 바뀐다. 연결점은 다대일(N:1)이 아닌, 다대다(M:N)로 구성된다.

새로운 생태계의 가장 큰 특징은 파트너들이 총 가치를 극대화하기 위해 협업한다는 것이다. 한 기업이 자사의 생산을 개선하기 위해 자재 또는 서비스를 구매하는 20세기형 아웃소싱과 달리, 파트너들은 최종 고객 또는 사용자 지향적 성과 증진을 달성하기 위해 협업하며, 모두에게

비욘드 디지털

윈윈이 되는 더 많은 성과를 창출한다.

생태계 모델은 4개로 구분해 볼 수 있다. 플랫폼 제공자, 조율자, 통합자, 혁신 파트너십이다. 가장 많이 알려진 것은 플랫폼 제공자 모델이다. 아마존이 구축한 생태계가 그 예로, 자사가 구축한 시장에서 구매자와 판매자를 연결하는 형태다. 소셜 플랫폼을 통해 사용자를 연결하는 페이스북도 마찬가지다. 두 번째, 조율자 주도의 생태계는 다양한 참여자들이 고객을 위한 더 큰 목표를 위해 함께 협업하는 형태다. 보통 한 업체가 생태계의 기본적인 요소를 구축하고 여러 활동을 조율하되, 이들을 하나의 패키지로 번들링하지는 않는다. 코마츠가 그 예이다. 다수의 기업들이 건설 사업을 위한 공동의 플랫폼에서 정보를 공유하도록 함으로써 고객사에 기여한다. 예를 들어, 운반할 자재의 양을 투명하게 안내하고 굴착기 및 덤프트럭 사용 업무를 조율해 비생산적인 시간을 최소화하는 것이다. 세 번째, 통합자는 관련된 제품과 서비스를 조합 또는 큐레이션하여 번들링된 제품/서비스를 제공한다. 다양한 의료진, 의료 서비스, 클리닉을 하나의 치료 시스템으로 통합해 환자들에게 제공하는 병원이 이러한 모델에 해당한다. 네 번째, 혁신 파트너십은 혁신적인 제품을 공동개발하기 위해 다수의 기업들이 협업하는 것에 해당한다. 자동차 또는 항공 우주 기업에서 흔히 볼 수 있는 형태로, 제품 및 솔루션 개발을 위해 방대한 생태계의 공급업체 및 파트너사가 협업한다.

다행히 디지털 기술 덕분에 생태계 구축 및 관리에 대한 장벽이 일부 낮아졌다. 더 광범위한 실시간 연결이 가능해짐에 따라, 전통적인 허브앤스포크 네트워크는 다대다(M:N) 형태로 재구성될 수 있다. 또한, 각 파트너가 창출하는 가치를 분석 및 추적하고 안전한 결제 메커니즘을 갖추는 것이 훨씬 용이해졌다. 신뢰에 관한 우려도 줄었다. 생태계 파트너의 업무 현황도 실시간으로 자세히 확인할 수 있어 문제 행동을 조기에 감지할 수 있다. 블록체인 등의 기술을 통해 지적재산권을 보호하는 메커니즘도 강화되었다. 물론, 아직 과제는 남아 있지만, 파트너십을 구축하고 실행하는 것이 전체적으로 훨씬 용이해졌다.

a James F. Moore, "Predators and Prey: A New Ecology of Competition," Harvard Business Review, May-June 1993, hbr.org/1993/05/predators-and-prey-a-new-ecology-of-competition.

파트2에서 설명한 필립스의 급격한 트랜스포메이션은 생태계를 통해 다양한 새로운 비즈니스 기회를 창출한 사례에 해당한다. 필립스가 건강 관리 성과 개선, 효율성 증진, 의료기관 및 환자의 경험 개선 등으로 포커스를 전환하면서, 리더들은 이러한 목표가 그 속성상 대규모의 헬스케어 생태계에서 추구해야 하는 것임을 깨달았다. 이에 따라 필립스는 헬스 시스템, 의료기기업체, 직접적인 경쟁 업체, 홈케어 간호 서비스업체, 기술업체 등 다양한 기업과 생태계 파트너십을 구축함으로써 병원 고객사에 성과 기반의 헬스케어 서비스를 제공했다. 이러한 생태계 모델 덕분에 필립스는 스웨덴의 카롤린스카 대학병원Karolinska University Hospital과 매우 혁신적인 전략적 파트너십을 14년째 이어 오고 있다. 양 기관은 뇌졸중 응급환자를 살릴 수 있는 "병원 도착 후 약물 투여까지의 시간"을 단축하는 등 환자 치료 전 과정을 트랜스포메이션하기 위해 협업하고 있다.[4]

제로엔 타스 최고혁신전략책임자는 MRI를 예로 들어 필립스가 이미 선도적인 기업이었던 분야에서도 생태계를 활용해 성과를 낸 경험을 설명했다. "목표가 MRI 자체가 아닌 환자 진단의 정확도를 높이는 것이라면 MRI, 초음파, 디지털 병리학, 유전학 등 우리가 운영하지 않는 분야도 결합해야 했다. 경쟁사가 설치한 MRI 기계와의 인터페이스가 필요할 수도 있다. 즉, 우리의 솔루션 수립 방식, 타사의 방법론과 연계하는 방식을 다시 생각해야 한다는 뜻이다."

사티아 나델라_{Satya Nadella} 마이크로소프트 CEO에 따르면 "파트너십을 제로섬 게임으로 생각하는 경우가 많다. 어느 한 참여자의 이익은 다른 참여자의 손실이라는 것이다. 하지만 나는 그렇게 생각하지 않는다. 파트너십은, 제대로만 실행하면, 고객뿐만 아니라 모든 파트너를 위해 파이를 키울 수 있다."[5] 나델라 CEO 체제에서 마이크로소프트는 파트너십 전략을 다시 수립했다. 전 세계 수십만 개의 기업들이 마이크로소프트의 제품과 서비스를 활용한 솔루션을 구축, 판매하고 있다. 이것은 자사의 제품 사용이 늘어나기 때문에 마이크로소프트에도 이익이다. 특정 시장과 니즈에 맞춘 솔루션을 개발하는 마이크로소프트의 역량을 활용할 수 있다는 점에서 파트너사에도 긍정적이다. 고객 입장에서도 어느 한 기업이 하는 것보다 훨씬 다양한 니즈와 욕구를 더 잘 충족시킬 수 있기 때문에 바람직하다.

생태계가 가진 이러한 장점과 높은 접근성 때문에 이제는 피해 갈 방법이 없다. 우리 조직이 생태계 경제를 활용하기로 결정하든 아니든, 경쟁사는 불가피하게 생태계를 활용할 것이다. 디지털 이후의 세계에서 성공하고자 하는 기업이라면 이러한 현실을 무시할 수 없다. 조직 내에서만 가치를 창출하는 것은 과거에는 주효했을지 몰라도, 앞으로는 그렇지 않을 것이다.

강력한 생태계 모델은 업계 전체의 운영 방식을 바꿀 수도 있다. 다음 사례로 고급 보석 제작 생태계를 구축한 인도의 기업을 소개한다.

타이탄: 광범위한 생태계 모델을 통해 조직의 미래와 업계의 미래를 재정의하다

타이탄 컴퍼니Titan Company Limited는 태생적으로 생태계 기반의 기업이다. 현대적인 디자인과 규모를 갖추었으면서도 장인정신을 담은 제품의 전통을 유지하면서 인도의 쥬얼리 업계를 크게 바꾸어 놓았다.

타이탄은 타타그룹 내 최대의 소비재 기업이다. 타타그룹은 1868년 설립된 대기업으로, 현재 소프트웨어, 자동차, 철강, 화학에서부터 통신, 컨설팅, 소비재에 이르는 광범위한 포트폴리오를 보유하고 있다. 타이탄은 1984년 타이탄 워치스Titan Watches Limited라는 이름으로 설립되었고, 이후 보석, 아이웨어, 향수, 액세서리, 인도 드레스(고급 샤리) 등으로 사업을 다각화했다. 분열된 시장을 활용해 1994년 보석 사업으로 확장했다. 당시 인도의 보석 산업은 상당히 국내 중심이었고, 브랜드 쥬얼리라는 개념이 거의 존재하지 않았다. 가족 대대로 단골이었던 보석상에서 구매하는 것이 일반

비욘드 디지털

적이었고, 대부분의 보석류는 주문 제작이었다.

타이탄의 시장 진입은 쉽지 않았다. C.K. 벤카타라만C K Venkataraman 타이탄 보석 사업부 전무 겸 전 CEO는 다음과 같이 언급했다. "시계 사업을 시작할 때부터 우리는 본질적으로 제조업체였다. 따라서, 지역 장인들의 제품을 선정해 리테일 판매에 집중하는 것이 아니라, 자체 보석 제조 공장을 설립했다." 타이탄은 주로 현대적인 유럽 브랜드의 디자인을 빌려 제품을 만들었지만, 이는 국내 소비자의 취향에 맞지 않았다.

몇 년간 고전한 끝에 타이탄은 과거 고객들이 구매했던 것과 유사한 제품을 출시하면서 독보적인 부가가치를 창출할 수 있는 전략을 수립했다. 리더들은 조직을 제조업 중심의 기업에서 지역 장인들과 그 고객들로 구성된 기존의 생태계를 지원하는 조력자로 변신시키고, 동시에 타이탄의 차별화 역량을 통해 생태계 전체를 개선해야 한다고 판단했다. 타이탄은 현대적인 리테일 경험과 함께 장인정신과 신뢰를 담은 제품을 만들기 시작했다.

벤카타라만 전 CEO는 이렇게 설명한다.

2006~2007년 무렵 카리가르Karigars라고 불리는 지역 장인들을 만나기 시작한 후에야 비로소 우리는 지난 300~400년 동안 장인들의 작업 방식이 거의 변하지 않았음을 깨달았다. 이들은 아름다운 보석 제품들이 탄생했다고는 믿기 힘들 정도로 우중충한 작업실에서 일하고 있었다. 천장도 낮고 좁았으며, 하절기 온

도는 금방 40~45℃까지 올라간다. 장인들은 바닥에 앉아 머리가 닿을 듯한 형광등으로 비춰가며 작업을 한다. 바닥에서 일하고, 먹고, 휴식을 취한다. 장인들에게는 정말 힘든 환경이었다. 어떻게든 그들의 작업환경을 대대적으로 바꾸지 못하면, 우리의 방식은 성공할 수 없었다. 그래서 우리는 우리의 미션을 그들을 행복하게 하는 것, 즉 "카리가르의 얼굴에 미소를 되찾아 주는 것"으로 삼았다.

2014년 타이탄은 타밀나두Tamil Nadu의 호수르Hosur에 보석 생산을 위한 "카리가르 센터" 1호점을 열었다.[6] 카리가르 센터에는 300명의 장인들이 일하고 있으며, 전용 작업실, 편안한 휴식 공간, 깨끗한 구내식당, 취미 공간 등이 있었다. 타이탄은 여기에서 멈추지 않고 300~400개 지역에 약 6,000~7,000명의 장인을 고용하고 있는 80~90개 파트너사와 생태계를 구축했다. "우리는 각 파트너사와 지역을 4가지 기준으로 평가했다. 인력, 프로세스, 공간, 환경이었다. 예를 들어, '공간'의 경우 장인들이 일하는 작업대, 그들이 앉는 의자, 사용하는 도구 등을 살펴보는 것이다. 각 기준별로 영세, 기본, 표준 또는 월드클래스로 등급을 정한다. 지역 및 파트너사에 대해 4개년간의 계획을 대략적으로 수립하여 2023년까지 4개 기준에서 모두 '표준' 등급을 받을 수 있게 하는 것이 목표다."라고 벤카타라만 전 CEO는 말했다. 이러한 프로그램은 장인들의 업무환경을 크게 개선시킨 동시에 품질의 향상도 가져왔다. 예를

비욘드 디지털

들어, 핸드메이드 제품 대비 기계 제작이 더 정밀하거나 대칭이 정확했다.

타이탄은 고객의 경험도 개선시켰다. 고객 몰입은 인도 전역의 400개 이상의 매장에서 직원들을 통해 주로 이루어졌지만, 이제 고객 니즈 이해, 맞춤형 제품 판매에 있어 디지털 채널이 중요한 역할을 하고 있다. 바스카르 바트Bhaskar Bhat 타이탄 전 CEO는 이렇게 덧붙였다. "최대 규모는 아닐지라도, 지난 몇 년간 우리는 분석과 CRM에 대대적인 투자를 했다. 타이탄의 통합 로열티 프로그램인 '엔써클Encircle'은 제품 카테고리 전체에 걸쳐 약 1,800만 명의 사용자 기반을 보유하고 있다. 이는 디지털을 통한 고객 몰입으로 고객의 행동을 이해하고 1,000여 개 이상의 타겟 프로모션을 제작하기 위한 자료가 되었다."

벤카타라만 전 CEO는 "카리가르에 집중하는 프로그램은 광범위하면서도 매우 기대되는 것이었고, 쥬얼리 부서 입장에서는 정말 숨통이 트이는 듯한 느낌이었다. 모던함을 더하면서도 장인들의 독창적인 예술성을 유지할 수 있었기 때문이다."라고 설명했다. 타이탄의 생태계 모델은 성공을 거뒀다. 플래그십 브랜드인 타니시크Tanishq는 인도의 유명한 보석 브랜드가 되었으며, 보석 제품 매출은 2014년에서 2020년까지 2배 증가했고 수익은 150% 성장했다.

그렇다면 어떤 생태계에 주력하고 어떻게 운영해야 하는지 전략 수립을 위해 조직 및 리더들이 실행해야 할 프로세스를 살펴보자.

생태계 전략을 효과적으로 실행하는 방법

생태계를 통한 가치 창출의 출발점은 이미 소속되어 있는 생태계 목록을 작성해 보는 것이다. 여러분의 조직은 이미 여러 생태계에 소속되어 있을 가능성이 높다. 제품과 서비스의 최종 사용자가 누구인지, 조직이 기여하고자 하는 더 큰 목표에 누가 함께 기여할 수 있는지 생각해 본다. 조직의 역량을 보완하고 최종 사용자를 위한 서비스 개선에 도움이 될 수 있는 타사의 제품, 서비스, 역량이 무엇인지 살펴본다.

그 후 합류하면 좋을 만한 생태계를 생각해 본다. 파트너를 통해 도달할 수 있는 새로운 고객은 누구인가? 어떤 중요한 데이터를 얻을 수 있는가? 이러한 질문들은 포지셔닝 수립 시에도 이미 검토했을 수 있지만, 고객 및 사회의 중대한 문제에 참여할 수 있는 방법을 계속해서 고민하고 확장할 수 있는 기회다.

쉬운 일은 아니다. 우리가 조사한 기업의 리더들은 항상 처음부터 생태계를 제대로 구축했던 것은 아니다. 때로는 한 걸음 물러나 방향을 바꿔야 하는 경우도 있었다. 하지만, 리더들은 자사의 생태계 전략을 효과적으로 실행하는 데 도움이 된 다양한 요소들을 강조했다. 이는 4가지로 요약할 수 있다.

- 생태계 모델에 대한 관점을 수립한다. 우리 조직은 해당 생태계에서 어떤 역할을 해야 하는가?

비욘드 디지털

- 우리 조직이 얻는 가치뿐만 아니라 생태계를 위해 창출할 수 있는 가치에 집중한다.
- 생태계에 기여할 수 있는 역량, 도움받을 수 있는 역량, 함께 달성할 수 있는 역량을 명확히 정의한다.
- 파트너를 깊이 이해하고 신뢰를 얻는 데 투자한다.

생태계 모델에 대한 관점을 수립한다

이 책에서 계속 설명한 바와 같이, 비욘드 디지털의 시대에는 조직이 무엇을 소유하느냐가 아니라 창출하는 가치로 관심사를 바꾸어야 한다. 이러한 원칙은 생태계 전략을 고민하는 데 도움이 된다. 새로운 기회를 위해 일부 데이터 등은 포기할 수 있다. 생태계를 통해 창출하는 가치를 측정할 수만 있다면 무엇을 소유하느냐는 그다지 걱정할 필요가 없다.

우리 조직이 플랫폼 제공업체, 조율자, 통합자, 혁신 파트너 등 생태계의 조력자enabler가 되기 위해 필요한 것을 갖추었는지 평가한다. 신뢰할 수 있는 플랫폼의 구축과 관리, 기술 혁신, 가치 관리, 파트너십 관리, 신뢰할 수 있는 거버넌스 등 다양한 역량 분야에서 탁월해야 한다. 높은 수준의 변동성을 관리하기 위해서는 상당한 투자와 불굴의 의지가 필요하다. 제2의 아마존, 우버, 에어비앤비가 되기 위해 필요한 조건에 대해 많은 의견이 있으나, 이러한 기업들은 인정받는 플랫폼이 되기 위한 최소한의 규모를 달성하기 위해 상당한 투자를 지속하면서 수익이 없는 상태로 몇 년을 버텨

냈음을 기억해야 한다.

특히, 플랫폼 제공자의 경우 수요, 공급 또는 양쪽 모두에서 상당한 수준의 네트워크 규모를 달성해야 한다. 네트워크의 규모는 플랫폼의 가치 제안에서 중요한 부분이다. 예를 들어, 차량 공유 기업의 경우 소비자들이 플랫폼을 더 많이 사용할수록 플랫폼은 더 많은 운전자를 확보할 수 있고, 운전자가 많아질수록 소비자에게 더 나은 서비스를 제공할 수 있다. 가장 성공적인 플랫폼 기업들은 이러한 선순환의 장점을 누리고 있다. 장점이 크지 않을 때는 공급자와 구매자가 1개 이상의 플랫폼을 활용해야 할 수도 있다(예를 들어, 많은 소비자 및 공급업체들이 다수의 음식 배달 또는 엔터테인먼트 플랫폼을 사용하는 것과 마찬가지다). 이미 플랫폼 제공자이거나 앞으로 이러한 전략을 고려하고 있다면 네트워크 효과, 다수 플랫폼 가입 시 장벽 등을 명확히 파악하는 것이 중요하다.

네트워크 자체의 가치에 대해 일부 플랫폼 제공업체들은 지속 가능한 경쟁우위를 얻는 것만으로 충분하다고 착각한다. 하지만 네트워크를 넘어 의미 있는 차별화에 충분히 투자하지 않는 것은 위험하다. 다른 경쟁자가 의미 있는 차별화를 달성하거나 우리 조직의 네트워크가 과대해지지 않도록 정부가 개입함에 따라 포지션을 잃는 위험에 처할 수 있다.

플랫폼업체로서(더 넓게는 조력자로서) 장기적인 성공을 거두려면 변화에 앞서가고 네트워크의 충성도를 유지하기 위해 조직의 가치 제안에 계속 투자하고 개선하는 노력이 필요하다. 아마존의 경우 원클릭 구매를 최초로 시도했을 뿐만 아니라 프라임 서비스에 막대한 투자를 한 바 있다. 프라임 서비스는 2일 내 무료 배송 서비스를 시작했으며, 현재 미국 내 1억 5,000만 명의 프라임 멤버들은 아마존 구매 성향이 훨씬 높다. 아마존은 프라임에 엔터테인먼트 등의 기능을 계속해서 추가해 고객 이탈을 막고 경쟁사들이 이를 흉내내는 것조차 어렵게 만들고 있다. 아마존이 공급망에 지속적으로 방대한 투자를 함에 따라 타 업체들은 저렴하고 안정적인 배송이 중요한 시대에 경쟁하는 것이 점점 어려워지고 있다.

플랫폼업체, 조율자, 통합자, 혁신 파트너로서 조력자가 되는 것이 적합한 경우도 있지만, 복수의 생태계에서 여러 영역에 참여함으로써 단독으로 달성할 수 있는 것 이상의 가치를 창출하는 방법도 있다. 스튜어트 맥크론Stewart McCrone 필립스 전략, M&A, 파트너십 총괄은 이렇게 설명한다. "내가 우주의 중심이라는 생각을 버려야 한다. 필요한 경우, 스스로 보조자 역할을 맡아야 한다. 잠재력이 매우 높은 생태계에서 2~3위가 되어 그 위치에 주어지는 성과를 누리면 된다. 그러한 인식의 전환은 쉽지 않지만, 나는 팀원들에게 현재 생태계가 어떤 것인지, 어느 방향으로 움직이고 있는지, 우리가 어떻게 활용할 수 있는지 좀 더 고민해 볼 것을 요구한다. 우리가 리더가 될 수도 있지만, 그렇지 않을 수도 있다."

참여자로 시작하는 것이 좀 더 쉬울 수 있다. 비욘드 디지털 세계에서는 비즈니스 거래 비용이 줄어들어 타사와 연결되고 생태계에 플러그인plug into 하는 것이 훨씬 용이하기 때문이다. 참여자들은 일반적으로 데이터, 고객 접근, 지적재산, 또는 가치사슬의 일부를 제공한다. 하지만 참여자는 조력자보다 더 많은 차별화가 요구된다. 경쟁사도 마찬가지로 생태계에 쉽게 플러그인할 수 있으며, 생태계에 있어 우리 조직의 점유율과 중요도 모두에 영향을 끼치기 때문이다. 성공하는 생태계를 선택하는 것도 중요하다. 내가 내 역할을 제대로 하더라도, 다른 생태계가 기존의 생태계를 무너뜨린다면 성공하지 못한다. 생태계 파트너와 조력자의 의도에 대해서도 유념해야 한다.

조직의 역할이 바뀔 수도 있다. 코마츠가 처음부터 랜드로그 플랫폼을 만들어 생태계를 조율하려고 했던 것은 아니다. 기대했던 만큼 고객사의 현장 효율성을 개선하는 것이 다른 방법으로는 불가능함을 깨닫자, 코마츠의 리더는 단순한 참여자가 아닌 조력자가 되기로 결정하게 되었다.

조직이 얻는 가치뿐만 아니라
생태계를 위해 창출할 수 있는 가치에 집중한다

생태계가 성장하면 모두가 이득을 얻는다. 각 구성원들이 생태계에서 얻을 혜택만 생각한다면 생태계는 붕괴될 것이다.

생태계 파트너들과 공생관계를 통해 가치를 증진할 수 있는 방법을 찾아야 한다. 조직의 가치 제안은 생태계의 가치를 증진시키는 데 도움이 되어야 하며, 마찬가지로 생태계는 우리 조직이 창출할 수 있는 가치의 확장에 도움이 되어야 한다. 이러한 협업 없이는 전통적인 파트너십 또는 고객-벤더 관계와 크게 다를 바 없다. 물론 그것도 가치가 있을 수 있지만, 진정 차별화된 가치를 창출하는 데는 도움이 안 될 가능성이 높다.

타이탄은 가격, 마진 등을 높이기 위해 장인들과 경쟁하는 쪽을 택할 수도 있었다. 하지만 이는 장인들의 업무환경을 더 악화시키고 생태계에 대한 이들의 관심을 약화시켰을 것이다. 타이탄의 리더들은 그 반대를 택했다. 카리가르의 업무환경을 실질적으로 개선하지 않으면, 지금도 그리고 앞으로도 자사의 모델이 성공할 수 없음을 깨달았다. 그렇게 되면 장인의 자녀 및 그다음 세대들은 다른 업종을 선택하게 될 것이었다. 그래서 타이탄은 생태계와 공생관계를 구축했다. 카리가르의 훌륭한 장인 기술을 활용해 소비자의 다양한 지역적 취향에 맞는 보석 제품들을 선보였다. 카리가르의 작업환경은 크게 개선되었고, 그들의 작품은 다른 지역의 고객들까지 구매하게 되었다. 인도 전역의 고객들은 현대적인 리테일 경험과 함께 장인정신이 담긴 신뢰할 수 있는 품질의 보석을 구매할 수 있었다. 타이탄, 카리가르, 고객 모두 이러한 생태계를 통해 더 나은 가치를 누리게 되었다.

생태계에 기여할 수 있는 역량, 도움받을 수 있는 역량, 함께 달성할 수 있는 역량을 명확히 정의한다

앞서 설명한 바와 같이, 현대적인 생태계의 중요한 장점 중 하나는 파트너의 역량을 빠른 속도와 상당한 규모로 유연하게 활용할 수 있다는 것이다. 따라서, 이러한 새로운 세상에서 성공하기 위해서는 우리 조직의 사업과 파트너의 사업이 무엇인지, 필요한 차별화 역량을 구축하기 위해 어떠한 부분에서 협력해야 하는지를 재평가해야 한다. 이는 거의 100% 조직의 경계를 크게 바꾸어 놓을 것이다.

먼저, 포지셔닝 확보 및 생태계에 약속한 가치 구현에 중요한 요소를 결정한다. 에너지의 대부분을 집중해야 하는 부분이다. 나머지 영역에서는 해당 역량에 유리한 포지셔닝을 갖춘 생태계 참여자가 있을 가능성이 높다. 그들의 핵심적인 사업 목적과 연관성이 더 높거나, 더 규모가 크거나, 아니면 그 밖의 다른 이유일 수 있다.

가치 제안에서 핵심적인 역량으로 궁극적 성과를 도출하는 것은 중요하지만, 그 역량 전체를 반드시 내부에서 개발할 필요는 없다. 생태계와 협업을 통해서도 가능하다. 스스로 다음을 질문해 보라.

- 최고 수준의 핵심 역량을 확보하는 데 필요하지만 현재 부족한 부분(예: 특정 기술)은 무엇인가?
- 조직의 차별화를 위협하지 않는 방식으로 부족한 부분을 채우는 데 도움을 줄 수 있는 기업이 생태계에 있는가? 이들은 우리 조직보다 더 빠르고, 더 뛰어나며, 비용이 더 저렴한가?
- 미래가 너무나 불확실해서 100% 전념하기 어려운 분야인가? 파트너와 그러한 리스크를 분담해야 하는가?

비욘드 디지털

이러한 질문들을 고민해 보면 내부적으로 확보할 부분과 파트너십이 필요한 부분을 판단하는 데 도움이 될 것이다. 능숙도가 올라가고 성공의 필수 요소가 변화함에 따라 적합한 모델은 계속 바뀔 수 있다.

파트너를 깊이 이해하고 신뢰를 얻는 데 투자한다

생태계 운영 전략이 효과를 거두려면 생태계 파트너에게 무엇이 중요한지를 정확히 파악하고, 생태계와 신뢰를 형성하며, 변화 관리에 투자해야 한다.

생태계 파트너에게 무엇이 중요한지 깊이 이해한다. 함께 가치를 창출하기 위해서는 생태계 파트너들의 동기부여 요인, 업무 방식, 사고방식과 DNA, 그리고 우리 조직의 사업이 그들에게 실제로 어떤 부가가치를 창출할 수 있는지를 파악해야 한다.

단순한 소셜 이벤트나 연례 킥오프 미팅을 공동개최하는 등 상호 이해를 위한 표면적 노력을 말하는 것이 아니다. 이러한 전술도 그 역할은 있으나, 성공적인 생태계관계를 위해서는 즉각적 성과로 나타나지 않더라도 함께 시간을 투자하는 형태로 실질적인 노력을 기울여야 한다. 이러한 파트너십 강화 노력의 일환으로 마이크로소프트는 "원 커머셜 파트너One Commercial Partner" 부서를 설치했다. 파트너의 니즈를 더 잘 이해하고, 파트너와 마이크로소프트 내부 영업 조직의 참여 방식을 단순화하며, 파트너들이 효과적으로 고객 서비스를 제공하도록 하는 것이 주된 목적이다. 어떤 기업들은 표면적인 관계를 넘어 그저 진정한 상호 이해를 위한 목적으로 사무실을 공유하거나 같은 지역으로 옮기기까지 한다.

생태계 파트너를 진정으로 이해하는 것은 시간과 노력이 요구된다. 업계마다 규제가 더 엄격하거나 느슨할 수도 있고, 우리 조직과는 속도가 다를 수도 있다. 규모가 훨씬 더 크거나 작을 수도 있다. 파트너의 니즈와 특정 운영 방식을 선택한 이유 등을 이해하는 것이 쉽지는 않을 것이다. 하지만 생태계 파트너를 깊이 이해하지 않고는 비욘드 디지털 시대에 필요한 가치를 창출할 수 없다.

생태계와 신뢰를 형성한다. 다양한 참여자들은 서로가 생태계의 규칙을 지키는 것뿐만 아니라 관계의 목적을 지킬 것임을 신뢰할 수 있어야 한다. 생태계 모델에서 상호 신뢰와 이해를 위해 필요한 관계를 쌓는 데는 시간이(어떤 경우에는 몇 년) 필요하다. 그렇기 때문에, 필립스 등의 기업들이 생태계 기반의 가치 창출 모델을 구축한 분야에는 이미 파트너 및 고객들과 안정적인 관계가 구축되어 있었다. 생태계 모델에서는 상호 신뢰를 위해 각 참여자가 상당한 리더십, 정치 및 경제적 자본을 투자해야 한다.

투자는 객관적으로 성과를 측정하고 신뢰를 확보할 수 있는 방법으로 이루어져야 한다. 현재 생태계 내에서 신뢰할 수 있는 거래를 위해 안전한 블록체인 토큰 등의 기술을 사용하는 경우가 많다. 어떤 방법을 선택하든, 생태계의 건강을 위해 신뢰를 확보하고 유지할 수 있는 메커니즘을 수립해야 한다.

변화 관리에 투자한다. 많은 리더들은 백오피스 업무를 아웃소싱하는 데 익숙하지만, 생태계는 완전히 성격이 다르다. 비용을 몇 퍼센트 줄이기 위한 것이 아니라, 고객을 위한 가치를 극대화하는 것이 목적이다. 공급자의 마진을 최대한 축소하는 것이 아니라, 파트너가 성과를 거둘 때에만 우리 조직의 성공이 가능한 전략적 파트너십을 구축하는 것이 핵심이다. 생태계는 점증적 변화를 위한 것이 아니며, 조직의 경계 및 리더십 방식의 대대적 변화를 필요로 한다.

과거에는 생태계 또는 파트너십 관리가 사업 개발 부서나 대관 부서의 업무로 전락하는 경우가 많았다. 이제는 조직 전체가 외부 환경을 더욱 인식하고, 감지하며, 연결되어 있어야 한다.

직원들이 편협한 방식으로 가치를 정의하게 만들거나 경쟁에서 이겨야 한다는 생각을 조장하는 방식으로 오랫동안 조직의 DNA, 프로세스, 시스템을 유지해 온 경우에는 이를 재설계할 필요가 있다. 어떻게 하면 구성원들이 내부가 아니라 외부에서 먼저 새로운 가치 창출 방식을 발견하게 할 수 있을까? 모든 것을 내부적으로 하는 것이 아니라, 타사와의 파트너십을 통해 창출할 수 있는 가치를 고민하도록 시각을 넓힐 수 있는 방식은 무엇일까? 내부적으로 해야 할 것과 외부에서 찾아야 할 것을 구분하는 기준은 무엇일까? 경쟁할 부분과 협업할 부분은 어떻게 판단할까? 이러한 의사 결정을 위해서는 조직 내 모든 부문에서 명확히 정의된 프로세스를 이행해야 한다. 모든 기능 부서와 모든 단위에서 생태계적 사고를 이해하고, 이것이 도움이 되는 부분과 그렇지 않은 부분을 파악해야 한다. 시장에서의 입지와 생태계에서의 역할을 명확히 결정하면 조직의 모든 부문이 일관성 있는 생태계 전략을 추진할 수 있다.

이러한 근본적인 조직 재설계는 순식간에 이루어지지 않는다. 전환을 위해 신중한 계획 수립이 필요하다. 어느 기능 부서부터 시작할 것인가? 어떤 생태계 파트너를 먼저 참여시킬 것인가? 무엇보다, 구성원들이 새로운 방식으로 가치를 고민하고 협업 방식을 학습하도록 개별적으로 몰입시켜야 한다.

클리블랜드 클리닉: 생태계 모델을 통한
영역 확장과 의료 서비스 개선

또 다른 사례를 살펴보자. 클리블랜드 클리닉은 2020년 106억 달러의 매출을 달성하고 전 세계에 220개 이상의 외래 센터와 19개의 병원을 갖춘, 세계에서 가장 존경받는 헬스케어 시스템 중 하나다. 7,000명 이상의 의료진들이 일하고 있으며 매년 800만 명 이상의 환자에게 내원 치료를 제공하고 있다. 1921년 설립 이후 환자 중심의 치료, 중개 연구(연구실에서 개발한 새로운 방법을 병실에 도입), 의사, 간호사 및 기타 인력들이 더 나은 치료와 환자 경험을 제공하도록 지속적인 교육을 하는 등 차별적인 역량을 확보했다. 클리블랜드 클리닉은 관상동맥조영술(1958), 후두 이식(1998), 전체에 가까운 안면 이식(2008), 경카테터 판막 교체 및 치료(2011) 로봇 싱글포트 신장 이식(2019) 등 미국 의학계에서 다양한 최초 기록을 보유하고 있으며, 「뉴스위크Newsweek」가 선정한 세계 2위 병원, 「U.S. 뉴스&월드 리포트U.S. News & World Report」가 뽑은 미국 최고의 심장학 및 심장 수술기관이기도 하다. 전자의무기록, 원격의료, 머신 러닝 및 AI를 활용한 의료 데이터 분석 등 디지털 헬스 분야에서 앞서가는 기관이다.

하지만, 눈부신 성공에도 불구하고, 클리블랜드 클리닉은 지역 의료 시스템으로서 실제 인프라가 위치하고 환자를 받을 수 있는 물리적 공간에 국한되어야 하는 한계를 안고 있었다. 기술로 인해 일부 지식의 공유는 가능해졌지만, 클리블랜드 클리닉의 차별화된 헬스케어 역량을 다양한 지역에서 구체적이고 의미 있는 방식으로 확대하는 방법을 찾기는 어려웠다. 그러던 중, 클리블랜드 클리닉은 자체적인 생태계 모델을 도입했다. 이러한 여정의 첫 단계로서(이후 오하이오 전체, 네바다 및 플로리다, 캐나다, 그리고 가장 최근에는 영국까지 확장) 2006년 무바달라Mubadala Development Company와 생태계 파트너십 계획을 발표했다. 364명의 환자를 위한 병실과 첨단 시설을 갖춘 전문 병원인 클리블랜드 클리닉 아부다비 센터(CCAD)를 설립하기 위한 것이었다. 두 기관은 협업을 통해 클리블랜드 클리닉의 혁신적인 차별화 역량에 대한 접근성을 높이고, 클리블랜드의 독보적인 DNA를 그대로 재현하는 동시에 혁신과 인사이트를 도입하고 생태계 파트너의 신속한 대응 역량을 활용하고자 했다.

이러한 파트너십은 클리블랜드 클리닉뿐만 아니라 UAE의 국부 펀드인 무바달라에도 특히 중요했다. 클리블랜드 클리닉에게는 멀리 떨어진 지역의 환자들에게까지 서비스를 확대하고 필요한 모든 이에게 치료를 제공한다는 목표를 달성할 수 있는 방법이었다. 무바달라 입장에서는 UAE 정부의 '경제 비전 2030' 달성을 위한 중요한 단계로, 아부다비 국민들의 특수하고 복잡한 의료 문제를 해소하고 환자들이 치료를 받으러 해외에 나갈 필요가 없도록 세계적인 수준의 탄탄한 헬스케어 부문을 확보하는 것이 목적이었다. 무바달라는 서구 방식의 헬스케어를 UAE에 제공하는 비전을 수립하고 자금을 투자했으며, 국내 절차 및 규제 대응, 새로운 의료기관과 국내 헬스케어 시스템의 통합, 복잡한 파트너십 및 파이낸싱 관리, 혁신적인 사고의 도입 등의 전문성을 적용해 가능성의 영역을 전체적으로 확대했다.

톰 미할제빅Tom Mihaljevic 박사는 2004년 심장외과 전문의로 클리블랜드 클리닉에 합류했고, 현재 CEO이자 사장을 맡고 있다. 2015년 그는 클리블랜드 클리닉의 DNA를 새로운 기관에 심으라는 임무와 함께 아부다비 클리닉의 CEO로 임명되었다. "아부다비 센터는 클리블랜드 클리닉이 탄생한 메인 캠퍼스에서 멀리 떨어진 곳에 클리블랜드의 치료 퀄리티와 경험뿐만 아니라 조직 구조의 퀄리티까지 그대로 재현하기 위한 최초의 시도였다."라고 미할제빅 박사는 설명했다. "우리는 북미 외 지역에서 미국 헬스케어의 탁월성을 구현할 수 있음을 입증했다. 이것은 업계에서 한 번도 시도되지 않았던 부분이다. 클리브린드 클리닉 아부다비 센터는 이제 중동 최고의 의료기관으로 널리 인정받고 있다. 성공 비결은 우리의 시스템을 그대로 재현하는 데 철저하게 집중한 것이다."

클리블랜드 클리닉의 영향을 더 광범위한 헬스케어 생태계로 확장한 것 자체가 매우 가치 있는 시도였다. 하지만 CCAD 파트너십은 클리블랜드 클리닉 전체의 실행 방식과 역량을 강화시키는, 생각하지 못한 성과도 가져왔다. "지속적인 역학습reverse learning이 일어나고 있다." 미할제빅 박사는 2018년 클리블랜드 클리닉의 CEO 겸 사장을 맡아 아부다비에서 돌아와 말했다. "아부다비에서 배운 교훈은 새로운 시설뿐만 아니라 우리가 기존에 보유하고 있었던 미국 내 시스템의 기능 전반에도 영향을 주었다. 4~5년마다 대규모의 새로운 센터를 세워야겠다고 농담할 정도다. 학습을 가속화해서 시스템 전체에 확대할 수 있는 정말 좋은 기회이기 때문이다."

CCAD로부터의 역학습의 예는 디지털 툴이다. "우리의 목표는 클리블랜드 클리닉 아부다비 센터를 세계에서 가장 디지털화된 병원으로 만드는 것이었다."라고 미할제빅 박사는 말한다. "무無에서 시작하는 것이었기 때문에 다른 곳에는 없는 것을 만들 수 있었고, 이것을 새로운 전자의무기록, 환자 친화적인 병원 안내 모바일 앱 등의 시스템을 통해 활용할 수 있었다."

매우 중요하고 차별화된 프로세스 중 하나는 바로 "일일 문제 해결 회의tiered daily huddles"였다. 매일 아침 15분 동안 체계적인 회의를 진행하는 것인데, 팀원들이 모여 안전, 품질 문제, 병원의 환자 수, 대기자 수 등 중요한 사안을 공유한다. 먼저 병원의 전방 부서부터 시작해 임원까지 올라간다. 리더들에게 퀄리티, 환자 안전, 접근성에 관한 일일 현황 데이터를 제공하는 것이다. 미할제빅 박사는 조직의 모든 것들이 효과적으로 운영되도록 하기 위해 아부다비에서 이를 정례화했다. 이 제도는 현재 클리블랜드 클리닉의 글로벌 조직 전체에 도입되었고, 치료의 품질과 안전성을 크게 개선하는 효과를 가져왔다. 각 부서가 매일 성과 문제를 해결해야 하기 때문이다(일일 문제 해결 회의 제도와 이를 통한 조직 전체의 몰입 강화에 대한 자세한 내용은 파트7 참조).

클리블랜드 클리닉이 생태계의 다양한 부분으로부터 학습한 방식은 외부에서 개발한 성과를 인정하지 않는 NIHNot Invented Here의 배타적 태도와 정반대다. "우리는 아부다비에서 도입한 새로운 디지털 어플리케이션을 바로 이곳 메인 캠퍼스에서도 사용하고 있다. 메인 캠퍼스에서 획기적인 심장 수술을 하면, 이것을 아부다비에도 적용한다. 이 모든 것을 런던까지 확대할 예정이며, 배움의 기회를 최대한 활용할 것이다." 제임스 영James Young 전 클리블랜드 클리닉 최고연구관리자이자 현 연구 담당 전무는 말한다. "다자적 학습, 다자적 관계는 우리와 같은 헬스케어 조직이 성장하게 해 준다." 현재 클리블랜드 클리닉은 런던에서 아부다비 또는 아부다비에서 클리블랜드까지 생태계 전체에서 혁신을 공유하고 확대함으로써 시스템 전체의 발전을 추구하고 있다.

보다 전략적인 차원에서, 클리블랜드 클리닉은 CCAD 프로젝트의 성공 덕분에 치료의 퀄리티를 제대로 구현할 수 있다는 가능성을 확인하고, 이러한 생태계 모델이 메인 캠퍼스에서 멀리 떨어진 지역까지 서비스를 확대하기에 적합한 메커니즘이라는 확신을 얻었다. "오하이오주 북동부에서만 성공할 수 있는 마법 같은 것은 없음을 확인했다."라고 미할제빅 박사는 말한다. "아부다비에서의 성공을 통해 확신을 얻지 못했다면 클리블랜드 클리닉 런던 센터(205명의 환자를 위한 병실을 갖추고, 버킹엄 궁전 근처에 2022년 개소 예정) 프로젝트를 시작하지 못했을 것이다." CCAD는 클리블랜드 클리닉이 생태계를 통해 가치를 창출하는 중요한 방법을 배울 수 있는 기회였다. "운영 모델이 다르고, 모든 것을 통제하지 않더라도, 상당한 변화를 실행할 수 있음을 배웠다." 조세트 베란Josette Beran 전 CSO는 설명한다. "파트너와의 협업을 통해 우리는 엄격한 원칙 적용, 비즈니스, 다른 조직의 업무 방식, 효과적인 거버넌스 및 권한 위임 등에 대해 많은 것을 배울 수 있었다. 문화적으로 미묘한 차이와 민감한 부분을 이해하고, 차이가 있음을 인식하며, 상호 작용하는 방법을 배우는 등 다른 문화권의 사람들과 일하는 방법도 많이 배웠다."

이러한 혁신적인 프로젝트를 통해 클리블랜드 클리닉의 헬스케어 제공 방식을 런던 등으로 확대하는 데 다른 생태계의 파트너와 공급자들도 참여할 수 있게 되었다.

2021년 초, 클리블랜드 클리닉은 또 다른 혁신적인 생태계 모델인 "병원체 연구 및 휴먼 헬스 글로벌 센터Global Center for Pathogen Research & Human Health"를 발표했다. 오하이오주 정부, IBM과의 협업을 통해 코로나-19와 같은 향후 공중보건 위협을 예방하고 대비하기 위한 것이다. 해당 센터는 클리블랜드에 본부를 두고 클리블랜드 클리닉의 해외기관 등 세계적인 수준의 연구 팀과 다수의 연구 센터를 결합해 바이러스 병원체에 대한 연구를 강화할 예정이다. IBM은 퀀텀 컴퓨팅, 클라우드, AI 기술로 바이러스 및 유전학에 대한 연구 속도를 내는 데 기여하게 될 것이다. 오하이오주 정부는 이러한 병원체 연구 센터가 2029년까지 클리블랜드 클리닉에 약 1,000여 개의 일자리와 2023년까지 오하이오주에 7,500개의 일자리를 추가적으로 창출하면서 오하이오 북동부 지역에 중요한 경제적 촉매제가 될 것으로 기대하고 있다.

아부다비 센터의 성공을 통해 클리블랜드 클리닉은 물리적 위치와 헬스케어 제도에 국한되어야 했던 의료기관으로서의 한계를 극복하고 차별화된 역량을 확대하며 그 영향력을 세계적으로 확산시킬 수 있음을 보여주었다. 새로운 센터는 클리블랜드 클리닉이 생태계를 구축하고 연구 등 새로운 분야에 진출하는 데 있어 더 적극적인 역할을 하도록 자신감을 얻는 계기가 되었다. "과거에는 기업이 파트너십을 먼저 제안하면 무엇을 해야 할지 논의하고 고민하는 방식이었다." 제임스 멀리노James Merlino 최고임상혁신책임자는 말한다. "하지만, 이제는 '우리의 목표는 무엇이며, 이를 달성하려면 어떤 조직과의 파트너십이 필요한가?'라고 접근하는 방식으로 마인드가 바뀌었다."

비욘드 디지털

...

비욘드 디지털 시대의 기업들은 고객과 사회에 중대한 의미를 갖는 문제들을 해결하기 위해 생태계 내에서 협업해야 한다. 적합한 생태계를 구축하고 그 안에서 생산적으로 움직이는 것은 쉬운 일은 아니다. 하지만, 본 장에서 설명한 사례들이 생태계를 전적으로 수용하는 데 도움이 되고, 생태계 전략의 효과적 실행 방식을 수립하는 데 유용한 방향을 제시할 수 있기를 바란다.

PART 4

고객에 대한 독보적인
인사이트 시스템을 구축한다

인사이트 없이 열심히 움직이는 것만큼
최악은 없다.

- 토마스 칼라일Thomas Carlyle, 스코틀랜드의 역사가 겸 에세이 작가

〈〈〈

기업들은 고객 정보 수집에 매년 수십억 달러를 투자하고 있다. 시장 조사기관으로부터 데이터를 구매하고, 계속해서 연구를 수행하고, 빅데이터와 고도의 분석 모델을 활용해 이 모든 것을 해석하기 위해 노력한다. 하지만, 고객에 대해 "특별한" 데이터를 확보했다고 말하는 리더들은 많지 않으며, 고객의 니즈와 욕구에 대해 차별화되고 연관성 있는 "인사이트"를 보유한 경우는 더 드물다.

특별한 인사이트를 확보하는 것은 비욘드 디지털로의 이행 과정에서 차별화를 위한 필수 요소이다. 독보적인 인사이트Privileged insights라는 것은 오늘날의 시장에서 매우 중요해진 '고객 이해'를 지칭하기 위해 우리가 사용한 용어다. 독보적인 인사이트는 우리 조직에 특별하며(그리고 특별한 가치를 가지며), 경쟁사에게 없는 데이터, 경험, 관계를 결합하여 얻어진다("데이터와 기술의 필요성" 참조). 이러한 인사이트는 조직을 차별화하고, 엄청난 변화 속에서 시장에 적합한 제품, 서비스, 솔루션을 개발할 수 있는 강력한 무기가 된다. 인사이트를 확보하려는 노력은 일상적인 업무 과정에서 제대로만 해낸다면, 고객의 경험을 개선하고 더 나은 가치를 제공할 수 있게 해 줄 것이다. 애플의 지니어스 바Genius Bar는 고객들이 자신의 기기를 가장 잘 활용하도록 지원하며, 이와 더불어 고객들이 자신의 가장 중요한 디지털 문제를 회사와 직접 나눌 수 있는 장소를 제공한다.

고객 몰입도가 높을수록 기업은 더 많은 정보를 얻을 수 있으며, 더 많은 정보를 얻을수록 가치 제안을 더 개선할 수 있다. 또한, 가치 제안을 더 개선할수록(약속한 것을 이행함으로써) 더 많은 신뢰를 얻게 되며, 더 많은 몰입과 정보 습득의 기회를 얻을 수 있다.

어도비Adobe는 리더들이 이러한 독보적인 인사이트를 확보하고 최고의 고객 서비스를 제공함에 있어 자사의 가치사슬을 넘어선 완전히 새로운 방법을 시도한 사례이다. 어도비는 산호세에 본사를 둔 소프트웨어 기업으로, 주요 어플리케이션(포토샵, 일러스트레이터, 인디자인 등)을 CD 등의 형태로 외부 업체를 통해 패키지 제품으로 판매하던 사업에서 벗어나 2014년 변신에 성공했다. 구독을 통한 서비스형 소프트웨어(SaaS) 솔루션을 직접 제공하기 시작한 것이다. 2014년, 구독 서비스는 매출의 50%를 차지했고, 2016년에는 78%로 늘었다. 이러한 전환 후 전체 매출top line도 2014년 40억 달러에서 2016년 60억 달러로 마찬가지로 크게 증가했다.

어도비의 클라우드 전환이 성공적이기는 했으나, 우리가 살펴보고자 하는 부분은 그것이 아니다. 이 책에서는 어도비가 데이터와 소비자 인사이트 확보를 중심으로 운영 모델을 재편하고, 이것을 통해 사업을 빠르게 변화시킨 과정을 살펴보고자 한다.

리더들은 어도비의 성장을 가속할 수 있는 여지가 충분히 있으며, 고객의 니즈에 대한 인식을 강화하는 것이 회사의 미래를 만드는 데 도움이 될 것이라고 생각했다. "우리는 사업의 변곡점에 있었다." 애슐리 스틸Ashley Still 전무 겸 디지털 미디어 담당 부장은 설명한다. "시장 평균과 유사한 수준으로 사용자 베이스도 확대되고 있었지만 성장을 가속화하는 데는 어려움을 겪고 있었다."

클라우드 기반 소프트웨어와 구독 기반 판매 모델로 전환하기 전에는 어도비 마케터들은 사용자들에 대해서 아는 바가 거의 없었다. 제품은 대부분 외부 업체를 통해 판매되고 어플리케이션은 주로 오프라인에서 사용되었기 때문에 어도비는 고객이 제품을 등록해야만 알 수 있었다. 하지만 SaaS로 전환하면서 고객들이 자사의 어플리케이션을 어떻게 사용하는지 실시간으로 알 수 있었고, 수백만 개의 데이터 포인트를 수집 및 분석해 지속적으로 새로운 기회와 고객의 불만을 모두 파악하게 되었다. 어도비는 새로운 모델을 통한 기회를 완전히 활용하기로 결정하고 가치 창출 모델(그리고 그다음은 당연히 조직 구조까지)을 고객 인사이트 중심으로 근본적으로 재편했다.

"우리는 예전과는 완전히 다른 방식으로 고객과 직접 관계를 구축하고자 했다. 이것은 엄청난 전략적 피봇pivot이었다." 스틸 전무는 설명한다. "고객 수가 적으면 그저 어깨 너머로 관찰만 해도 그들의 경험과 여정 전체를 살펴볼 수 있었지만, 고객이 수백만 명이 되면 한 명 한 명과 직접 관계를 맺는다는 것이 불가능하다. 파트너사를 통해서도, 내부 영업팀을 통해서도 직접적인 관계는 불가능하다는 것을 깨달았다."

어도비의 리더들은 이러한 규모의 문제를 극복하고 성공적인 고객 경험을 만들기 위해 데이터와 디지털 도구를 활용했다. 오늘날 "데이터 기반 운영 모델"(내부적으로는 DDOM으로 칭함)로 알려진 바로 그 모델을 실행하기 시작한 것이다. 어도비는 조직 전체의 데이터 아키텍쳐를 통일하기 위해 전사적인 트랜스포메이션을 실행했고, 이를 통해 새롭고 강력하며 확장가능한 방식으로 고객 인사이트를 수집 및 분석할 수 있었다.

신시아 스토다드Cynthia Stoddard 어도비 전무 겸 CIO는 이렇게 설명한다. "대부분의 기업처럼, 우리도 데이터 사일로가 있었다. 각자의 데이터 세트를 가지고 그것을 기반으로 보고했다. 그러면서 왜 숫자가 맞지 않는지 알아내는 데 엄청난 힘을 쏟았다." DDOM에서는 고객이 어도비 제품을 경험하는 5단계 여정에 따라 어도비의 모든 데이터를 분류했다. 이 5단계는 발견, 고려, 구매, 사용, 연장이다. 그리고 각 단계에서 핵심 지표를 정의했다. 예를 들면, 유기적 트래픽(발견), 미검증에서 검증된 고객으로 전환(고려), 전환(구매), 4주 후 반품률(사용), 사용자의 취소율(연장) 등이다. 그리고 이러한 단계에 맞추어 작업팀을 재배치했다. 각 단계마다 상무급의 "책임자$_{metrics\ owner}$"를 두고, KPI 달성률 점검 주관 회의에는 100여 명 이상이, 때로는 C레벨 임원들까지 참석한다.

에릭 콕스$_{Eric\ Cox}$ 디지털 미디어 GTM 및 미주 영업 담당 상무는 DDOM을 통해 얻은 이러한 새로운 차원의 고객 인사이트가 어도비의 운영 방식을 어떻게 바꾸었는지 다음과 같이 설명한다. "이러한 모델은 데이터에 대한 공통의 언어를 만들어 냄으로써 조직의 운영 방식을 근본적으로 바꿨다. 개별 직원부터 C레벨 임원들에 이르기까지, 고객 경험 전반에 영향을 끼치는 모든 의사 결정은 단순한 직관이나 합리적 추측이 아니라 인사이트를 바탕으로 이루어져야 했다."[1] 예를 들어, "상당한 양의 자원(그리고 소비자 인지도)을 특정 모바일 앱에만 집중시킨 적이 있었다. 본능적으로 그러한 앱들이 조직의 우선순위라고 생각했기 때문이다. 하지만 DDOM을 통해(사용자 여정에 중점을 둔 새로운 KPI를 통해) 파악한 바에 따르면, 우리가 간과했던 다른 앱들이 오히려 상당한 고객 가치를 창출하고 있었다. 그로 인해 우리는 새로운 곳에 자원을 투입하고, 새로운 온보딩$_{onboarding}$ 경험을 제공하게 되었다. 그 이후 이러한 노력은 어도비의 전반적인 모바일 제품에서 몰입과 전환율을 크게 높이는 결과를 가져왔다."

존 머피$_{John\ Murphy}$ 어도비 CFO는 이렇게 설명한다. "DDOM은 우리에게 게임 체인저였다. 53개의 고객 여정 KPI를 측정하겠다는 목표로 시작했지만, 고객 여정을 상세히 분석함으로써 더 많은 인사이트를 얻고 고객 서비스를 개선할 수 있는 방법을 찾을 수 있었다. 현재 DDOM은 수백 개의 KPI로 확장되었으며, 훨씬 다이나믹한 경험을 제공하고 가장 중요한 인사이트를 강조하는 데 유용하게 활용되고 있다."

예를 들어, 포토샵을 구매한 개인 고객을 생각해 보자. 머피 CFO에 따르면, 포토샵은 고도의 기능이 많은 복잡한 제품이며, 다루기 어려워하는 일부 고객들은 이 제품을 쓰다가 중단하는 경우도 있어서 결국은 구독을 취소한다. "AI를 통해 우리는 더 많은 것을 파악하게 되면서 특정 사용자가 무엇을 하려고 하는지 예측할 수 있다." 어떤 사용자가 이미지 편집을 어려워하는 경우, 어도비는 해당 사용자가 어떤 메뉴에 접근하고 클릭하는지를 바탕으로 문제를 감지할 수 있다. 이것은 여러 웹사이트와 프로그램에서 제공하는 도움이 필요한지를 묻는 일반적인 팝업 메시지와 다르다. 머피 CFO는 이렇게 설명한다. "앱 자체에서 '이 필터를 사용하시려는 것 같은데요.'라고 메시지를 보내면서 클릭 한 번으로 문제를 해결해 주거나 문제 해결 방법을 자세히 확인할 수 있는 튜토리얼을 클릭하도록 안내한다. 우리는 수년 동안 이러한 참여 역량을 강화해 왔다."

DDOM은 내부적으로 매우 빠른 속도로 도입되었다. "처음에는 소수의 지표만 가지고 작게 시작하는 것이 정말 중요했다." 스토다드 CIO는 설명한다. "그 덕분에 간단한 지표를 활용하고, 통일된 데이터 아키텍쳐를 사용하며, 데이터 및 인사이트 중심 방식으로 사업을 관리하는 것의 장점을 보여줄 수 있었다. 직원들이

비욘드 디지털

'우리도 써 보고 싶다.'며 찾아오기 시작했다."

어도비는 DDOM을 통해 성공을 거두면서 2019년 초 "어도비 익스피리언스 플랫폼Adobe Experience Platform"을 출시해 자사의 인사이트 시스템을 외부에도 판매하기 시작했다. "우리는 자사의 데이터 기반 운영 모델을 다른 기업들을 위해 '상품화'했다."라고 머피 CFO는 말한다. "다른 기업들도 동일한 고객 여정을 구축하고, 자신들에게 적합한, 매우 도메인 특화된 데이터를 수집할 수 있게 될 것이다. 어도비 익스피리언스 플랫폼을 통해 다른 기업들도 우리의 경험을 활용해 고객 몰입 방식을 재수립할 수 있다. 어도비에게는 상당한 트랜스포메이션이었다."

어도비는 고객 여정에 걸쳐 수백만 명의 고객들이 자사 제품에 대해 선호하는 경험과 그렇지 않은 경험을 파악할 수 있게 되었고, 이는 어도비의 마케팅 메시지, 고객 경험, 제품 기능 선택에 반영되고 있다. 어도비의 리더들은 매출이 2016년 59억 달러에서 2020년 129억 달러로 늘어난 가장 큰 요인을 데이터 기반의 인사이트 역량이라고 보고 있다. 어도비에서 밝혔듯이 "고객과 멀리 떨어진 간헐적 관계에서 매일 24시간 함께 맞춤형으로 인터랙션하는 기업이 되기까지는 험난한 과정이었다. 그 결과, 고객의 만족도와 참여도 향상, 매출 증대 등의 이익을 꾸준히 거두고 있다."[2]

다른 소프트웨어 기업들과 마찬가지로, 어도비는 상품형 소프트웨어 판매에서 SasS로 전환했다. 대부분의 기업들과 차이점이 있다면, 이러한 전환을 100% 활용해 독보적인 인사이트 시스템을 구축함으로써 그 어떤 방식보다 훨씬 더 빠른 성장을 달성했다는 점이다. 독보적인 인사이트는 어도비의 전통적인 비즈니스 성장뿐만 아니라, DDOM 역량을 다른 기업에게도 판매함으로써 새로운 수익원 창출의 기회로 이어졌다. 개별 기업이 제공할 수 있는 역량을 높이 평가하도록 생태계의 관점을 바꾸어 놓은 사례다.

독보적인 인사이트는 핵심 역량이다

기업들은 항상 고객을 잘 파악하고 있어야 하지만, 디지털 이후의 세상에서 인사이트(특히 독보적인 인사이트)는 그 어느 때보다 중요하다. 그 누구보다 고객의 근본적인 니즈를 잘 해소하는 기업이 성공하기 때문이다. 하지만 그러한 정확한 니즈는 시간에 따라 변화하며, 이에 대응하는 탁월성을 갖추기 위해 필요한 역량도 그 어느 때보다 빠른 혁신 사이클 때문에 계속 바뀐다.

고객 인사이트를 갖추는 것만으로는 충분하지 않다. 이것은 남들도 할 수 있기 때문이다. 차별화된 경쟁력을 더욱 강화하기 위해 독보적인 인사이트를 확보하는 데 적극적으로 투자해야 한다.

비욘드 디지털

데이터와 기술의 필요성

비욘드 디지털을 추구하는 과정에서는 독보적인 인사이트 시스템 등 차별화 역량을 강화할 수 있는 기본 데이터와 기술을 파악하는 것이 필수적이다. 차별화 역량은 독보적인 인사이트를 필요로 하고, 그러한 인사이트는 데이터를 필요로 한다. 또한, 데이터는 이를 수집하고 인사이트를 창출할 수 있는 적합한 기술을 필요로 한다. 간단히 말해서, 역량 기반의 차별화를 성공적으로 실행하기 위해서는 이를 뒷받침할 데이터와 기술이 필수적이다. 조직의 가치 제안 전략과 명확히 연계된 적절한 데이터 및 기술 전략이 없는 기업들이 많다. 그리고 대부분의 경우, 데이터와 기술 투자는 사일로 형태로 이루어진다.비욘드 디지털을 달성하기 위해서는 데이터와 기술 전략, 그리고 이를 통해 기업 전략을 강화하는 것을 우선순위로 삼아야 한다.

여러 가지 면에서 데이터는 새로운 슈퍼통화가 되었다. CRM 시스템뿐만 아니라 재무 시스템 내의 청구 데이터, 공급망 및 물류 시스템에 존재하는 생태계 파트너는 물론이고 외부 판매업체의 리드타임 정보 등 조직이 보유한 데이터를 통해 가치 창출에 도움이 될 만한 놀라운 인사이트를 얻을 수 있다. 고객과의 모든 인터랙션, 공급망 요소, 금융 거래, 조직이 수행하는 수많은 활동 등을 통해 고객 인사이트를 개선하고, 제품을 더 빨리 생산하며, 사기를 탐지하고, 사전에 문제에 대응하며, 고객 이탈을 방지하고, 심지어 사고도 예방할 수 있다. 물론, 이러한 데이터는 비즈니스 혁신을 추진하고 새로운 수익원을 창출하는 데도 도움을 줄 수 있다.

필요한 데이터는 조직 내부에서만 얻을 수 있는 것은 아니다. 사실, 내부의 데이터만으로는 부족할 가능성이 높다. 특히 AI 모델의 경우, 알고리즘의 예측 정확도를 테스트하기 위해서는 방대한 양의 데이터가 필요하기 때문에 더욱 그렇다. 데이터가 더 많고 전체적일수록, 더 최신이고 실시간에 가까울수록 더 정확한 예측을 하고 타당한 인사이트를 얻을 수 있다. 경영환경의 마찰 비용이 점점 줄어들고(생태계에 관한 파트3 내용 참조) 데이터 교환이 상대적으로 용이해지면서 굳이 모든 데이터를 소유할 필요가 없어졌다. 기업의 기밀 데이터 일부는 보호해야 하겠지만, 타 기업들이 다른 영역에서 수집한 정보를 활용하면 우리 조직의 데이터 자산 확장에 도움이 될 수도 있다. 성공하는 기업들은 훨씬 적극적으로 데이터를 확보 및 공유하고 있다. 정보를 공유하면(조직의 개인 정보 보호 규정에 따라 안전한 방식으로) 자신도 데이터를 얻을 수 있기 때문이다. 바로 그러한 이유 때문에 코마츠는 건설 현장에 참여하는 모든 기업으로부터 랜드로그 플랫폼 데이터를 수집하고 모든 참여자들과 이를 공유함으로써 병목현상을 효과적으로 조율하고 방지하는 데 기여했다.

이는 기업들이 다면적인 데이터 전략을 수립하고 추진해야 함을 뜻한다. 자사의 데이터 자산을 보호하는 방어적 입장과 투자할 데이터를 찾는 공격적 입장이 모두 필요하다. 데이터를 탐색, 수집, 저장하는 방법을 정의하고, 개인 정보 보호 및 보안 니즈에 맞추어 데이터 제공 방법, 포맷, 퀄리티를 명시한 명확한 거버넌스를 수립 및 시행하며, 높은 수준의 사이버 보안 정책을 실행하고 이에 투자해야 한다. 또한 적합한 도구, 기술, 인재, 문화에 투자하고, 중대한 의사 결정을 통해 데이터 분석 역량을 확보하고, 데이터를 공유하는 생태계를 구축 및 관리하며, 내·외부 데이터 분석 및 공유를 통해 비즈니스 기회를 발견하는 것이다. 한마디로 기업들이 할 일이 많다는 뜻이다.

따라서, 데이터 활용은 전략적 접근과 리더의 관심을 필요로 한다. 데이터 관리 성숙도와 역량을 확보하고, 이를 인사이트가 필요한 사업 범위에 적용하는 방법(내부 프로세스 개선 또는 가치 제안, 신제품 및 솔루션의 시장 적합성 증진 등)에 대해 올바른 선택을 하는 데 집중하고 실질적인 투자를 해야 한다. 지금까지 수많은 기업들이 최고디지털책임자

비욘드 디지털

CDO를 임명하여 고위 임원이 기업의 데이터 전략 추진에 전적으로 집중하도록 한 것도 바로 그러한 이유에서다. 현재 상황에 적합한 조직 차원의 솔루션은 여러 가지가 있을 수 있지만, 리더의 몰입은 단순히 일부 기업에만 필요한 것이 아니라 비욘드 디지털을 추구하며 가치 창출을 위해 데이터를 활용하는 모든 기업에 해당된다. 데이터 전략은 기업 전략의 핵심 요소가 되어야 한다. 데이터 전략과 기업 전략 그 자체로는 부족하다. 기술 전략과 우선순위로 뒷받침해야 한다.

기업이 데이터를 확보하여 인사이트로 전환하는 기술은 이미 존재하며, 앞으로 계속해서 빠르게 발전할 것이다. 클라우드 기반의 ERP 솔루션, 온디맨드 저장, 커넥티드 센서, 머신 러닝, AI 툴 등 데이터를 신속하고 유연하며 창의적인 방식으로 수집, 처리, 분석할 수 있는 기술은 수도 없이 많다. 다양한 옵션들이 존재한다.

하지만, 이러한 기술에 대한 투자는 주로 두 가지 이유로 어려울 수 있다. (1) 필요한 투자의 규모가 너무 크고, (2) 잠재적인 투자 수익이 불확실하기 때문이다. 전통적인 시스템을 폐쇄하고 새로운 기술로 전환하는 것은 상당한 비용이 소요될 수 있다. 사람들이 새로운 시스템에 적응하고 사용하게 하는 것이 쉽지 않기 때문에 합리적인 투자 수익률을 확보하는 것은 매우 어려울 수 있다. 예를 들어, 데이터 과학자 입장에서 자신이 개발한 AI 알고리즘은 안정적으로 작동할 것이기 때문에 특정 기간 내에 돈으로 환산할 수 있는 구체적인 수익을 가져다줄 것이라고 장담하기 어렵다. 데이터 작업은 시행착오를 필요로 하며, 이것은 기술의 본질적 특성이기도 하다.

따라서, 오늘날의 기업들은 직접 혁신하고 개발할 기술과 생태계에서 활용 및 통합할 기술을 명확히 구분해야 한다. 조직의 포지션과 독보적인 인사이트를 기준으로 삼아 조직의 기술과 데이터 우선순위를 정할 것을 권한다. 백오피스 시스템과 프론트엔드 고객 몰입 플랫폼 중 어디에 투자할 것인가? 그 기준은 해당 투자가 포지셔닝 확보에 핵심적인 차별화 역량 구축에 기여할 수 있는지의 여부다. 또한, 독보적인 인사이트는 고객에 대한 차별화된 포지셔닝에 도움이 될 투자를 결정하는 데 도움이 된다.

기술적 목표 수립을 고민할 때 다음의 기준을 참고하면 조직에 맞는 우선순위를 정하는 데 도움이 될 것이다.

- 조직의 차별화 역량의 핵심에 기여할 수 있는 기술 투자인가? 아니면 다른 니즈를 위한 것인가?
- 미래를 만드는 데 도움이 되는 일인가? 아니면 현재를 유지하는 데 도움이 되는 일인가? 조직의 포지셔닝에 어떤 영향을 줄 수 있는 투자인가?
- 기술을 개발하고 비즈니스에 적합하게 만들기 위한 인재를 확보하고 유지할 수 있는가? 조직 내 인재 기반을 구축하기 위한 차별화 역량에 필수적인가?
- 필요한 기술 역량이 이미 생태계에 존재하는가? 아니면 더 큰 공급자 시장을 찾아야 하는가? 조직의 차별화 역량을 지키면서 경쟁우위를 위협에 빠뜨리지 않는 방식으로 이를 활용할 수 있는가?
- 속도와 효율성의 균형을 맞추면서 실행할 수 있는 믿을 수 있는 파트너와 관계를 구축할 수 있는가?
- 기술 투자의 가치를 실현하기 위해 변화를 실행해야 하는 모든 이해관계자들이 적극적으로 참여하고 있는가? 이해관계자들이 책무를 다할 것으로 신뢰할 수 있는가? 개인 및 협업관계에서의 의무를 실행 및 유지할 거버넌스 모델을 보유하고 있는가?
- 조직과 문화는 변화를 위한 준비가 되어 있는가? 새로운 기술을 구성원들이 수용하도록 할 수 있는가?

이것은 기본적인 질문일 뿐 모든 고려 사항을 포함한 것은 아니다. 하지만 이러한 질문은 비욘드 디지털 비전을 위한 데이터 및 기술 전략 수립의 성공 요소를 파악하는 데 도움이 될 것이다.

직접적인 고객 몰입은 확보했다 하더라도, 그다음 단계에 필요한 아웃풋을 얻기 위한 시스템이나 툴이 없을 수도 있다. 다행히 필요한 것들을 제공해 주는 기술의 발전이 보편화되고 있고, 이를 제공하는 기업들도 늘어나고 있다.

- 데이터 수집 시 새로운 툴과 기술을 활용하면 고객과의 상호작용 과정에서 더 구체적이고 가치 있는 정보를 얻을 수 있다. 리테일 매장에서는 천장에 설치된 카메라를 통해 (익명화된) 고객이 어떻게 움직이는지, 관심을 보인 후 구매하지 않고 다시 내려놓는 제품들은 어떤 것인지 등을 관찰할 수 있다. 물론, 이러한 트래킹은 고객이 홈페이지에서 정보를 확인하는 동안에도 이루어질 수 있다. 고객의 동의에 따라 IoT를 통해 제품 사용 방식, 기능 등에 대한 데이터를 얻을 수도 있다. 고객이 작성하는 온라인 후기, 평가와 마찬가지다. 그 외의 소통(콜센터, 제품 보증 지원, 파이낸싱, 사후 관리 등) 과정에서는 고객의 니즈를 파악하는 데 유용한 질문을 도입할 수 있으며, 이것을 디지털화하여 분석할 수 있다. 기술을 활용하면 구매 결정에 대한 인사이트를 제공하는 사회적 행동에 대해서도 파악할 수 있다.

- 정보 분석과 관련해서는 AI를 통해 고객 행동의 패턴을 찾아 냄으로써 고객의 니즈와 욕구를 더 정확히 파악할 수 있다. 관찰한 내용에 행동심리학을 적용하고 수많은 소규모 테스트를 통해 가설을 검증하면서 더 많은 정보를 얻을 수 있다. 기술과 사회과학을 결합해 다양한 방법으로 고객 행동을 이해하고 그들의 욕구를 예측할 수 있다.

이러한 변화는 기업과 고객의 접점을 확대함으로써 직접적인 고객 몰입을 가능하게 하며 정확한 인사이트도 확보할 수 있게 한다.

고객에 대한 독보적인 인사이트 확보를 위해서는 단순히 시장 조사기관이나 구글에서 데이터를 구매하는 것으로는 부족하다. 데이터 구매는 누구나 할 수 있다("전통적인 시장 조사의 등장과 한계" 참조). 이는 일회성 프로젝트로 끝나거나 어느 한 부서의 업무만으로 수행할 수 없다. 조직 전체, 생태계 파트너, 고객으로부터 인사이트를 수집하고, 이를 결합하여 조직의 가치 제안 및 역량 체계의 기반으로 삼아야 한다.

독보적인 인사이트를 확보하는 것은 사실상 조직의 가장 중요한 역량 중 하나가 될 수 있다. 변화하는 고객의 욕구와 니즈에 더 적합한 제품과 서비스를 지속적으로 제공하고, 그 과정에서 타사와의 차별화를 가능하게 하는 다기능적인 복합적 역량이라고 할 수 있다. 고유한 디지털 자산과 툴, 프로세스, 인재와 통합해 가치를 창출한다는 점에서 복합적 역량의 긍정적 사례라고 할 수 있다.

전통적인 시장 조사의 등장과 한계

18~19세기, 일부 산업의 경우는 20세기까지도 조직이 발전하는 과정에서 기업들은 유기적이고 즉흥적으로 "고객을 이해할 수 있는 수준"의 작은 규모를 유지하는 경향이 있었다. 사업주는 일상적인 사업 과정에서 고객과 지속적으로 상호 작용할 수 있었다. 사업주와 고객 간의 이러한 긴밀한 관계로 인해 상당한 가치를 창출할 수 있었고, 여전히 많은 영세 기업들은 이를 유지하고 있다. 하지만 20세기 초 기업이 대형화되고 생산 및 운영의 규모 실현에 더욱 집중하게 됨에 따라 기업과 고객 간의 관계는 더 멀어지고 분산되었다. CEO와 고객 사이에는 영업 인력, 유통업체, 도매업체 등이 들어오게 되었다.

약 100여 년 전, 이러한 괴리감을 인식하면서 시장 조사 기능이 생겨났다. 실제로 일부 유명 경영 컨설팅업체들이 "고객에 대한 이해"를 원하는 기업들을 위한 조사를 실시하면서 시작됐다. 예를 들어, 에드윈 부즈 Edwin G. Booz는 미국의 초기 경영 컨설턴트로(PwC 네트워크에 소속된 스트래티지앤의 전신이 된 조직을 공동설립) 1914년 철도 회사 및 기타 기업을 위한 고객 조사를 수행하면서 커리어를 시작했다. 곧, 기업들은 고객 행동을 이해하기 위해 인구학적 정보와 매출 데이터를 분석하기 시작했고, 이를 위한 정량적 연구를 제공하는 산업 자체가 탄생했다. 20세기 중·후반, 기업들은 포커스 그룹, 민족지학적 연구(문화인류학 방법론 도입) 등 새로운 도구와 접근법을 활용해 고객들이 가정, 직장, 매장에서 각 상황에 따라 어떻게 행동하는지를 관찰하고자 했다. 사용자 경험을 "자연스러운" 환경에서 평가함으로써 민족지학 연구자들은 제품이나 서비스의 실제 사용 형태에 대한 인사이트를 얻었다. 그리고 이는 우리가 알고 있는 "디자인 씽킹design thinking"(사용자 이해, 가설에 대한 의문 제기, 전략과 솔루션 대안을 찾기 위한 문제 재정의)이 탄생하게 되었다.

가장 일반적인 연구 방법인 정량적 조사는 조직이 고객을 이해하는 데 있어 거의 필수 요소가 되었다. "고객에게 묻고, 인사이트를 얻어, 실행한다"는 기본적인 전제를 바탕으로 고객의 선택과 구매 패턴을 이해하기 위한 다양한 분석 방법이 개발되었다.

기업이 벤치마킹에 집중하고 규모의 경제 실현을 추구함에 따라 제품과 서비스가 점점 상품화되고 차별성을 잃게 되는 것과 같이, 고객 조사 업무도 기업의 대형화에 따라 점점 상품화되었다. 이로 인해 슈퍼마켓, 프라임타임 TV 광고와 같은 대중 마케팅, 대중 광고 등이 등장하면서 매드 맨Mad Men과 말보로 맨Malboro Man의 세상이 되었다. GM이 쉐보레Chevrolet, 폰티악Pontiac, 올즈모빌Oldsmobile, 뷰익Buick, 캐딜락Cadillac 등의 브랜드와 사업부를 만들어 다양한 고객층에 맞추어 차량을 판매하는 시대였다.

이제 전통적인 시장 조사에서 얻은 고객 정보는 대부분 큰 차이가 없다. 고객을 연구하고 싶다면 누구나 조사를 실시하고, 포커스 그룹을 만들거나 민족지학적 조사를 수행하면 된다. 누구나 그렇게 하고 있는 것 같기도 하다. 하지만 그 결과는 품질도 확실하지 않은 수많은 데이터를 확산시키는 것에 불과하다.

전통적인 시장 조사는 여전히 인사이트를 제공할 수 있고, 조직의 독보적 인사이트 역량의 일부가 될 수 있다. 하지만 이러한 조사는 더 이상 몰입과 별개여서는 안 된다. 디지털의 등장으로 이제는 훨씬 더 구체적인 데이터를 관찰 및 분석할 수 있게 되었다. 더욱 구체적이고 세분화된 고객군과 채널에 집중할 수 있는 시대다. 단순히 질문을 던지는 것보다 고객의 행동, 고객의 다른 구매 제품이나 사용 방식 등을 직접 관찰함으로써 소비자의 욕구에 대한 힌트를 얻을 수 있다.

사람들의 말을 경청하는 것으로도 많은 것을 배울 수 있지만, 행동을 직접 관찰하면 더 많은 것을 알아낼 수 있다.

독보적 인사이트 시스템 구축의 4단계

어도비를 비롯해 STC 페이, 필립스, 이케아, 코마츠, 인디텍스 등 고객 인사이트의 챔피언 기업들을 모방할 수 있는 방법은 무엇일까? 다음의 4단계를 순서대로 실행하면 도움이 될 것이다.

1 목적과 신뢰의 기반을 구축한다. 고객 몰입을 위해 신뢰를 얻는 방법을 명확히 정한다. 조직의 가치와 원칙, 데이터와 인사이트 활용에 관한 거버넌스 등을 흔들림 없이 명확히 수립한다.
2 목적이 명확한 고객 인사이트 접근법과 로드맵을 설계한다. 목적 달성을 위한 핵심 원동력인 고객 몰입 강화를 중심으로 독보적 인사이트 전략을 수립하고 조직이 해결하고자 하는 고객의 문제를 기준으로 인사이트 역량과 로드맵을 구축한다.
3 고객 인사이트 확보를 위한 메커니즘을 구축 및 강화한다. 타겟 고객들과 상호 작용하는 방식을 수립하거나 기존 방식을 강화한다. 그러한 메커니즘을 조직 운영 방식의 중요한 요소로 만든다.
4 독보적 인사이트를 업무 방식에 도입한다. 독보적 인사이트를 조직 운영(전략, 혁신 역량 포함)과 연계시킴으로써 효과를 발휘하게 만든다. 이를 통해 가치 제안, 역량 체계, 제품 및 서비스를 체계적으로 강화할 수 있다.

목적과 신뢰의 기반을 구축한다

고객이 적극적으로 정보를 공유하게 하려면 먼저 기업의 목적에 공감할 수 있어야 한다. 자신이 제공하는 데이터, 인사이트, 확신 등을 기업이 적절하게 사용할 것이라는 확신이 있어야 한다. 목적과 신뢰는 독보적 인사이트 역량을 구축하는 능력의 근간이다.

포지셔닝을 결정하기 위한 과정이 바로 그 준비 작업에 해당한다. 그 과정을 적절히 수행했다면 포지셔닝 목표를 보고 고객들은 기업이 어떤 가치를 창출하며 고객이 중시하는 가치와 기업의 목적이 어떻게 연계되는지를 이해할 수 있다. 약속을 지키는 것은 신뢰 구축에 있어 절대적인 필수 요소다.

또한 고객 정보 활용 목적, 고객에 대한 인사이트 활용 방법에 대해 매우 명확한 윤리적 원칙이 있어야 한다. 명확한 원칙을 수립 및 공유하고, 이를 실행하기 위한 적절한 거버넌스를 구축한다. 독보적 인사이트의 영역에서는 데이터 보호, 사이버 보안 등에 있어 그 어떤 실수도 있어서는 안 된다. 이러한 지출은 어떻게 해서라도 절감해야 할 사업비가 아니라 전략적 투자로 인식해야 한다.

어도비의 애슐리 스틸 전무에 따르면, 어도비는 고객 데이터 활용에 대해 매우 명확한 기본 원칙을 갖고 있다. "우리는 데이터 보호를 위해 최선을 다하며, 데이터 활용에 매우 유의한다. 고객 데이터를 책임감 있는 방식으로 활용하면 더 나은 경험을 제공할 수 있지만, 전술적 이점을 위해 사용하는 순간 어긋나게 된다." 리더는 이러한 인사이트의 핵심이 소비자에게서 데이터를 추출하는 것이 아니라 고객을 가치사슬의 필수 요소로 만드는 것임을 조직 구성원들이 이해하도록 해야 한다.

목적이 명확한 고객 인사이트 접근법과 로드맵을 설계한다

독보적 인사이트 역량을 구축하기 위해서는 어떤 인사이트에 집중해야 할지, 어디서부터 시작해야 할지를 고민하는 것이 필요하다. 유통 부서가 배송에 대한 고객의 기대치와 허용 수준을 파악하거나 영업 부서에서 적절한 가성비 수준을 결정하는 등 양질의 또는 더 많은 인사이트를 확보하면 거의 모든 부서에 도움을 줄 수 있다. 하지만, 우리가 정의한 독보적 인사이트는 조직의 미래, 즉 포지셔닝을 만들어 갈 때 도움이 될 핵심적인 문제에 집중하는 데 활용할 것을 권한다. 일상적인 업무 방식 개선에 인사이트를 적용하는 것도 상당한 도움이 되기 때문에 당연히 그렇게 하는 것이 맞다. 하지만 동시에, 독보적인 인사이트를 확보하려는 기업들은 고객들의 중요한 문제를 해결하고 조직의 미래를 만드는 데 필요한 핵심 질문에 대해 답을 찾는 것에 철저하게 집중해야 한다. 뒤에서 논의하겠지만, 이와 마찬가지로 "인사이트 수집"이 별개의 과정이 되지 않도록 조직의 가치 제안을 고객 몰입의 기준으로 삼아야 한다.

모든 고객이 자신의 욕구와 동기부여 요인을 기꺼이 공유하는 친밀한 관계를 원하는 것은 아니다. 독보적인 인사이트의 가장 중요한 정보원이 될 수 있는 고객군, 즉 조직의 목적에 가장 공감하고 조직이 최대의 가치를 제공할 수 있는 대상 고객을 파악해야 한다. 이들은 기업의 최고 또는 최대 고객은 아닐 수도 있다. 심지어 장기간 관계를 유지하거나 사업을 해 온 고객이 아닐 수도 있다.

사우디 텔레콤Saudi Telecom Corporation의 핀테크 스타트업이자 자회사인 STC 페이STC Pay의 사례를 살펴보자. 2015년부터 대대적인 전략 개편에 나선 사우디 텔레콤은 새로운 성장 부문으로 금융 서비스에 주목했다. 사우디 텔레콤은 혁신적인 기술과 디지털 경험 제공을 통해 개인과 기업을 연결하고, 운영하는 모든 금융 서비스에 이를 적용하기 위해 STC 페이를 2018년 설립했다. STC 페이가 처음으로 제공한 서비스는 고객들이 스마트폰 앱 하나로 돈을 주고받고 금융 상품에 가입하거나 관리할 수 있는 "디지털 지갑" 서비스였다.

"그때도, 그리고 지금도 유효한 우리의 차별화된 경쟁력은 우리가 완전히 백지에서 시작했다는 점이다. 정말 아무것도 없었다." 살레 모사이바Saleh Mosaibah STC 페이의 설립자 겸 CEO(현재 모기업의 그룹 CEO 고문)는 설명한다.

STC 페이의 첫 번째 상품은 대규모의 외국인 노동자를 위한 것으로, 사우디아라비아 왕국의 은행 규제당국이 미래 성장을 위한 국가 계획인 "비전 2030"에 맞추어 제안한 것이었다. 외국인 노동자들은 대부분 은행과의 거래 관계가 없으며, 소득의 대부분(평균 85%)을 고국의 가족들에게 송금한다. STC 페이는 사용이 편리한 모바일 앱을 만들어 웨스턴 유니온Western Union과의 파트너십을 통

비욘드 디지털

해 전 세계 52만 5,000개의 웨스턴 유니온 지점으로 즉시 송금할 수 있게 했다.

"송금 사업을 개시하면서 우리는 한 가지 서비스를 제대로 하면 고객들이 다른 서비스를 찾아 돌아온다는 것을 알게 되었다." 모사이바 CEO는 설명했다. 그 이후 STC 페이는 외국인 노동자뿐만 아니라 사우디아라비아의 다른 고객들을 확보하기 위한 기능을 추가했다. QR 코드 스캔을 통해 결제하거나 주유소에서 자동차 번호판 리더기로 결제하는 기능도 있었다. 이제 STC 페이는 기업의 급여 지급 업무 전반까지 제공하고 있다. 모사이바 CEO는 다음과 같이 표현했다.

STC 페이에 상당한 애정을 가지고 적극적으로 피드백과 제안을 주는 고객들이 생겼다. STC 페이 행사에 참석해 "STC 페이의 엄청난 팬"임을 강조하는 이들의 열정은 두 가지 요인에서 기인한다. 첫째는 우리가 제공하는 고객 경험이다. 우리는 고객들의 수많은 불편함_pain points_을 실제로 해결했다. 둘째는 고객의 소리에 적극적으로 반응하는 것이다. 사실 SNS 등에 피드백을 올리더라도 빠른 답변을 받는 경우는 드물다. 하지만, STC 페이에서는 가능하다. 이러한 팬들의 다양한 제안 중에 좋은 아이디어를 선택해 실행한다. 우리는 이러한 고객층을 더 발굴하고 확대하기 위해 노력 중이다.

STC 페이의 "계좌 공유" 서비스는 고객의 제안이 새로운 서비스 탄생으로 이어진 사례다. 모사이바 CEO에 따르면, 사우디의 부유층 고객들은 "대부분 대가족이며 가사 도우미 등도 함께 생활한다." STC 페이의 고객들은 친척 또는 가사 도우미에게 돈을 지급하되, 그 돈의 사용처에 대해서는 어느 정도 통제할 수 있는 기능을 원했다. 그래서 STC 페이는 새로운 개념을 만들었다. "공유 계좌를 만들어서 매달 한도를 정한다. 수취인을 지정하고 자금의 사용처를 제한할 수 있다." 예를 들어, 가사 도우미의 경우 주유소나 슈퍼에서만 결제할 수 있다. 가족들은 식당 또는 특정 매장, 온라인에서 결제를 하거나 ATM에서 현금을 출금할 수 있다. 계좌주는 실시간으로 모든 거래를 확인할 수 있고, 언제든 권한을 변경하거나 공유 계좌를 폐쇄할 수 있다.

STC 페이의 모든 설계는 페르소나에서 시작한다. 이는 기업이 고객의 입장에서 고객들의 고민, 니즈를 경험해 보고 어떻게 해결할 수 있을지를 고민할 수 있게 해 준다. 예를 들어, 모하메드라는 이름의 페르소나가 있다. 그는 물건을 판매하는데, 회사에서 그를 신뢰하지 않아 모든 구매건에 대해 청구서를 요구한다. STC 페이의 차별화된 독보적인 인사이트 덕분에 이러한 고객 모델을 만들어 실제로 도움이 되는 서비스를 제공하고 있다.

모사이바 CEO는 "핀테크 기업들이 은행업의 기본적인 핵심 원칙인 '자금 관리 서비스'에 뛰어들면서 금융 산업은 파괴적인 변화를 겪고 있다."라고 말한다. "은행이 이러한 원칙을 잊고 있는 사이,

우리가 등장해 '고객님, 무엇을 도와드릴까요?' 하고 제안한 것이다. 은행 서비스를 개혁한 기업으로 인식되는지는 관심 없다. 우리의 관심사는 진정으로 사람들에게 도움이 되는지, 실질적인 가치를 창출하고 있는지이다."

고객에 대한 독보적 인사이트에 기반한 STC 페이의 방식은 성과를 거두고 있다. 출시 2년 만에 10억 달러의 밸류에이션을 달성했고, 사우디아라비아 최초의 유니콘 기업, 중동 지역 최초의 핀테크 유니콘 기업이 되었다. 현재는 UAE, 쿠웨이트, 바레인 등으로 서비스를 확대할 준비를 하고 있다.[3]

STC 페이의 사례와 같이, 고객이 소중한 존재임을 느끼게 하고 고객의 니즈를 차별화된 방법으로 충족시킬 수 있음을 보여준다면, 신생 기업도 고객과 독보적인 관계를 구축할 수 있다. 고객은 그러한 제품, 서비스 또는 경험 개선 과정에 참여하고 싶어할 것이며, 특별하고 가치 있는 인사이트가 될 정보들을 더욱 기꺼이 공유하고자 할 것이다.

고객 인사이트 확보를 위한 메커니즘을 구축 및 강화한다

모든 기업이 고객의 피드백을 받지만, 그렇다고 모든 기업들이 독보적인 인사이트 역량을 확보하는 것은 아니다. 고객 인사이트 확보 또는 강화 전략을 고민하기 시작하면서 기업들은 생각보다 많은 고객 정보에 접근할 수 있으며, 현재 이를 충분히 활용하지 못하고 있음을 발견하게 될 것이다. 기존의 정보를 활용하는 것으로도 고객에 대한 이해도를 높일 수 있다. 하지만 거기에 만족해서는 안 된다.

현재 고객과 상호 작용하는 방식을 강화하여 더 많은 인사이트를 얻을 수 있는 방법, 또는 새로운 상호 작용 방법 등을 스스로 고민해야 한다. 이러한 작업을 우발적, 부수적인 업무로 진행하다가 결국 흐지부지되지 않게 하기 위해 운영 방식에 완전히 통합할 수 있는 방법은 무엇일까? 고객 인사이트 확보를 위한 상호 작용은 고객을 위한 가치 제안 실현의 일부가 되어 인사이트와 고객 경험을 연계시킬 수 있어야 한다. 소비자 대상 산업에서 폭발적으로 성장한 D2C 비즈니스가 좋은 예이다.

다양한 방법이 있을 수 있다. 고객의 행동과 제품 사용 방법, 고객에게 필요하지만 아직 시장에 없는 제품 등을 직접 관찰하는 기업들도 있고, 기술 기반의 솔루션을 찾는 기업들도 있다. 고객에게 더 가까이 다가가기 위해 비즈니스 모델 전체를 바꾸는 기업도 있다. 어떤 전략을 선택하든, 매우 인간적인 관계가 필요하다. 고객에게 귀를 기울이지 않고 고객의 불편함을 해소하는 데 관심을 갖지 않는다면 성공하지 못할 것이다.

예를 들어, 필립스는 병원 및 기타 의료 시설에 대한 뛰어난 접근성을 활용해 고객들의 현재 니즈에 대한 인사이트를 얻고 미래의 욕구까지 예측하고 있다. 칼라 크리웻Carla Kriwet 전 필립스 커넥티드 케어 및 헬스 인포매틱스 부서의 최고사업리더(필립스의 경영 위원)는 의사나 간호사의 회진을 따라다니며 병원에서 실습을 했다.

"필립스의 기기를 어떻게 사용하고 있는지, 어려움은 없는지 파악하기 위해서였다. 그리고 사실은, 사용자들이 어떤 생각을 하고 어떻게 느끼는지를 알고자 했다." 7년 전, 크리웻은 막 대학을 졸업한 젊은 간호사의 회진을 참관했다. 간호사는 자신의 업무에 열정적이었지만, 병원의 일반 병동에서 12명의 환자를 관리한다는 것에 상당한 부담을 갖고 있었다. "첫 번째 환자를 봤는데 상태가 좋지 않았다. 간호사는 여러 가지를 확인했지만 아무 문제도 없었다." 크리웻은 설명한다. "간호사는 환자의 상태가 악화되고 있음을 발견했고, 그때 환자가 갑자기 사망했다." 심장마비가 왔지만 그것을 예측할 방법이 없었다. 중환자실이 아닌 일반 병동이었기 때문에 환자는 증상 악화를 감지하는 복잡한 모니터와 연결되어 있지 않았다. 이러한 기기는 대형이고 고가이며 이동식이 아니기 때문에 일반 병동에서 사용하기에는 적합하지 않다.

크리웻은 병원의 환자 모니터링 시스템에 연결될 수 있는 간단한 웨어러블 형식의 이동형 바이오 센서를 개발할 것을 팀원들에게 요청했다. "호흡수, 심박수, 체온 등 기본적인 바이탈 사인만 수집한다. 스마트 알고리즘을 사용해 임상의들이 위험을 감지하여 개입할 수 있도록 돕는다. 실질적인 변화를 가져올 수 있는 기기다." 크리웻은 설명한다.

또 다른 사례는 이케아다. 고객에 대한 접근성을 높임으로써 고객에 대한 이해 방법을 지속적으로 개선하는 기업이다. 고객과 동일한 입장에서 생각하고, 고객의 바람, 불편 사항, 태도 등에 더 공감하고자 노력한다. 주로 사용하는 방법 중 하나가 "가정 방문"인데, 매니저와 스탭들이 소비자의 삶의 방식을 더 정확히 이해하고자 가정을 방문하는 것이다(매년 이케아 직원들은 실제로 전 세계 수백여 가정을 방문한다).

이케아는 스톡홀름, 밀라노, 뉴욕, 선전 등의 지역에서 자신의 집에 비디오카메라 설치에 동의한 소비자들을 대상으로 이러한 방식을 확대하고 있다. 이케아는 소비자들의 생활 방식, 불편 사항, 니즈, 계획 등에 대해 얻은 인사이트를 바탕으로 혁신적인 제품을 내놓을 수 있게 되었다. 최근에는 이러한 인사이트를 통해 젊은 세대뿐만 아니라 전 연령대의 1인 가구의 니즈에 더 집중하고 있다. 자녀가 없는 사람들은 도심의 소형 아파트를 선호하는 경향이 있으며, 그들의 생활 방식과 집의 형태는 이케아의 기존 핵심 시장인 가족, 학생 등과는 매우 다르다. 예를 들어, 매일 아침 출근 준비로 바쁜 고객들을 보면서 이케아는 크나페르Knapper를 출시했다. 이 제품은 옷걸이와 액세서리 보관대가 달린 전신 거울로, 자기 전에 다음 날 입을 옷과 액세서리를 준비해 둘 수 있어 출근 준비 시간을 절약하게 해 준다. 이케아가 고객의 삶을 이렇게 놀라울 정도로 가까이에서 관찰할 수 있었던 것은 그 과정에 기꺼이 참여할 만큼 고객들이 이케아에 대해 상당한 신뢰를 갖고 있었기 때문이다.

어떤 기업들은 고객에 대한 독보적인 인사이트를 얻기 위해 자사의 비즈니스 모델까지 바꾸기도 한다. 예를 들어, 단일 제품 및 서비스를 판매하던 기업에서 솔루션이나 경험을 판매하는 기업으로 변신하는 것이다. 이를 통해 고객과의 관계를 크게 강화하고 상상하지 못했던 인사이트를 얻을 수 있었다.

예를 들어, 코마츠는 최근까지 주로 건설 장비 제조 및 판매업체임을 표방하며 TQM 및 QC를 통해 제품의 품질을 높이는 데 50년간 주력해 왔다. "우리는 항상 제조업체의 관점에서 생각했다." 오하시 데쓰지 코마츠 회장 겸 전 CEO는 회상한다. "우리는 제품을 만들고, 고객들에게 판매하며, 고객 만족을 위해 노력한다. 고객들이 한결같이 요청한 내용은 (고객들이) 고장 나지 않는 장비를 원하며, 고장 나더라도 바로 고칠 수 있어야 한다는 것이었다."

파트3에서 다룬 바와 같이, 2013년 코마츠는 "스마트 건설"을 위한 노력의 일환으로 ICT를 설비에 적용하는 데 주력하기 시작했다. 건설 현장의 효율성과 효과를 크게 개선하기 위해서였다. 일본은 인구 변화로 건설 인력이 계속 부족한 상황이었기 때문에 효율성을 높이는 것이 중요한 문제였다. 하지만 기술 자체가 새로운 것이었기 때문에 코마츠는 노력을 집중하기 위해 고객사에 대한 이해를 높이는 것이 필요했다.

리더들은 비즈니스 모델을 바꾸어 신규 장비 판매가 아닌 렌트 사업으로 전환했다. 스마트 건설 추진부의 시케 치카시 사장 겸 이사는 이렇게 회상한다. "계속 장비 판매업을 했더라면 ICT 장비 사용을 통해 현장에서 일어나는 변화를 알 수 있는 방법이 없었을 것이다. 우리는 조기에 문제를 확인하고, ICT 장비 사용 시 예상했던 만큼 현장 생산성이 오르지 않는 이유를 확인하고자 했다."

비즈니스 모델의 변화를 통해 코마츠는 장비의 실제 사용자(구매 부서가 아닌)와 더 많은 접점을 확보하고 제품 사용 방식, 고객사가 현장에서 겪는 문제 등을 파악할 수 있었다. "이것은 고객과 지속적이고 장기적인 관계를 구축하는 중요한 단계였다. 단순히 제품을 판매하는 거래에만 참여하는 것이 아니라 고객사의 비즈니스에 필수적인 벤더가 되는 것이다. 결국은 고객과의 관계다."라고 치카시 사장은 말한다.

코마츠는 의외의 인사이트를 얻었다. ICT 도입을 통한 현장 생산성 증가는 예상보다 적었다. 기술은 효과적이었지만 실제 건설 업무 전·후 공정(예: 측량, 표토 운반)에서 발생하는 병목현상은 해결되지 않았다. 이를 발견한 후 코마츠는 스마트 건설 추진부를 구성해 장비 판매, 대여, 서비스 이상의 것을 추진하기로 했다. 조직에 요구되는 역할은 더 커졌다. 고객사가 생산성 개선을 위해 미래의 건설 현장을 구상하고 파악할 수 있도록 지원하는 솔루션을 제공하는 것이었다. 이러한 새로운 접근법을 위해 코마츠는 랜드로그라는 오픈 플랫폼(파트3 참조)을 개발했다. 건설 공정 전체의 인력, 장비, 자재, 지역 관련 데이터를 수집해 건설 프로그램의 조율 및 관리를 개선한다. 코마츠는 단순한 장비 제공업체에서 건설업에서 핵심적인 역할을 하는 기업으로 그 역할이 바뀌게 되었다.

어떤 접근법을 택하든, 새로운 "고객 데이터" 역량을 구축하는 것뿐만 아니라 완전히 새로운 방식으로 고객과 상호 작용하기 위해 이러한 기회를 활용해야 한다.

독보적인 인사이트를 업무 방식과 연계한다

독보적인 인사이트만 확보한다고 해서 모든 가치를 창출할 수 있는 것은 아니다. 이러한 인사이트를 전략과 혁신 역량에 연계시키고, 궁극적으로는 일상 업무에 반영할 때에만 조직의 가치 제안과 실행 역량을 개선할 수 있다. 가치에 대한 고객의 인식은 어떻게 바뀌고 있는가? 고객이 지금 원하는 것, 그리고 앞으로 원하는 것은 무엇인가? 조직의 역량을 통해 도출한 성과를 고객은 어떻게 인식하고 있는가? 고객들에게 놀라운 경험을 제공하기 위해 필요한 것은 무엇인가? 이러한 질문에 대해 답을 찾게 되면 가치 제안을 개선하고 역량을 강화하는 데 도움이 될 것이며, 고객에게 더 적합한 가치를 제공하고 고객들이 계속해서 다시 찾게 되는 제품, 서비스, 솔루션, 경험을 선보일 수 있다. 이러한 방식으로 독보적인 인사이트를 업무 방식에 연계시키면 그다음부터는 인사이트가 조직을 위해 움직이기 시작한다. 즉, 고객에게 약속한 대로 수행하고, 고객의 니즈를 미리 예측하고, 창출한 가치를 계속해서 강화하는 데 도움이 된다.

독보적인 인사이트를 위해서는 전략적 이니셔티브가 필요하다. 인사이트 전략과 수행 방식을 책임지는 임원 외에 모든 임원이 책임감을 갖고 인사이트를 적용하고 있음을 보여주어야 한다. 예를 들어, 인디텍스의 자라가 패스트 패션 업계에서 부상할 수 있었던 것은 고객 인사이트를 생명처럼 여기는 조직문화 덕분이다. 헤수스 에체바리아 자라 최고커뮤니케이션책임자는 이렇게 설명한다.

"고객이 요구하는 것을 실제로 구현할 수 있는지에 대해 솔직해야 한다. 쉬운 일처럼 보일 수는 있지만, 실제로는 정말 어렵다. 인간은 항상 자신이 원하는 것을 하려고 하기 때문이다. 디자이너들은 자신이 가장 좋아하는 것을 개발하려는 경향이 있고, 유통업체는 자신에게 가장 합리적인 방식으로 배송하려고 한다. 매장 직원들은 그들 나름의 방식으로 제품을 디스플레이한다. 각자의 생각, 신념, 성향을 내려놓고 고객이 요구하는 것에 진정으로 귀를 기울이기 위해서는 정말 엄격한 규율이 필요하다."

인디텍스의 문화는 모든 직원이 고객을 이해하는 데 집중하게 한다. "인디텍스는 소비자들이 원하는 것을 이해하고 이를 제공하는 문화에 기반하고 있다." 에체바리아 최고커뮤니케이션책임자는 설명한다. "고객이 만족할 때 우리도 만족한다. 우리에게는 그것이 가장 중요하다. 디자이너들은 자신의 디자인이 최고라고 생각할 수 있지만, 만약 고객들이 좋아하지 않는다면 디자이너들은 그것을 버리고 고집하지 말아야 한다."

고객의 욕구를 이해하는 것은 인디텍스의 성공에 중요한 부분이다. 비즈니스 모델은 수요 맞춤형 생산에 기반하고 있으며, 이는 사장품dead stock 최소화를 가능하게 한다. 인디텍스의 리테일 직원들은 현장에서 조직의 눈과 귀가 되어 데이터를 추적하고 고객을 관찰하며 비공식적으로 고객의 반응을 수집하도록 훈련받는다. 매장에서는 고객의 선택, 찾는 제품, 제안 등에 대해 정보를 수집한다. 쇼핑하는 고객들이 스커트를 찾는지, 바지를 찾는지, 과감한 컬러를 원하는지, 미묘한 컬러를 원하는지 등을 파악해 본사의 운영 전문가들과 디자이너들에게 직접 보낸다. 그러면 이들은 이러한 아이디어를 즉시 신상품으로 개발해 내놓는다.[4] 고객의 성향에 유연하게 대응하고, 고객들이 원하는 것을 그들이 원하는 순간에 정확히 개발, 생산하는 것이 핵심이다.

인디텍스는 '미래 예측과 실용성'이라는 독특한 방식으로 디지털 기술을 도입했다. 주문형 제작 방식 등을 실험하는 것이 아니다. 온·오프라인 매장을 결합해 소재의 품질과 지속가능성은 높이고, 특별한 트래킹 시스템을 활용해 수요에 더욱 효과적으로 대응하고 모니터링한다.

기술 변화 측면에서 특별히 눈여겨볼 부분이 있다. 파트1에서 설명한 바와 같이, RFID 칩을 모든 제품에 도입한 것이다. 인디텍스가 디지털 트랜스포메이션을 시작했던 2013년 당시에는 거의 듣지도 못했던 기술이다. 이제 인디텍스는 각 품목의 전 세계 판매량을 실시간으로 집계하고, 유통 플랫폼에서 최종 판매 단계까지 각각을 트래킹할 수 있다. 하지만 인디텍스는 데이터를 수집, 분석하지 않는다. 데이터를 이해하고 거기에서 인사이트를 뽑아내는 강력한 프로세스를 구축했다. 이 프로세스는 3개의 레이어로 구성되는데, 첫 번째는 오프라인 매장이다. 매니저들은 지역의 휴일이나 날씨 등을 파악하고 특정 디스플레이를 통해 매출을 유도할 수도 있다. 두 번째는 매장의 상황을 비교하는 지역 사업부, 마지막은 본사의 매니저들이다. 이들은 남성복, 여성복, 아동복에 각각 전문화되어 있다. 모든 정보를 분석해 매일의 상황을 파악하고 고객의 선호도를 확인한다.

에체바리아 최고커뮤니케이션책임자는 말한다. "이 모든 정보는 디자이너들과 공유하고, 디자이너들은 고객의 행동에 따라 반응한다. 지역 및 본사 사업부의 분석 내용뿐만 아니라 매장에서 얻는 정보를 바탕으로 새로운 컬렉션을 디자인한다. 모든 인사이트를 바탕으로 '우리 지역에서 이번에 출시한 빨간 재킷이 반응이 정말 좋은 걸 보니, 확실히 좋은 선택이었다.'라고 알 수 있는 것이다."

디자이너들이 만든 파일은 샘플로 제작되고, 해당 국가의 매니저, 디자이너, 구매 팀, 리테일 팀이 모여 함께 논의한다. 인디텍스가 이렇게 유연할 수 있는 것은 크로스펑셔널한 협업 덕분이다. 매년 700명 이상의 인디텍스 디자이너들은 6만 개의 제품을 만들고, 전 세계의 매장에는 매주 두 번씩 새로운 컬렉션을 선보인다.

인디텍스 성공의 가장 큰 비결은 바로 이러한 인사이트 시스템이다. 소비자들의 요구와 반응을 매장에서 실시간으로 파악하고, 어떤 제품이 어디에서 잘 팔리는지 정확히 알 수 있다. 이러한 인사이트는 거의 실시간으로 포착, 수집, 확장, 분석해서 새로운 제품으로 디자인하여 생산, 유통, 마케팅 업무를 개선한다. 인디텍스는 비즈니스 모델의 유연성과 통합 재고 관리를 결합해 시장 변화에 발빠르게 대응하고 재고는 줄이는 역량을 확보할 수 있게 되었다.

고객 데이터를 수집해서 쌓아 놓고만 있다면 독보적인 인사이

비온드 디지털

트의 힘을 활용하는 방법을 아직 찾지 못한 것이다. 수집된 정보가 사업 운영 및 가치 제공 프로세스로 녹아들어야 앞으로 전진할 수 있는 힘을 얻게 되는 것이다. 체계적이고 확장가능한 시스템을 갖추는 것은 현재뿐만 아니라 앞으로 계속해서 가치 제안을 강화하고, 시장에 대한 연관성을 높이며, 경쟁사에 없는 인사이트를 바탕으로 역량을 업그레이드하도록 해 줄 것이다.

...

지금까지 기업들이 시장, 생태계, 고객 측면, 즉 주로 조직 외부에 대해 트랜스포메이션을 추진하는 방법을 중심으로 살펴보았다. 앞으로 이어질 4개 장에서는 조직, 리더, 구성원과의 사회 계약, 리더 자신에게 필요한 트랜스포메이션 등 내적 측면을 살펴보고자 한다.

PART 5

성과 지향적인
조직을 만든다

다섯 개의 손가락은 독립된 각각의 사업부이다.
주먹을 쥐면 손의 힘이 배가된다.
이것이 조직이다.

- 제임스 캐시 페니James Cash Penney, JC 페니 백화점 설립자

￼

1990년대 말, 허니웰 에어로스페이스Honeywell Aerospace 사업부의
리더들은 디지털, 커뮤니케이션, 연결성 관련 기술 발전이 자사의
항공 사업에 어떤 기회를 창출할지 고민하기 시작했다. 허니웰 에
어로스페이스는 엔진, 브레이크, 내비게이션 기어, 항공 전자기기
등을 제작하고 있었으며, 항공기 유지 보수, 비행 정보 소프트웨어
등의 서비스도 제공했다.

"연결성 활용 방안, 이것이 우리 사업에 갖는 의미 등 우리는 수
많은 아이디어를 갖고 있었다." 칼 에스포지토Carl Esposito 전 허니웰
전자 솔루션 사업부 사장(조종석 시스템, 내비게이션, 우주, 안전 시스템 사
업 총괄)은 이렇게 회상한다. "조직의 비전을 따라갈 수 있는 기술이
필요했다." 휴대폰은 온라인에 연결되어 있지 않았으며, GPS와 통
신위성은 상업적 용도보다는 주로 군사 목적에 최적화되어 있었
다. "사물인터넷IoT"이라는 단어는 존재했지만 처음에는 RFID 기

술을 활용한 정도였고, 클라우드 컴퓨팅도 초창기에 불과했다.

그로부터 10년 후, 기술은 빠르게 발전했다. 스마트폰은 인터넷과 연결되고, 일상생활의 일부가 되었다. 위성 사용에 대한 군사적 제한이 완화되고, 더 많은 상업용 위성이 궤도를 돌게 되었다. IoT는 산업 및 상업 분야에서 정보의 근간으로서 현재와 같은 역할을 하기 시작했다. 클라우드 컴퓨팅도 발전했다. 2010년 허니웰 에어로스페이스는 제품과 서비스를 통합해 "커넥티드 항공기"로 개발할 수 있는 방안을 구상 중이었다. 출력 및 연료 사용 개선, 예측 정비, 비행 계획 정확도 개선, 클라우드 기반의 실시간 기상 정보 제공 등 항공 고객사에 실시간 솔루션을 제공할 수 있기 때문에 단순히 여러 부품을 합친 것보다 훨씬 많은 부가가치를 창출할 것으로 기대되었다.

기회를 충분히 활용하기 위해 허니웰은 항공 우주 산업부의 제조 및 서비스 강점에 연결성, 통신 역량을 추가해야 했다. 이를 위해 인수 및 파트너십을 추진했다. 2011년 허니웰은 공중 통신 장비 및 시스템 전문 기업인 EMS 테크놀로지를 인수했다. 이듬해에는 세계적인 위성 서비스업체인 인마샛Inmarsat과 독점적 파트너십을 체결해 전 세계 항공 고객사에 기내 연결 서비스를 제공했다.

하지만, 이러한 통신 및 연결 역량을 추가하는 것으로는 부족했다. 허니웰의 일상 업무 방식이 완전히 통합되어야 했다. 본사 리더들이 새로운 커넥티드 항공기 사업을 승인하면서 허니웰은 이에 적합한 인재, 기술, 역량을 동원하기 위해 항공 제품 및 서비스 사업의 대대적인 개편이 필요함을 깨달았다. 에스포지토 사장은 "우리는 항공 산업에서 매우 꼼꼼하고 체계적인 방식으로 항공기를 제작해 왔으며, 각 부서가 완전히 분리되어 따로 운영되는 형태였다. 전체적 관점에서 사고하기보다는, 하나씩 만들어 냈다. 엔진, 항공 전자기기, 일반 전자기기 간의 경계를 넘나드는 것이 어려웠다. 하지만, 제품 전반에서 연결성이 정말 혁신적 역할을 하기 때문에, 이제는 연결성이 반드시 필요해졌다."

2014년 초 마이크 에드몬즈Mike Edmonds 당시 서비스 및 연결성(그때만 해도 작은 부서였다) 담당 부서장은 임원 회의에서 사업 보고를 했다. 그는 사업 영역을 크게 확장하는 데 성공했기에 자부심을 느끼고 있었다. 성공을 축하하면서, 임원들은 그가 수익성을 개선한 것처럼 매출도 높이려면 얼마나 걸릴지 질문했다. 에드몬즈가 30일 안에 계획을 제출하겠다고 답변하자 임원들은 "방법은 이미 알고 있는 것 같으니 3시간 후에 논의하자."고 말했다.

에드몬즈는 사실 대략적인 계획은 가지고 있었지만 아직 누구와도 상의한 적이 없었다. 허니웰의 조직문화에서는 위험할 수 있었다. 소위 "전구가 탁 켜지는 듯한 순간light bulb moment" 미팅이 다시 소집되었고, 그는 임원들에게 대대적인 조직 변화를 요구했다. IT, 데이터 애널리틱스, 엔지니어링 담당자들을 기존 부서에서 차출해 한 팀으로 만들고, 데이터 애널리틱스 기술을 갖춘 새로운 제품 매니저와 팀원들을 채용할 수 있는 권한을 부여하는 것이다. 팀 마호니Tim Mahoney 당시 허니웰 에어로스페이스 CEO는 말했다. "오늘

당장 새로운 채용 공고를 내고 IT, 데이터 애널리틱스, 엔지니어링 담당자들이 마이크에게 보고하도록 하고, 다음 주까지 전보를 완료한다."

트랜스포메이션이 진행되면서 새로운 팀은 개별적으로 존재했던 기존의 제품과 서비스를 재구상하여 더 폭넓고 네트워크로 연결된 환경에서 운영하는 업무를 맡게 되었다. 리더들은 이 모든 것을 효과적으로 구현할 수 있는 특별한 인재들을 확보해야 했다. 에스포지토 사장은 다음과 같이 회상한다. "우리에게 필요한 인재는 각 분야에서의 기술적 전문성에서 벗어나 우리가 해결하고자 하는 방대한 문제에 대해 고민할 수 있는 사람이었다." 그는 이러한 사람들을 "연결자translator"라고 불렀다. 바퀴, 브레이크, 항공 전자기기, 연결성 등 다양한 분야의 전문가 간 논의를 가능하게 하는 역할을 하며, 마케팅과 제품 관리 전문가와의 커뮤니케이션도 가능한 사람들이었다. "다양한 팀의 서로 다른 대화 방식을 이해하기 시작하자 아이디어가 쏟아지기 시작했고, 사람들은 비전과 가능성을 확인하기 시작했다."

2015~2016년경 허니웰의 가장 유망한 솔루션들이 출시되기 시작했다. 그중 고 다이렉트GoDirect Connected Maintenance 솔루션은 항공기 데이터를 분석해 예측, 처방 알람과 진단을 제공한다. 유지 보수 비용을 35%까지 줄일 수 있는 고 다이렉트는 항공기 간 데이터를 공유하는 기상 레이더 연결 기능도 제공한다. 웨이즈Waze가 클라우드 소싱을 통해 운전자들에게 교통 정보를 제공하는 것과 같

은 방식이다. 또한, 고 다이렉트는 승무원과 승객들에게 고속 와이파이도 제공한다.

2019년 허니웰은 차세대 연결성 솔루션인 허니웰 포지Honeywell Forge를 출시했다. 이는 첨단 데이터 애널리틱스를 활용해 기내 인터넷, 비행 계획 수립 및 최적화, 비행 DB 서비스를 종합 포트폴리오로 제공한다.

제품 개발을 위해서뿐만 아니라 조직 전체에서 새로운 사고방식이 필요했다. "우리는 교육 프로그램 개발, 내부 커뮤니케이션에 상당한 시간을 투자해 직원들의 스토리텔링 능력 개발을 돕고 있다." 크리스틴 슬라이커Kristin Slyker 커넥티드 항공기 부서의 전 부사장은 이렇게 말한다. "커넥티드 항공기를 쉽게 비유해서 설명할 수 있도록 지원한다. 예를 들어, 커넥티드 항공기는 휴대폰과 유사하다고 안내하는 것이다. 우리가 판매하는 안테나 등 하드웨어는 휴대폰이고, 통신 서비스를 제공하는 파트너인 인마샛은 버라이즌Verizon이나 오렌지Orange와 같은 통신사다. 궁극적으로 우리는 비행 효율 어플리케이션과 같은 앱이나 소프트웨어를 개발해 고객사가 연료 사용을 절감할 수 있게 한다."

영업 조직에서는 상당한 변화가 요구되었다. 이들은 서비스나 솔루션 판매가 아닌, 엔진 등 고가의 부품 판매에 익숙했기 때문이다. "영업 직원의 입장에서는 연간 2만 5,000달러에 10년간의 유지 보수 서비스를 판매하는 것보다, 2만 5,000달러의 항공 전자기기 업그레이드를 판매하는 것이 더 매력적이었다."라고 에드몬즈는 말한다. "결국 가격은 같더라도 말이다."

하지만 허니웰은 트랜스포메이션의 중요성을 계속해서 강조하며 전략을 고수했다. 구조적 변화 외에 리더들은 영업 직원들의 인센티브 구조를 변경해 최소한의 서비스를 판매해야 목표를 달성할 수 있도록 했다. 또한 심층 교육을 제공해 영업 직원들이 '커넥티드'에 대해 훨씬 편안하게 설명할 수 있도록 지원했다. 에드몬즈는 다음과 같이 설명한다.

> 기존의 제품군을 더 넓은 분야로 확대하고 고객 문제를 해결해야 한다는 것을 깨달았다. 내가 원하는 고객사 미팅은 아무 자료를 준비할 필요 없이 서로 마주 앉아 내 소개를 한 다음 "고객분의 어려움에 대해 알고 싶습니다. 지연, 취소의 가장 큰 원인은 주로 어떤 것입니까?"라고 물으면서 고객들의 솔직한 생각을 듣는 것이다. 고객이 유지 보수 문제에 관한 데이터를 보여준다면, 나는 그 밖의 유지 보수 문제나 조종사의 비행 서비스 문제 등도 찾아낼 수 있다. 그리고 다시 솔루션을 제시한다. 과거와는 완전히 다른 세일즈 방식이라고 할 수 있다.

허니웰의 커넥티드 솔루션의 여정은 아직 끝난 것은 아니지만, 평범한 산업체에서 소프트웨어 기반의 미래형 산업으로 트랜스포메이션하는 데 상당한 성과를 거두고 있다. 현재 허니웰 커넥티드 항공은 8억 달러 규모의 산업으로, 많은 애널리스트들이 커넥티드 항공 부문에서 시장의 리더로 꼽고 있다. 허니웰 포지 비행 효율 플랫폼은 그 과정에서 또 다른 중요한 성과를 달성했다. 시장 출시 첫해에 128개 항공사가 이 시스템을 도입했고, 전 세계 1만 대 이상의 항공기에 설치되었다.

허니웰의 커넥티드 항공 사업 사례는 앞서 언급한 리더십 핵심 원칙 중 다수를 포함하고 있다. 고객들의 실질적인 문제가 무엇인지를 예측하고, 과감한 가치 제안을 중심으로 다시 포지셔닝했으며, 적합한 기술을 도입하고, 그러한 방향으로 고객들을 이끌었다. 경쟁사를 따라 하기 위해서가 아니라 자사의 차별화된 역량을 확보하기 위해 기술 발전을 활용했다. 차별화 역량을 쌓기 위해 기업을 인수했으며, 생태계와 더욱 긴밀히 협업했다. 또한, 허니웰은 조직 구조를 근본적으로 개편하고 교육, 개발 등의 역량 개발 메커니즘과 인센티브 제도를 바꾸어 구성원들이 기존의 모델을 벗어나 새로운 방식으로 일할 수 있도록 지원했다. 이러한 여정에서 리더들은 적극적으로 참여하고, 결단력 있는 행동을 보여주었다.

...

오늘날 많은 기업들은 허니웰과 동일한 어려움에 직면해 있다. 가치를 창출하는 방식이 계속 바뀌고 있다. 핵심 역량을 구축, 강화, 통합해서 강력한 가치 창출 엔진으로 만들어 차별화된 포지셔닝을 확보해야 한다. 그러한 엔진을 구축하고 가능성의 한계를 극복하는 것은 매우 힘든 일이며, 이에 필요한 성과를 달성하는 데 조직의 모든 에너지를 집중해야 한다.

가치 창출 모델이 변화하고 복잡한 역량의 확장이 비즈니스의 성공을 결정짓는 상황에서 일하는 방식은 변화되어야 하며, 새로운 업무 방식을 지원하기 위해 조직 또한 재설계될 필요가 있다. 허니웰의 사례와 같이, 폭넓고 다양한 역할, 기술, 인재를 결합해 경쟁사에서는 따라 할 수 없는 가치를 제공할 수 있어야 한다. 구성원들은 자신의 업무 성과에 집중하면서 유연하게 협업해야 한다. 전통적인 조직의 경계 밖에 있는 파트너 등과 함께 협업해야 하는 경우도 많을 것이다. 시장의 니즈에 신속하게 대응하기 위해 역량을 지속적으로 혁신, 강화, 적응시켜야 하기 때문에 여러 가지 면에서 자기주도적인 조직이 필요하다.

대부분의 조직은 이러한 유연성, 협업, 성과 중심의 업무를 위해 설계되지 않았다. 과거의 업무 방식에 맞춰 설계된, 융통성이 부족한 조직 구조 내에서 계속 운영되고 있다.

역량 기반의 조직: 전통적 구조의 재편

디지털 이후의 세계에서 성공하기 위해서는 새로운 조직과 팀 워크 모델이 필요하다. 제로엔 타스 필립스 전 최고혁신전략책임자는 이를 명확히 표현했다. "다양한 팀들이 함께 실질적인 문제를 해결해야 한다. 가치 제안을 반복해서 구현하고자 할 때, 이것은 R&D 엔지니어들의 힘만으로는 되지 않는다. 대형 고객사를 유치하는 것은 세일즈 부서만의 힘으로는 불가능하다. 공급망 문제가 있는 경우, 물류 전문가만으로는 해결할 수 없다. 우리는 100여 년간 사업부가 분리되어 일해 왔다. 이제는 보다 정교한 방식으로 돌아가, 다양한 것을 함께 엮어 내야 한다. 다양한 목적에 따라 다양한 유형의 팀이 필요하다는 사실을 인식해야 한다."

이러한 새로운 모델은 단순히 각 부서에서 사람을 뽑아 업무 시간의 10~20% 또는 6주, 6개월간 함께 일하라고 하는 것과는 다르다(대부분의 기업에서 크로스펑셔널 팀이라는 방식으로 많이 사용하고 있다. "전통적인 기능형 모델의 극복" 참조). 더 지속적인, 성과 지향적인 팀을 구성하고, 조직의 가치 제안을 실현하는 데 필요한 성과를 도출하는 업무를 맡겨야 한다. 조직의 차별화 역량은 단일한 기능으로 이루어지지 않기 때문에 이러한 팀은 조직 및 생태계 전체에서 필요한 모든 것을 결합해야 한다.

전통적인 기능형 모델의 극복

대부분의 기업의 조직 모델은 19세기에 만들어진 것이다. 최초의 비즈니스 직원들은 운행 일정을 관리하는 철도 전신기사였다. 그 이후 영업직원, 재무 부서, R&D 연구소 등이 생겨났고, 토마스 에디슨Thomas Edison과 알렉산더 그레이엄 벨Alexander Graham Bell의 연구소도 그중 하나였다. 기업이 점점 대형화, 다각화될수록 이들은 각 시장에 더 나은 서비스를 제공하기 위해 사업부와 지역 조직을 확장했다. 결국 기능조직과 사업부/지역 본부 두 곳에 보고하는 매트릭스형 구조가 생겨났다. 대부분의 경우 HR은 계속 HR 관련 업무만을 담당하고, 재무 직원들은 재무 업무만 담당하게 됨으로써 기능적 사일로가 형성되었다.

기능조직들은 기능적 전문성 개발, 직원들의 숙련도 향상, 기능별 커리어 패스 제공에 있어 항상 중요한 역할을 해 왔다. 하지만, 이러한 역할은 비욘드 디지털 시대에는 공격의 대상이 되었다. 기업들이 성공까지는 아니더라도 그저 경쟁만 하는 데도 폭발적인 수준의 능력과 전문적 역량이 요구되기 때문이다. 오늘날의 시장에서 마케팅을 잘한다는 것의 의미를 생각해 보면, 분석, 사용자 경험 설계, 구매자 행동 이해, 디지털 자산 관리, 소셜 미디어 참여, PR, 브랜딩, 광고 등 수많은 능력이 필요하다. 이제 일반적인 마케터, 일반적인 마케팅 커리어 패스 또는 일반적인 마케팅 숙련도라는 것은 없다. 훨씬 복잡하고 전문화된 능력이 필요한 시대다.

그렇기 때문에 기업들은 어떤 능력을 내부적으로 보유하고 어떤 능력은 생태계에서 확보하는 것이 나은지를 고민하게 되었다. 기업은 PR이나 크리에이티브 개발 등 우수 인력을 직접 채용, 개발, 유지하기 어려운 전문 분야에서는 이미 외부 인력을 활용해 왔으나, 이제는 훨씬 더 다양한 분야에서 이러한 방식을 도입해야 하는 상황이다. 최고의 인력을 확보할 수 있는 역량이 있고, 충분한 규모를 갖춘 영역에 집중하고, 확장된 생태계를 활용해 조직의 독보적인 능력을 다른 곳에도 제공하는 것이다.

이러한 변화에도 불구하고 전통적인 모델에 대한 근본적인 문제는 있다. 리더들이 "기능적 탁월성" 확보에 집중하고 대규모의 기능조직을 구축하는 것을 거의 기본으로 인식함에 따라 달성해야 할 최종 목표를 간과하게 된다는 점이다. 모티베이션과 인센티브가 왜곡될 수 있다. 오퍼레이션 부서는 표준 생산을 위해 노력하는 반면, R&D에서는 정교한 커스터마이징을 원할 수 있다. 영업 부서는 고객 만족을 원하는데 서비스 부서에서는 비용 관리를 목표로 할 수 있다. 또 다른 문제는 기능 부서들이 조직의 구체적인 전략을 강화할 수 있는 새로운 것을 시도하기보다는 업계의 기능적 벤치마크 대비 성과만 측정하는 경향이 있다는 점이다. 조직의 가장 중요한 업무가 본질적으로 크로스펑셔널 형태로 이루어진다면 기능 부서들이 스스로 미래를 만들어 내는 것이 매우 어렵다. 오늘날의 가치 창출 모델에서 차별화 역량을 구축, 확장하기 위해서는 더 많은 부서 간 협업과 전문성 확보가 필요하다. 재무 담당자가 재무 업무를 잘 수행한 다음 원활하게 다음 부서로 넘겨주는 것만으로는 부족하다. 예를 들어, 이제 재무 담당자는 데이터 분석 기술과 그 활용법을 배우고 영업, 마케팅, 오퍼레이션과 공존할 수 있어야만 공급과 수요를 정확히 예측 및 매칭하고 정확히 필요한 수준으로 제품과 서비스의 가격을 결정할 수 있다. 재무 담당자는 운영 효율, 매출, 수익 목표 달성에 있어 오퍼레이션 생산 책임자, 영업 관리자, 마케팅 제품 관리자와 동일한 목표를 달성하기 위한 동기부여가 되어 있어야 한다. 또한, 모두 기능적 결과 도출보다는 훨씬 성과 지향적이어야 한다. 성공을 위해 훨씬 복잡하고 크로스펑셔널한 역량이 필요한 경우에는 더욱 그렇다. 조직 전체의 인사이트, 능력, 프로세스, 데이터, 기술 등을 신속하게 연결하고 계속해서 개선하는 것이 필요하다.

이러한 문제를 해결하기 위해 개발한 인간 솔루션, 즉 "크로스펑셔널 팀"은 특정 목표 또는 프로젝트를 위해 다양한 기능과 부서를 결합한 것으로, 많은 조직에서 흔히 볼 수 있다. 예를 들어, 고객 서비스, 제조, R&D, 제품 마케팅 등의 팀원들이 크로스펑셔널 팀을 구성해 품질 문제를 해결하는 것이다. 이러한 팀은 프로젝트, 이니셔티브, 변화 프로그램, 커뮤니케이션 프로젝트 등 구체적인 목적에는 적합할 수 있다. 하지만 지속적인 가치 창출에는 효과적이지 않은 것으로 입증되었다. 진정한 변화를 만들어 내기에는 지속적인 힘과 영향력이 부족하고, 팀원들은 공동의 목표보다 다양한 기능적 역할을 우선시해야 하는 경우가 많기 때문이다. 기능 부서들이 계속해서 인력을 보유하고 커리어의 방향을 정하게 된다면, 크로스펑셔널 팀의 구성 의도가 아무리 좋다 하더라도 주요 목표와 핵심 분야를 정할 때 기능조직들이 계속 주도권을 갖게 될 것이다. 크로스펑셔널 팀은 최고의 인재를 얻지 못하게 되고, 원하는 성과와 연계된 명확한 목표, 지표, 인센티브를 확보하지 못한다. 또한 임원들의 의사 결정 과정에서 업무의 중요성에 상응하는 리더의 지지를 얻기 어렵다. 그러한 팀은 유용한 도구가 될 수는 있지만, 미래를 설계하는 청사진 역할은 하지 못한다.

이러한 문제를 해결하기 위해 전통적인 매트릭스 조직에 엔드투엔드 프로세스 모델과 역할을 결합하는 기업들도 있다. 다시 말해, 전통적인 기능 및 사업부 매트릭스를 유지하면서 협업의 효율성을 높이기 위해 업무를 다음 단계로 이관하는 방법을 지시한다. 이러한 엔드투엔드 프로세스 모델은 부서 전체에 해당되는 새로운 ERP 시스템을 구축할 때 필요할 수 있지만, 가치 창출과 관련된 어려움을 해결할 수 있는 방법은 아니다. 실제로는 구성원들이 프로세스를 따르도록 관리 및 검증하기 위해 "표준" 프로세스 플로우를 맵핑하고 조직에 새로운 의사 결정 확인 과정(글로벌 프로세스 책임자의 형태로)을 추가하는 복잡한 작업으로 끝날 수 있다. 오늘날의 세계에서 빠르게 대응하고 청사진의 프로세스를 벗어나 시장에서의 성공을 달성하기 위해서는 어떻게 해야 하는가? 전통적인 모델이 조직의 우세한 구조로 남아 있는 상황에서는 엔드투엔드 프로세스 모델은 언제나 융통성이 부족하고 제한적인 역할밖에 하지 못한다.

프로세스가 아무리 훌륭하다 하더라도 공통의 목표를 위해 한 팀으로 일하는 사람들의 민첩함과 독창성은 따라잡기 어렵다.

성과 지향적 팀이 성공하기 위한 요인은 다음과 같다.

- 장기적으로 유지되어야 한다. 이들이 창출하는 역량은 조직의 성공에 핵심적이기 때문에 계속해서 유지되어야 한다. 하지만 그 규모나 구성은 역량 자체가 변화함에 따라 바뀔 수 있다.
- 팀원들에게 목표로 정한 차별화 역량을 구축, 확장하는 업무를 풀타임으로 맡긴다. 차별화 역량은 너무나 중요하기 때문에 "부수적 업무"로 수행할 수 없다.
- 자체 자원(인력, 예산)을 확보하여 다른 기능 부서와 사업부에서 빌려 쓰지 않도록 한다. 차별화 역량이 조직의 성공에 핵심이라면 예산 및 투자 배분에도 그 중요성이 반영되어야 한다.
- 고위 임원, 특히 핵심 임원을 배치하여 조직의 중요한 의사 결정 시 다른 사안과 동일한 비중을 갖도록 한다.

수많은 기업들이 조직 구조를 바꾸고 성과 지향적인 팀을 구축해 이를 장기적으로 유지하고 부서 간 협업을 추진해 왔다. 이들은 혁신 역량을 갖추고 있다는 공통점이 있으며, 특히 고객 인사이트, 마케팅, 영업, 세일즈, 오퍼레이션, 재무 등의 부서와 R&D 부서 간의 전통적인 사일로 구조를 극복했다. 이러한 팀은 완전히 통합된 역량으로서의 혁신에 집중하고 있으며, 조직 전체와 함께 일한다. 혁신을 담당하는 팀에 인력을 "빌려주는" 형태가 아니라 공식적인 성과 지향적 조직의 일원으로서 하나의 부서로 일하고 있다. 전통적인 조직 외부의 생태계 파트너와 고객들이 팀에 참여하기도 한다. 병원에서는 환자 경험 팀을 구성해 환자의 치료 경과와 만족도를 개선하는 데 주력하고 심장병학, 집중 치료, 간호, 물리 치료 등 다양한 부서를 조율한다.

또 다른 예로는 전사적 품질 관리 팀(R&D, 제조, 공급망, 물류, 마케팅,영업, 재무, 고객 서비스 등의 인력을 통합), 고객 경험 팀(고객 여정을 확보 및 설계하기 위해 가치사슬상의 인력을 통합), 소비재 기업의 매출 성장 관리 및 시장 실행 팀(재무, 마케팅, 영업, 데이터, 기술, 공급망을 통합) 등이 있다.

이러한 새로운 역량 기반의 조직에서 성과 지향 팀은 기능 부서들과 함께 위치하며, 조직의 차별화된 역량을 실행하는 데 집중한다. 이러한 팀은 전사 관리 부서, 사업 부서, 기능/공유 서비스와 함께 공존하지만(표2 참조), 조직에서 그 중요성이 점점 커지고 있다. 기능 부서의 인력 T/O 대부분을 성과 지향 팀에 배정하여 다양한 팀과 사업부를 순환하며 광범위한 능력과 협업 방식을 배우도록 하는 경우가 많다. 실제로 조직 내 대부분의 예산과 인력을 전통적인 기능적 리더에서 성과 지향적 팀에 배분하고 있으며, 이를 통해 조직의 우선순위를 차별화 역량을 중심으로 일관성 있게 추진하고 있다. 즉, 성과 지향적 팀을 운영하는 것은 조직의 가치 제안과 고객에 중요한 성과를 달성하는 데 필요한 가장 중요한 업무에 맞추어 조직을 구성하는 것이다.

따라서, 역량 기반의 조직에서 순수한 기능 부서들은 전문적인 단일 기능 업무(예: IR 또는 노사관계)에 더 집중하고, 기능적 전문성을 강화(예: 규정 및 절차 수립, 기능성 전문성보다는 적절한 거버넌스 수립, 조직 내에서 기능적 우수 사례 공유 및 확산, 조직의 다른 부문에 필요한 기능적 인재 및 능력 개발)하는 데 더욱 집중하게 된다. 이러한 모델에서 성공의 핵심인 기능조직이 직접 관리하는 영역은 비교적 협소하며, 조직 전체의 가치 창출 모델에 미치는 영향은 간접적이다. 그들이 지원하는 역할은 여전히 중요하지만, 주요 영역에서 오너십을 확보해 직접적인 영향력을 발휘하기보다는 좀 더 간접적인 영향력과 조언을 제공한다.

지난 20년간 서비스 공유 조직의 범위와 역할이 확대되면서 이러한 유형의 모델을 경험한 독자들도 있을 것이다. 거래 중심의 기능 활동(예: 매입채무, 매출채권)을 통합한 거래 센터_{transaction center}라는 과거의 서비스 공유 모델은 글로벌 조직으로 통합되어 디지털과 데이터 인사이트 역량을 기반으로 크로스펑셔널 형태로 통합된 엔드투엔드 성과형 서비스(예: 운전자본 최적화)를 제공하고 있다. 많은 조직에서 이러한 성과 지향 서비스 그룹은 내부 인원과 외부 파트너 인력 모두 가장 많은 인원을 보유하게 되었다. 이러한 현상은 비욘드 디지털을 추구하는 기업들이 많아지면서 역량 기반 조직의 중요성이 더 높아질 것임을 보여주는 선행 지표에 해당한다.

이러한 새로운 모델에서 사업부는 더욱 고객 중심, 시장 중심(상품 중심 경향은 축소)으로 움직이고, 고객의 니즈에 맞는 역량을 확보하는 과정에서 점점 중요한 통합 기능을 하게 된다. 이러한 통합

표2 **전통적인 조직에서 역량 기반 조직으로의 변화**

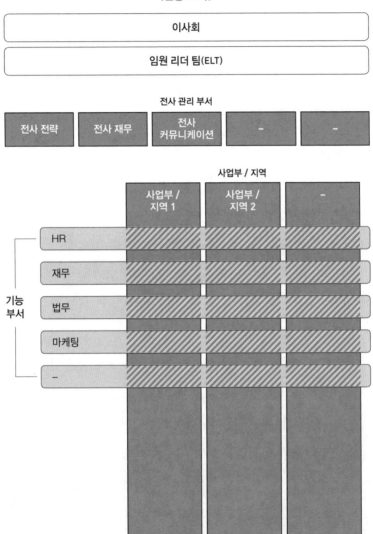

〈전통 조직〉

이사회

임원 리더 팀(ELT)

전사 관리 부서

| 전사 전략 | 전사 재무 | 전사 커뮤니케이션 | - | - |

사업부 / 지역

| 사업부 / 지역 1 | 사업부 / 지역 2 | - |

기능 부서
- HR
- 재무
- 법무
- 마케팅
- -

비욘드 디지털

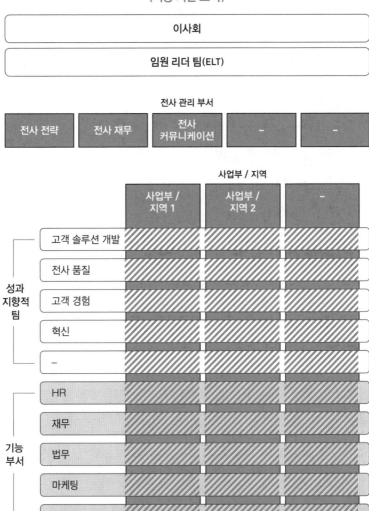

〈역량 기반 조직〉

이사회

임원 리더 팀(ELT)

전사 관리 부서

전사 전략	전사 재무	전사 커뮤니케이션	-	-

사업부 / 지역

	사업부 / 지역 1	사업부 / 지역 2	-
성과 지향적 팀	고객 솔루션 개발		
	전사 품질		
	고객 경험		
	혁신		
	-		
기능 부서	HR		
	재무		
	법무		
	마케팅		
	-		

출처: Strategy &

기능은 과거의 "일반 관리" 역할과는 매우 다르다. 실행을 위해 필요한 모든 활동을 조율하는 것이 아니라 고객과의 인터페이스에 더욱 집중한다. 실제로 사업부는 고객과 관련된 요건을 충족시키면서 성과 지향적 팀의 결과물을 통합하는 역할이 점점 커지고 있다.

성과 지향적 팀 구성은 조직의 차별화 역량과 이를 통해 구현할 성과를 명확히 정의하는 것에서 시작한다. 조직이 현재 구현가능한 부분이 아닌, 새로운 포지셔닝을 위해 새롭게 창출해야 하는 부분을 말한다. 이러한 역량 설계는 원하는 성과를 달성하기 위해 필요한 전문성, 지식, 기술, 데이터, 프로세스, 행동을 어떠한 방식으로 확보해야 하는지 정의한다. 이는 건축 설계에서 건물의 모든 구성 요소들을 결합하는 방식을 정의하는 것과 마찬가지다. 과거의 경계를 넘어 협업할 적합한 능력을 갖춘 인재를 통합하고 권한을 부여하여 원하는 성과를 달성하는 방법을 파악한다. 조직의 가치 창출을 위한 역량이 중요하고 다양한 능력이 요구될수록 신속한 실행이 더욱 중요하다.

많은 기업에서는 기능 조직에서 성과 지향형 조직 모델로의 전환이 단기간에 빅뱅과 같이 일어나지 않는다. 하지만 새로운 포지셔닝을 위해 필요한 역량을 확보하는 것이 시급하기 때문에 그러한 전환을 가속화할 수 있는 방법을 고민해야 한다. 단계적으로 변화를 실행할 수 있는 방법을 신중히 검토하여 가장 중요한 역량을 실행하고 적절한 자원을 함께 확보해야 한다.

일부 조직의 경우 애자일 방법론 등을 통해 새로운 업무 방식을

비욘드 디지털

도입하고 있다. 수직적 역할 없이 다양한 기능 부서의 인력을 통합해 복잡한 문제 해결을 지원하도록 체계적으로 단기간에 집중해서 일하는 것이다. 새로운 역량 개발 업무를 위해 완전히 새로운 팀을 구성하거나 서비스 공유 센터를 만드는 조직도 있다. 이러한 방법은 유용할 수 있으나, 조직의 업무 방식에 필요한 트랜스포메이션을 달성하기에는 그 자체만으로 충분하지 않은 경우가 많다. 사실상 더 광범위한 변화와 함께 실행되지 않는다면, 이러한 새로운 팀은 조직 전체에 통합될 능력이 없는, 그저 "해적선"과 같은 존재로 인식되어 의미 있는 성과를 내지 못할 수 있다.

역량 기반 조직을 향한 마이크로소프트의 여정

마이크로소프트는 2014년 사티아 나델라가 CEO로 취임하면서 "마이크로소프트의 부활"이라는 트랜스포메이션을 시작했다. 변화의 필요성은 명확했다. 분기당 PC 출고량은 7,000만 대로 급감한 반면, 스마트폰 출고량은 3억 5,000만 대 이상으로 급증하고 있었다. 마이크로소프트 매출의 75%는 PC에 기본 설치되는 윈도우 소프트웨어에서 나오기 때문에 마이크로소프트에게는 부정적인 소식이었다. 그뿐만 아니라 모바일을 비롯해 클라우드 컴퓨팅, SNS, SaaS 솔루션, 빅데이터 등 기타 첨단 기술 분야에서는 거의 성과가 없었다. 마이크로소프트가 빠르게 변화하는 기술 시장에서 성공할 수 있는 방법을 찾기 어려운 상황이었다.

장 필립 쿠르트와Jean-Philippe Courtois 마이크로소프트 글로벌 세일즈 부서의 마케팅 및 오퍼레이션 담당 사장 겸 수석부사장은 이렇게 회상한다. "25년 동안 조직의 근간이 되었던 전략이 앞으로는 통하지 않는다는 것이 너무나 확실했다. 한때 우리 조직은 '모든 가정에 각 책상마다 컴퓨터 한 대씩' 보급한다는 멋진 미션을 갖고 있었고, 이는 지금까지 성장의 원동력이었다. 하지만 그것만으로는 충분하지 않았다. 그래서 '강력한 외부 환경의 변화 속에서 세상의 모든 기업은 디지털 기업이 될 것이며, 모든 사람들은 디지털 네이티브가 되어야 한다. 세계는 클라우드 기반, 그리고 당연히 모바일 우선으로 변화하고 있다.'는 새로운 세계관을 수립했다."

변화에 뒤쳐지는 기업이 어떻게 고객들의 디지털 트랜스포메이션을 지원할 수 있겠는가? 나델라 CEO는 취임 첫날 "모바일 우선, 클라우드 우선"이라는 새로운 전략을 발표했고, 이것은 이후 "AI/클라우드 우선"으로 발전했다. "모든 가정에 각 책상마다 컴퓨터 한 대씩"이라는 과거의 미션은 폐기하고 "지구상의 모든 개인과 모든 조직이 더 많은 것을 성취하도록 역량을 지원한다."로 변경되었다. 전자는 고객에게 제품을 판매하는 것이었다면, 후자는 성과, 즉 솔루션을 제공하는 것이다.

쿠르트와 사장은 "우리가 추진해야 했던 트랜스포메이션은 매우 광범위한 것이었다."며 다음과 같이 설명한다.

우리는 기존의 인력, 기술, 조직, 프로세스, 도구, 역량을 가지고 이 여정을 시작했다. 전 세계 다양한 규모의 고객들에게 소프트웨어 라이선스 계약을 판매했으나, 판매 후에는 고객과의 지속적인 상호 작용이 거의 없는 조직이었다. 이제는 새로운 미션을 위해 소프트웨어 중심 기업에서 클라우드 중심 기업으로 전환해야 했다. 이를 위해서는 완전히 다른 속도의 혁신이 요구되었다. 예를 들어, 3~4년마다 소프트웨어를 출시하는 것이 아니라 몇 주마다 새로운 서비스와 솔루션을 개발하는 것이다.

이는 마이크로소프트가 고객의 클라우드 서비스 활용을 늘리는 데 더욱 주력해야 함을 의미했다.

마이크로소프트의 변신에서 근본적인 조직 변화 중 하나는 바로 글로벌 커머셜 비즈니스를 혁신한 것이다. 이것은 상당한 작업이었다. 몇 달에 걸쳐 70명의 임원과 약 400명의 고위 관리자들이 전략을 수립하고 2017년 2월에 이를 발표했다. 이 전략은 마이크로소프트 커머셜 사업부의 제품 출시 방식을 근본적으로 바꾸어놓았다. 적절한 고객에게 적시에 적절한 자원을 제공하기 위한 목적으로 5개 중점 분야의 트랜스포메이션에 집중했으며, 마이크로소프트가 고객의 디지털 트랜스포메이션을 지원하고 자사 솔루션 활용을 확대할 수 있도록 했다.

- **특정 산업 중심:** 고객의 트랜스포메이션에 도움이 될 맞춤형 전

문성과 서비스를 제공하기 위해 특정 산업을 중심으로 영업 조직을 재편했다. 과거에는 소프트웨어 또는 인프라 서비스업체로서의 역할이 중심이었다.

- **기술 전문성:** 현장 영업 팀에 엔지니어를 포함시켜 더욱 가까이에서 고객에게 기술 지원을 제공했다.
- **고객의 성공:** 판매 전/후 모든 단계에서 고객 몰입도를 강화함으로써 클라우드 서비스의 활용 및 소비를 확대했다. 마이크로소프트의 엔지니어, 컨설턴트, 개발자들이 현장에서 일하기도 했다.
- **디지털 판매:** 디지털 인프라 및 AI를 활용해 영업 인력의 역량을 지원했다.
- **원 커머셜 파트너:** 생태계 파트너와 내부 영업 조직 간의 협업 방식을 단순화하여 파트너들이 보다 효과적으로 고객 서비스를 제공할 수 있도록 했다.

핵심적인 조직 개편 중 일부는 전통적 기능(판매 전, 판매 단계, 판매 후)을 벗어나 고객의 니즈에 잘 맞는 전문화된 역할을 수행하기 위한 것이었다. 여기에는 기업 고객(최고 고객)에 대한 지원을 강화하기 위해 고객 담당 부서와 업계 전문가를 다시 연계하는 작업도 포함되었다. 전문 부서(솔루션 전문가, 기술 솔루션 전문가로 구성)가 신규 고객 확보, 기존 고객에 대한 기술 지원에 다시 집중하게 했다. 또한, 고객 성공 부서를 만들어 클라우드의 장점을 기업 고객들에게 설명하고 더 많은 서비스의 도입을 유도하며 소비를 확대하고자 했다. 이러한 다양한 기술을 결합하여 마이크로소프트의 성과 지향팀은 새로운 포지셔닝을 위한 준비를 완료했다. "소위 '글로벌 검은띠 팀'이 구성되어, 전체적인 글로벌 또는 지역 차원에서 더 강화된 역량 확보로 도움을 줄 수 있게 되었다."라고 쿠르트와 사장은 설명한다.

마이크로소프트가 이러한 방식으로 조직을 구성한 이유는 두 가지였다. 쿠르트와 사장의 설명에 따르면 "첫 번째, 고객의 트랜스포메이션 주기에 맞춰 함께 실행하기 위해서는 다면적인 기술과 업무 방식이 필요했다. 모든 기업은 소프트웨어 기업이 되고 있다. 이는 클라우드에서 수많은 가상 머신을 운영하는 것을 넘어, 새로운 비즈니스와 새로운 모델을 구축하는 작업이다. 고객의 비즈니스와 전략에 더욱 친숙해지기 위해서는 그러한 모든 역량이 필요하다."

두 번째 이유는 조직문화다. 마이크로소프트는 제품 중심의 기업이었지만, 자칭 "고객 강박적인customer-obsessed 기업"이 되려면 새로운 조직 구조가 필요했다. 쿠르트와 사장은 다음과 같이 설명한다.

우리는 처음부터 끝까지 고객의 트랜스포메이션을 지원해야 한다. 먼저 고객에게 필요한 디지털 역량을 예측하고, 고객의 기존 아키텍쳐, 사업의 특성 등을 기반으로 그러한 역량 확보에 적합한 기술 아키텍처를 고객과 협의를 통해 결정한다. 이를 바탕으로 훨씬 빠른 속도로 다양한 프로젝트를 실행해 디지털 제품, 디지털 오퍼레이션, 디지털 고객 여정 등을 개발한다. 조직문화의 변화를 위해서는 현장에서 완전히 새로운 유형의 조직 역량이 필요하다.

2017년 7월 1일 새로운 조직이 탄생하자 글로벌 커머셜 사업부뿐만 아니라 글로벌 세일즈, 마케팅, 오퍼레이션에 근무했던 4만 명은 가장 기본 업무에서 고객 담당 임원에 이르기까지 그 역할이 하룻밤 사이에 바뀌었다.

"리더의 90%, 일반 직원의 80%는 새로운 역할을 맡게 되었다. 매우 대대적인 변화였다." 니콜라 호드슨Nicola Hodson 글로벌 세일즈, 마케팅, 오퍼레이션부 현장 트랜스포메이션 담당 부사장은 회상한다.

2017년 7월 1일 런칭 전까지 6개월 동안 이러한 변화를 기획 및 테스트하고, 다양한 직책의 리더들을 위한 온보딩을 진행했다. 변화를 지원할 구심점을 만들기 위해 많이 고민하고 노력했다. 처음에는 소규모의 핵심 팀과 기획 및 설계를 추진했다. 그리고 이를 확대해 더 많은 현장 인력을 참여시키고 적절한 테스트를 거쳤다. 그 후, 부문별 리더들과 리더십 팀을 동참하게 하는 데 진정한 노력을 기울였다. 5월 말까지 모든 리더들과의 커뮤니케이션을 완료했고, 그들에게 변화에 대해 설명하고 새로운 역할을 맡겼다. 7월 1일 전사 발표가 이루어졌을 때, 모든 리더들은 변화의 내용을 받아들이고 실행할 준비가 되어 있었다.

새로운 변화가 발표되었을 때, 물론 모든 것이 완벽하게 실행된 것은 아니었다. 더 자세한 내용이 필요하거나 수정이 필요한 경우가 있었다. 이 단계에서는 새로운 모델의 실행에 앞장서야 할 수만 명의 실무 직원들의 의견에 귀울이는 것이 매우 중요하다. 호드슨 부사장은 이렇게 회상한다. "우리는 라이브 Q&A 시스템을 운영했다. 문제가 제기되면 핵심 팀은 매일 그 문제들을 해결해야 했다. 다양한 사업부의 지정된 담당자에게 사안을 이관하기도 했다. 원활히 진행되고 있는 부분과 그렇지 않은 부분을 파악하기 위해 모든 부문에서 구성원들의 의견을 경청하는 시간을 많이 가졌고, 계획대로 되지 않는 경우에는 실행에 중점을 두고 노력했다."

성과 중심 조직으로 DNA를 재설계하다

마이크로소프트와 허니웰 사례에서 살펴본 것처럼, 이러한 역량 기반 조직을 제대로 운영하는 것은 단순히 조직도만 바꾼다고 되는 것이 아니다. 조직의 DNA를 수정하고, 심지어 재설계해서 더 많은 협업이 이루어지고, 성과에 더욱 주력하도록 해야 한다.

필수적인 성과 지향적 팀의 청사진을 만들고 설계하는 것 외에 리더들이 가장 강조한 성공 요인 4가지가 있다. 이는 조직 재설계 작업의 성패를 가를 수 있는 중요한 요인들로서 (1) 투자와 예산 배분 방식, (2) 실적에 대한 정의, 측정, 보상 방식, (3) 커리어 패스 수립 방식, (4) 새로운 행동을 독려함으로써 조직문화를 변화시키는 방식이다.

경쟁력 강화에 투자가 배분되도록
기획 및 예산 수립 프로세스를 조정한다

역량 기반의 조직을 효과적으로 운영하기 위해서는 예산과 투자 배분 방식, P&L 관리 방식을 다시 점검해야 한다. 가장 중요한 부분에 조직의 활동을 집중하기 위해 리더들이 활용할 수 있는 가장 강력한 방법 중 하나다. 조직의 성공에서 차별화 역량의 중요성을 감안할 때, 이러한 역량의 구축, 확장에 상당한 비용을 투자해야 한다. 또한, 성과 지향 팀은 조직의 차별화 역량의 주요 원동력이기 때문에, 이러한 팀에 많은 투자를 해야 한다. 투자를 실질적으로 재배분하지 않거나 일부 예산만 조정하는 경우에는 미래가 아닌 과거에 투자하고 있는 셈이다.

이는 P&L 관리와 기획 프로세스에 상당한 영향을 가져올 수 있다. 기능조직의 리더들이 얼마나 많은 인원이 필요한지, 어떤 툴에 투자해야 하는지를 지시하는 것이 아니라, 성과 지향 팀이 필요한 투자와 각 부서에서 달성해야 할 부분을 결정한다. 동시에, 성과 지향 팀의 계획, 예산, 최저 품질 기준을 바탕으로 기능적 탁월성 요건을 고려한다. 마찬가지로, 성과 지향 팀은 사업부가 계획 수립 시 고려해야 할 요건과 목표를 정의한다(반대로도 동일하게 진행한다). 전통적인 매트릭스 조직에서 이렇게 계획 수립과 예산 관리 방식을 바꾸기 위해서는 거버넌스, 협업을 가능하게 하는 기획 프로세스와 메커니즘을 다시 고민해야 한다. 누가 기획 과정을 이끌 것이며, 예산을 어떻게 최종 결정하고, 중간 고과 평가에는 누가 참여하는지, 조직 내에서 의사 결정은 어떻게 할 것인지 등을 다시 검토함으로써 새로운 모델 실행을 지원해야 한다. 조직의 차별화 역량에 필요한 자원을 확보하기 위해 축소 대상(필요하지만 최대한 비용을 줄여야 하는 부문) 및 기본 요건(경쟁자만큼 잘해야 하지만 더 잘할 필요는 없는 부문)에 해당하는 부문에 대해서는 냉정해야 한다. 변화를 위해서는 반복과 미세 조정을 통해 조직 내에 필요한 힘의 균형을 이룸으로써 가치 창출을 위해 진정으로 협업하는 팀이 되어야 한다.

실적을 정의, 평가, 보상하는 방법을 재설계한다

조직이 차별화 역량 확보 및 확장에 집중하도록 하기 위해서는 달성하고자 하는 성과에 맞춰 조직의 지표를 바꿔야 한다. 어떤 지표가 적절한지는 각 조직의 상황에 따라 다르다. 새로운 혁신의 시장 출시 시기, 탄소 발자국과 지속가능성 영향, 고객 만족, 생태계 전체의 성공에 대한 기여(마이크로소프트 사례와 같이), 고객의 서비스 소비(고객이 성과를 경험하고 있는지에 대한 척도) 등이 있을 수 있다.

마이크로소프트가 실행한 중요한 변화 중 하나는 보상 방법이었다. 계약 금액이 기준이 아니라 장기간에 걸친 고객의 소비가 기준이 되었다. 마이크로소프트는 모든 고객에 대해 소비량을 측정하여 고객이 비즈니스 성장 과정에서 겪는 어려움을 공유하고 리더들이 각 영업직원들과 구체적으로 논의할 수 있는 자료를 제공했다. 마이크로소프트는 (역량 기반 조직을 구현하고자 하는 기업은 누구나 그렇듯이) 결과가 아닌 구체적 성과를 기반으로 실적을 평가하고 보상했다.

로펌이나 컨설팅 기업 등의 조직은 직원의 보너스 인센티브를 고객사의 성과에 연동시키기도 한다. 직원이 창출하는 매출만을 기반으로 실적을 측정하고 보상하는 것이 아니라, 고객들이 실제로 원하는 결과를 달성했는지를 평가하는 것이다. 이러한 인센티브에는 섬세한 조정 작업이 필요하다. 일반적인 연말 고과 평가 일정에 맞춰 고객사의 실적이 나오지 않을 수도 있기 때문이다. 하지만 그러한 인센티브 제도는 진정한 가치 창출을 위해 협업하는 데 조직이 집중할 수 있는 강력한 메커니즘을 제공한다.

개인-팀 인센티브 간의 균형도 다시 고민할 필요가 있다. 현재 대부분의 인센티브 제도는 제품이나 서비스 판매와 관련되어 있기 때문에 '해당 직원이 주어진 영업 목표를 달성했는가?', '리더는 합의된 실적을 달성했는가?' 등 개인 단위의 책임으로 귀결된다. 이러한 인센티브도 중요하지만, 조직의 근본적인 경쟁력, 즉 역량 시스템을 구축 및 실행함에 있어 성과를 내는 것도 필요하다. 이를 위해서는 이러한 경쟁력을 수용, 반영, 개선, 통합해야 하는 성과 지향 팀, 기능조직, 사업부 간에 의미 있는 팀워크가 이루어져야 한다. 팀 기반의 목표와 인센티브 제도를 구축하고 개인 실적 및 행동에 대한 기대와 적절히 균형을 이룬다면 트랜스포메이션의 성공을 거둘 수 있다.

고과 평가 방식, 평가 참여자, 평가 진행 방식 등도 변화가 필요하다. 마이크로소프트가 역량 기반 조직 모델을 도입하는 과정에서 쿠르트와 사장은 기존의 중간 평가를 없앴다. 조직의 새로운 업무 방식에 어긋난다고 생각했기 때문이다. 시장, 고객에 쏟을 수 있는 시간을 너무 많이 뺏기게 될 뿐만 아니라, 실적이 뒤처지면 잔소리와 비난으로 이어진다. 쿠르트와 사장은 이것을 분기별 사업 현황 공유로 대체해 비즈니스 트렌드, 장애 요인, 이슈, 주요 인사이트, 성공을 위해 협업해야 할 일 등을 팀 전체가 공유하는 시간으로 만들었다. 성과 달성을 위해 함께 실행해야 할 부분, 필요한 지원 등을 주로 논의했다. 지속적인 가치 창출 역량은 통합된 성과를 도출하는 것에 달려 있기 때문에 실적 평가의 방향을 바꾸어 협업 기반의 성과에 주력할 필요가 있다.

유연한 조직을 위한 커리어 모델을 수립한다

과거의 전통적인 수직적 발전 모델은 어느 한 부서에서만 커리어를 쌓고 승진을 통해 올라가는 구조다. 하지만 이제 더 이상 필요 없는 모델이 되었다. 새로운 포지셔닝을 위한 핵심적인 크로스 펑셔널 역량을 위해서는 직원들이 전문 분야에 대한 깊은 경험뿐만 아니라 여러 분야를 넘나드는 다양한 경험도 쌓을 필요가 있다. 직원들은 급변하는 경영환경에서 다양한 커리어 옵션과 시장에서 요구되는 능력을 유지하기 위해 점점 더 깊고 폭넓은 경험을 원하고 있다. 전문 분야의 많은 조직들이 이미 이러한 모델을 실행하고 있으며, 실제로 오늘날의 고위 임원들은 수십 년 전에 비해 훨씬 다양한 경험을 보유하고 있다. 이러한 커리어 트랙이 많이 늘어났다는 점은 이것이 훌륭한 리더가 되는 방법임을 보여주는 것이다.

다각화된 커리어 모델을 조직 전체에 도입하기에는 적합하지 않은 경우도 있겠지만, 기업은 직원들이 필요한 능력을 확보할 수 있도록 새로운 커리어 패스와 개발 방안을 구체화해야 한다. 이러한 새로운 커리어 패스를 통해 직원들은 다양한 부서, 팀을 통해 수평 간 이동을 할 수 있다. 매니저, 리더가 되어야만 성장을 하는 것이 아니라 팀의 기여자가 됨으로써 성장하게 하는 것이다. 또는 "조율자"가 되어 직책을 통한 권위가 아닌 개인적 영향력을 활용해 성과 지향 팀, 기능조직, 사업부 간의 협업을 원활히 할 수도 있다. 새로운 커리어 패스 모델에서 평가와 보상은 더 많은 내부 자원을 관리하는 것이 아니라 팀에 대한 기여, 자신에게 맡겨진 성과를 기반으로 이루어진다. 드문 경우지만, 생태계 파트너와 작업을 하고 외부에서 경험을 쌓는 데 커리어를 투자하는 경우도 있다. 파견 프로그램을 통해 이러한 개발 과정을 제도화하는 기업도 있다. 핵심 인력을 파트너 조직에 파견하여 근무 후 "귀임"하게 하는 방식이다. 역량이 통합되고, 생태계의 사회적 역할 수행에 있어 신뢰와 원활한 업무를 위해 앞으로 파트너사에 직원을 파견하는 기업들은 더 늘어날 것으로 보인다. 요약하자면, 역량 기반 조직에서 커리어 패스는 수직적 조직 구조를 따르는 전통적 관점을 버리고 최고의 성과를 내기 위해 필요한 것에 집중하는 성과 지향 마인드로 설계해야 한다.

마이클 코바트 전 씨티그룹 CEO는 이에 공감한다. 과거에는 "수직적 구조를 최적화하는 업무를 하고 이러한 구조를 따라 승진하는 등, 비교적 좁은 수직적 구조에서 커리어를 쌓았다." 하지만 씨티그룹이 원하는 생애 최고의 경험을 고객들에게 제공하기 위해서는(파트2 참조) 다양한 역량을 함께 연결해야 했다. 직원들은 다양한 수평 이동을 통해 더 폭넓은 경험과 협업 기술을 익힐 수 있다. "이제는 더 이상 일률적 방식으로 승진하지 않는다. 직원들에게 보다 선별된 커리어 여정을 제공하고 있다." 코바트 CEO는 설명한다.

디지털 이후의 시대에는 커리어 패스가 더욱 다양하고 복잡해짐을 감안할 때, 직원들은 더 많은 일대일 커리어 코칭과 멘토링을 필요로 한다. 이제는 더 이상 승진을 위한 일방 고속도로는 없다. 다양한 수평 이동과 다양한 길이 존재한다. 이와 관련해 다음과 같은 몇 가지 단계를 고려해야 한다.

- 직책에 따른 권한을 갖거나 대규모 팀의 관리자가 되어야만 성장과 발전을 하는 것은 아님을 커리어 모델에 반영한다. 커리어 개발, 경제적 보상과 관련된 성장은 다양한 역할, 팀, 경

험 등의 업무를 통해 얻을 수 있다.

- 직원들이 전통적인 기능적 전문성과 교육에서 벗어나 커리어에 도전하고 뛰어들도록 독려한다. 이러한 변화를 위해 필요한 부분을 지원한다.
- 소속된 부서에 한계를 두지 않는 인재 평가 프로세스를 수립하여 직원들이 기존의 팀 외에서 할 수 있는 업무를 구체적으로 선택할 수 있게 한다. 인재 평가 프로세스에서 직원들이 생태계 파트너, 고객 등과 일할 수 있는 기회를 제공하여 조직에 유의미한 경험을 확보할 수 있게 한다.
- 새로운 환경에서 직원들이 성장하는 데 필요한 능력을 개발하도록 돕는다(업스킬링 필수 요소에 대한 자세한 내용은 파트7 참조).

새로운 행동을 유도해 변화를 촉진한다

구성원들이 새로운 역량 기반 모델을 따르도록 하는 것은 상당한 변화다. 과거의 기능 중심적 충성도와 우선순위를 버리고 성과 중심으로 새롭게 사고방식을 바꾸어야 한다. 이는 지속적인 혁신과 전환의 과정이 될 것이다. 처음 접하거나 과거에는 다른 사람의 도움을 받았던 기술들을 이제는 직원들 스스로 익혀야 한다. 더 이상 데이터 분석을 IT 부서에만 의존할 수 없다. 필요할 때 즉시 분석하는 법을 배우고, 자신의 전문성을 적용할 수 있어야 한다. 전통적인 권한과 의사 결정 구조도 바뀐다. 개인의 노력에 의존하는 것이 아니라 다른 구성원들과 함께, 또한 그들을 통해 일하면서 성과를 도출하는 법을 배워야 한다. 완전히 새로운 마인드와 행동이 필요할 수 있으며, 이러한 변화는 낯설고 불안하게 느껴질 수도 있다.

예산, 지표, 인센티브 등을 개정하는 형식적 조치도 도움이 되지만, 이것이 새로운 행동을 만들고 실행하는 데 구체적인 도움이 되지 않는다면 구성원들이 기존의 것을 버리고untraining 새로운 업무 방식을 따르도록 재교육retraining하는 데 성공할 수 없다. 다시 말해, 필요한 방식으로 조직을 운영하고 조직의 가치 창출 체계를 강화할 수 있는 문화를 만들기 위해서는 윤활유가 필요하다.

직원들에게 원하는 행동을 명확히 정의할 때는 이를 구체적이고, 가시적이며, 실행가능하며, 정서적으로 공감할 수 있고, 가능한 한 동기부여가 되는 방식으로 표현해야 한다. 조직별로 다르겠지만, 그러한 행동은 품질, 속도, 예산 간의 트레이드오프에 대해 구체적으로 논의하는 것, 자유롭게 기꺼이 전문적 의견을 제시하는 것(하지만 다른 방식을 추진하기로 의사 결정이 되면 이를 지지하는 것), 의사 결정을 내리고 그 근거를 명확히 설명하는 것, 영향을 극대화하기 위해 우선순위에 확실히 자원을 배분하는 것 등을 포함할 수 있다.

마이크로소프트의 리더들은 커머셜 트랜스포메이션을 성공적으로 실행하기 위해 새로운 세일즈 방식을 정의해야 함을 깨닫고, 조직이 옳은 방향으로 나아가고 있음을 끊임없이 확인해야 함을 인식했다. 직원들에게 기대하는 새로운 행동을 매우 구체적으로 정의했다. 장 필립 쿠르트와 사장은 이렇게 설명한다.

먼저, 직원들이 IT 팀원들보다는 비즈니스 의사 결정자들과 더 긴밀히 일하도록 해야 했다. 이것은 평가하기 쉬운 부분이다. 둘째, 직원들이 고객과의 미팅에서 대화를 시작하는 방법을 정의했다. 고객을 통해 배우는 방법, 중요한 사항을 인식하고 대화를 진행함으로써 고객에게 의미 있는 대응을 하는 방법 등이 포함된다. 셋째, 첫 미팅에서 그러한 유의미한 관계를 구축한 후, 몰입 모델 단계로 넘어가는 것이다. 관련된 업계 전문가와 디지털 어드바이저를 참여 고객과 함께 미래 전략을 수립하고 마이크로소프트가 지원할 수 있는 트랜스포메이션의 목적을 수립한다. 넷째, 자사의 기술 담당자와 고객사의 기술 담당자가 함께 만나 이러한 아이디어를 우리가 원하는 디지털 역량으로 전환한다.

마이크로소프트가 그러한 행동의 실천에 관한 교육, 개발, 참여에 많은 투자를 함으로써 이러한 새로운 행동 모델은 활성화되었다.

일라이 릴리의 사례는 이러한 중요한 행동을 가능하게 하고 역유인과 장애 요인을 제거하는 과정에서 리더의 역할이 중요함을 보여준다(일라이 릴리의 트랜스포메이션에 관한 이야기는 파트6에서 상세히 다루기로 한다). 일라이 릴리는 성공적인 트랜스포메이션을 위해 조직의 혁신 프로세스를 가속화하는 것에 특히 우선순위를 두었다. 이를 위해서는 신규 사업부를 이끄는 5명의 리더들에게 R&D 후반 단계에서 더 많은 참여 권한과 의사 결정권을 부여하는 등 조직 구조와 리더 역할의 변화가 필요했다. "일라이 릴리에서는 특히 변화에 대한 저항이 컸다. 이 지역에서 가장 매력적인 최대 기업이었고, 다른 대안이 많지 않았기 때문이다." 댄 스코브론스키Dan Skovronsky R&D 혁신 공동리더는 설명한다. "일자리를 잃으면 가족들도 모두 이사를 가야 할 수도 있기 때문에, 사람들은 리스크를 두려워했다. 굳이 새로운 것을 시도하고 노력할 필요를 못 느꼈다. 정말 좋은 직장이기 때문에 조용히 하던 일을 계속하는 것이 낫다는 것이다."

하지만 회사는 과거보다 훨씬 빠른 속도로 신약을 개발, 출시해야 했기 때문에 변화에 대한 저항은 실패를 의미했다. 과거 일라이 릴리의 업무환경에서는 자신이 약속한 기한을 지키는 것이 가장 중요한 부분이었다. 그렇기 때문에 직원들은 상당히 여유 있게 기한을 정했고, 이 때문에 일라이 릴리는 업계에서 가장 느린 기업이 되었다. 스코브론스키 리더는 이렇게 설명한다.

우리는 야심 찬 목표를 세우고, 직원들이 이를 달성하지 못하더라도 불이익을 주지 말아야 했다. 리스크가 있는 일에 도전했다가 실패했다고 해서 해고당하거나 좌천되지 않을 것이라는 확신을 주어야 했다. 오히려 그러한 도전이 승진의 방법임을 알려줄 필요가 있었다. 우리는 직원들에게 "더 이상 여유 기간을 두지 말라. 업계 최고의, 공격적인 기한을 정하라. 기한을 지키기 위해 지원이 필요하면 요청하라. 몇 주 또는 몇 달 지연된다 하더라도 걱정할 필요가 없다. 뭔가 과감한 시도를 해 보았다는 것

자체로 과거보다 훨씬 더 큰 성장을 경험할 수 있을 것이다."라고 설득했다. 기한을 못 지킨 팀들도 있었지만, 이들은 놀라울 정도로 공격적이고, 여유 기간이 과도하지 않은, 업계 최고 수준의 기한을 제시했다. 2개월 지연되기는 했지만, 과거의 시스템과 비교하면 2년이나 빨랐다. 우리는 그들에게 보상하고, 성공을 축하했으며, 그들의 사례로 스토리를 만들었다. 이것이야말로 변화를 위해 우리에게 가장 필요한 것이었다.

흔한 성공 사례 같지만, 원하는 성과를 도출할 수 있는 행동을 만들어 가는 것은 정말 쉽지 않다. 그저 운에 맡기거나 HR에서 해결하도록 내버려 두는 것이 아니라, 전략적인 실행과 노력이 필요하다. 우리는 이 분야에 대한 수년간의 연구와 업무를 통해 행동을 이끌어 내기 위해서는 조직이 기대하는 핵심적인 몇 가지 행동을 정의하고, 그러한 행동을 적극적으로 유도해야 함을 알 수 있었다.[1]

완벽한 핵심 행동이 무엇인지에 대한 정답은 없다. 하지만 PwC 스트래티지앤의 조직문화 및 리더십 전문 글로벌 연구 센터인 카첸바흐 센터Katzenbach Center의 연구를 통해 핵심 행동은 몇 가지 간단한 단계를 통해 이끌어 낼 수 있음을 확인했다.

• 객관적 관점에서 기존 조직문화의 특징과 행동을 파악하고 이해한다. 현재의 행동을 점검해 보면 장단점을 알 수 있다. 기존의 문화가 조직의 전략에 대해 어떠한 긍정적, 부정적 영

비욘드 디지털

향을 주는지 평가한다(자세한 내용은 카첸바흐 센터의 조직문화 간단 점검Culture Thumbprint Survey 참조[2]).

- 구성원과의 소통을 통해 이들이 새로운 업무 방식과 가치 창출 모델을 지원하는 데 필요한 구체적인 행동을 이해하게 한다. '어떻게 보이는지? 어떤 느낌인지? 그러한 행동이 이미 실행되고 있는 부분이 있는지?' 등으로 구체적으로 질문한다.

- 원하는 행동을 실천하는 데 장애 요인이 있는지 파악하게 한다. 그러한 행동을 실천하기 위해 어떤 방안을 도입할 수 있는가? 어떤 조력 요인enabler이 도움이 될 것인가? 어떤 장애 요인을 제거해야 하는가?

- 현실로 만든다. 조력 요인을 도입하고 장애 요인을 제거한다. 원하는 행동을 확산시키기 위한 플랫폼을 롤 모델에게 제공한다. 구성원들이 이러한 행동을 자신의 일상 업무에 적합한 구체적 실행 방안으로 전환하여 전략적 목표에 직접 연계할 수 있게 한다. 재무와 영업 부서에서 협업의 의미는 어떻게 다른가? 현장 직원들이 행동을 바꾸도록 동기부여하기 위해 리더 및 관리자는 어떤 행동에 주력할 수 있는가? 조직이 원하는 행동을 계속 강화하여 현실로 만든다.[3]

. . .

역량 기반의 조직을 구축하는 것은 훌륭한 목표지만, 구조, 예산 및 기획, 성과 관리, 커리어 패스, 구성원의 행동 등 우리가 강조한 모든 분야에서 불편한 변화를 야기할 수밖에 없으며, 이러한 분야는 모두 연결되어 있다. 그동안 운영해 온 기본적인 업무 방식을 재고하고 심지어 처음부터 다시 시작해야 하는 경우도 많다. 그렇기 때문에 많은 기업들은 조직 전체를 전환하기 전에 선별된 성과 지향 팀을 먼저 도입하고, 이러한 과정을 단계별로 시행한다. 이러한 방법은 역량 기반 조직을 효과적으로 운영하기 위해 필요한 직원 프로세스, 거버넌스 프로세스 및 기타 중요한 조력 요인들이 안정화될 수 있는 시간을 확보해 준다.

조직의 변화는 불가피하다. 가치 창출을 위한 근본적인 모델이 변화하면 조직도 변화해야 한다. 트랜스포메이션을 통해 역량과 성과를 강조하고, 조직이 이에 우선적으로 집중하게 만들어야 한다. 쉬운 과정은 아닐 것이며, 기존 조직은 방어하려고 할 것이다. 하지만 변화는 필수적이다. 따라서, 리더들은 변화를 전적으로 받아들여야 한다. 또한 리더 자체의 변화도 필요하다는 사실을 다음 장에서 설명하기로 한다.

PART 6

리더십 팀의 포커스를
완전히 바꾼다

우리는 서로 다른 배에 올라탔지만,
이제는 모두 한 배를 타고 있다.

- 마틴 루터 킹 주니어Martin Luther King Jr.

ㅋㅋㅋ

2009년, 수익성이 폭락하던 일라이 릴리는 대대적인 트랜스 포메이션 계획을 발표했다. 뉴스 헤드라인에서는 1876년에 설립된 대형 제약 회사 릴리가 "전 세계 사람들의 삶의 질을 높이는 치료법과 치료제를 개발한다."는 전통적인 미션으로 다시 돌아간다고 보도했다. 릴리는 당시 상황을 "YZ 위기"의 시기라고 표현했다. 내부적으로 2001년을 "X 위기"라고 불렀던 것과 같은 맥락인데, 2001년 릴리의 블록버스터 항우울제인 프로작$_{\text{Prozac}}$ 특허가 만료되면서 위기를 겪은 바 있다. 하지만 회사 매출의 40%를 차지하던 4개 제품의 특허권 만료 예정에 따라 2009년 릴리는 더 심각한 위기에 직면하게 되었다. 기관 투자자들은 트랜스포메이션 계획에 대해 회의적이었지만, 릴리는 글로벌 경쟁사들처럼 타 제약 회사와의 "메가 M&A"를 추진하거나 R&D 투자를 축소하지는 않겠다고 밝혔다. 존 렉라이터$_{\text{John Lechleiter}}$ 당시 CEO는 "우리는 혁신적인 방식으로 이 문제를 해결할 것"이라고 발표했다.

데이브 릭스Dave Ricks 현 CEO는 이렇게 설명한다. "우리는 내부의 혁신에 모든 것을 걸었다. 인체에 영향을 줄 수 있는 새로운 물질을 발견하는 것만큼 좋은 비즈니스는 없다. 세계 최고의 비즈니스다. 이것을 잘 해낼 수 있다면 수많은 비경제적인 가치도 어디서나 창출할 수 있다."

릴리가 과거의 정체성으로 돌아간다고 해서 트랜스포메이션이 필요 없다는 뜻은 아니었다. 오히려 릴리의 혁신 파이프라인 후기 단계는 거의 없었고, R&D는 목적이 불분명했으며, 출시 시간은 업계에서 가장 느린 축에 속했다. CEO에게 너무 많은 의사 결정이 집중되었고, 인센티브는 목적과 맞지 않았으며, 비용은 통제 불가 상태였다. 특히 매출 하락이 곧 예상되었다. 조직의 트랜스포메이션을 맡게 된 렉라이터 CEO는 2008년 초 CEO가 되기 전까지 3년간 COO를 지냈기 때문에 상황의 심각성을 잘 알고 있었다. 사실, 전임 CEO는 후임이 솔루션을 찾을 충분한 시간을 가질 수 있도록 조기 은퇴했다.[1]

릴리가 실행할 트랜스포메이션에서 핵심은 운영 모델을 전환하고 최고 임원들을 과감하게 다시 포지셔닝하는 것이었다. 렉라이터 CEO는 과거의 기능 중심 모델에 의지하지 않고, 당뇨, 종양, 생물의학, 이머징 마켓, 동물건강 등 5개 사업부를 신설했다. 이러한 변화는 더 많은 협업을 통해 각 치료 분야에서 구체적인 성과를 도출하는 것이 목적이었다. 또한 이러한 변화는 보다 고객 중심적인 신속한 의사 결정을 가능하게 했다. 릴리는 탁월성 연구센터 Development Center of Excellence를 설립해 신약 개발의 속도와 효율성을 높이고자 했다.

최고 임원들도 상당한 변화를 겪었다. 2009년까지 임원들은 "규정 위원회Policy Committee"에 참여했다. 13명의 위원 중 9명이 기능 부서를 대표했고, 3명만(R&D 총괄, 제조 및 품질 총괄, 글로벌 제약 사업부 총괄) 운영상의 책임을 맡고 있었다. 이러한 불균형은 YZ 위기를 야기한 전략 및 운영 문제의 원인이자 증상이기도 했다. 렉라이터 CEO는 "집행 위원회Executive Committee"를 신설하고 새로운 5개 사업부의 담당자들도 참석하게 하는 한편, 기능 부서를 담당하는 리더의 수는 5명으로 축소했다. 전체적으로 집행 위원 13명 중 8명이 신임 위원이었고, 2명은 외부에서 채용했다.

집행 위원회의 분위기와 집중 분야는 완전히 달라졌다. "다이나믹스가 완전히 바뀌었다." 스테픈 프라이Stephen Fry HR 총괄은 말한다. "과거의 임원 회의에서는 비즈니스를 실제로 이끄는 사람들에 대해 견제와 균형을 하는 것이 위원회의 역할이라 믿었다. 새로운 위원회에서는 대부분의 임원들이 P&L과 운영 업무를 담당하는 사람들이기 때문에 훨씬 실행 중심적인 논의를 하게 되었고, 과거에는 보지 못했던 실행 역량을 확보할 수 있게 되었다."

최고 임원들의 전문 분야도 예전과 크게 달라져 경쟁력 있는 조합을 이루게 되었다. 렉라이터 CEO는 과학을 전공하고 깊이 있는 신약 개발 경험을 갖고 있기 때문에 혁신을 추진하기에 적합한 인물이었다. 사업부 대표들은 광범위한 사업화 경험을 보유하고 있었다. 정치적 능력을 보유하고, 상대방의 세력을 약화시키면서도 단호함을 유지하는 능력이 있으며, 가치사슬 전체를 심층적으로 이해하고 있기 때문에 상업적 성공을 주도하는 데 기여할 수 있었다. "이러한 역할을 맡을 준비가 된 인재들이 있다는 것이 다행이었다. 특히 우리는 사업 전체를 경영하는 것이 아닌, 영업, 마케팅 등 기능 부서를 이끌 인력을 양성하는 데만 치중해 왔기 때문이다." 마크 페라라Mark Ferrara 인재 관리 부사장은 설명했다.[2]

렉라이터 CEO는 혁신을 중심으로 변화를 주도할 리더를 찾고 있었고, 다니엘 스코브론스키를 만나게 되었다. 그는 자신이 2004년 설립한 아비드 라디오파마수티컬스Avid Radiopharmaceuticals가 릴리에 인수되면서 2010년 입사했다. 그는 대형 제약 회사 경험이 없었고, 처음에는 YZ 트랜스포메이션에 대해 회의적이었기 때문에 릴리의 R&D 부서를 객관적 시각으로 볼 수 있었다. 차세대 개발 프로젝트가 시작된 지 18개월 후, 신약 출시 시간 단축 업무를 맡은 팀이 CEO에게 분기별 보고를 하고 있었다. 스코브론스키 리더는 이렇게 회상한다. "나는 손을 들고 말했다. '제가 발표를 제대로 들었는지 모르겠는데, 업계에서 가장 느린 회사가 되는 것이 목표이고, 우리는 그 목표를 달성하지 못하고 있는 게 맞습니까?' 상당히 불편한 질문이었지만, 나는 결국 문제를 해결할 담당자 중 하나로 일을 맡게 되었다."

실제로 렉라이터 CEO는 스코브론스키와 또 다른 리더를 채용했고, 이들은 릴리의 혁신 업무를 매우 성공적으로 트랜스포메이션했다. "불평한 사람이 결국 문제를 해결해야 한다는 교훈을 얻었다." 스코브론스키 리더는 말한다. 현재 그는 릴리 연구소Lilly Research Laboratories의 소장 겸 최고과학책임자이며, 글로벌 사업 개발을 담당하고 있다.

스코브론스키 리더는 CEO가 건네준 종이에 릴리의 개발 업무의 문제점을 써 내려갔던 때를 회상한다. "나는 아직 그 종이를 사무실에 가지고 있다. 존(렉라이터 CEO)이 다른 사람에게는 보여주지 말라고 해서 아직까지 혼자 간직하고 있다. 하지만 이것이 조직의 트랜스포메이션을 위한 설계도가 되었다. 어떤 면에서는 당연한 것이었지만, 변화를 실행하라는 CEO의 요청을 받은 것이 나에게는 중요했다." 그는 덧붙였다. "'당신의 역할은 조직을 뒤엎는 것'이라는 말을 흔히 들을 수 있는 것은 아니다."

렉라이터 CEO는 사업부 대표들이 담당 사업부 관리에 집중하게 하는 것과 최고 임원들이 함께 회사의 목표를 추진하게 하는 것 사이에서 적절한 균형점을 찾기 위해 노력했다. 사업부는 각기 다른 상황에 처해 있었기 때문에(이머징 마켓은 여전히 견조한 성장세를 유지하는 반면, 생물의학은 거의 모든 특허가 곧 만료되기 때문에 상당한 구조조정이 필요했다), 일부 리더들은 사업 성장에 집중하고 나머지는 사업부 회생에 집중하도록 이끌어야 했다. 적절한 균형은 빠르고 고객 중심적인 의사 결정에 도움이 되었다. 렉라이터 CEO는 여전히 중요한 운영 문제에 대한 결정을 내렸지만, 더 이상 모든 사업부의 의사 결정을 혼자 담당하지는 않았다. 프라이 HR 총괄은 이렇게 설명한다. 리더들이 "담당 사업부보다 조직 전체를 우선시"하도록 하기 위해 "임원 인센티브를 사업부 성과가 아닌 전체 성과에 연동시켰다. 이는 리더들이 회사의 전략에 맞는 실행 결정을 내리는 데 도움이 되었다."

동시에, 릴리는 본사 사무실의 물리적 구조도 변경했다. "약 30여 명의 본사 직원들이 함께 근무했다." 프라이 HR 총괄은 말한다.

예전에는 사업부 총괄들이 오퍼레이션과 같은 곳에, 제조 부서는 다른 곳에 있었다. R&D 총괄은 왔다 갔다 했다. 사무실 전체가 나무 패널로 장식되어 있었고, 대부분 사무실에 개인 화장실이 있었다. 기가 막힌 역동성이었다. 누군가 "X씨에게 이렇게 전해 주세요."라고 하길래, "바로 옆에 앉아 계신데, 직접 얘기해 보시면 어떨까요?"라고 말할 정도였다. 이제는 완전히 바뀌었다. 필요한 것이 있으면 바로 가서 해결한다. 거의 즉각적으로 이루어진다. 새로운 임원 구성과 물리적 배치 변경이 그러한 협업을 속성으로 만들어 냈다는 것이 놀라울 뿐이다.

R&D의 각 부문을 담당할 사람을 결정하면서 조직 내 협업은 크게 강화되었다. 최고 임원들은 2009년 워크샵을 열고 방법을 고민했다. 마이클 오버도프Michael Overdorf 릴리 전 최고전략책임자는 이렇게 기억한다. "존(렉라이터 CEO)은 임원들에게 장단점을 논의할

것을 요청했다. 전면적인 토론이 벌어졌다. 토론이 끝나자 존은 그저 이렇게 말했다. '다들 콘크리트처럼 입장이 단호해서 아무도 꿈쩍하지 않고 있네요. 제가 월급을 받는 이유가 이것입니다. 제가 이렇게 적어 두겠습니다. 여기서 끝냅시다.' 그리고 회의는 끝났다. 존은 그 플립차트를 아직 갖고 있을 것이다. 그것이 변화의 시작이었다. 우리가 실행할 목표를 선언한 것이었다."

과거에는 3단계(임상 연구)를 여전히 전사 R&D 부서에서 담당했지만 렉라이터 CEO의 결정으로 사업 부서가 2단계(전임상 연구) 직후 R&D를 담당하게 되었다. 이는 다이나믹스를 크게 바꾸어 놓았다. 사업 부서 리더들이 R&D의 일부를 담당한 덕분에 문제점, 투자 수요 등을 더 잘 파악할 수 있었기 때문이다. 또한, 신약이 실패할 조짐이 보이면 리더들이 더 빨리 의사 결정을 내리게 함으로써 릴리는 상업적 측면에 더욱 집중하게 되었다. 그리고, 무엇보다 중요한 것은 오너십과 책무감을 공유하게 되었다는 것이다. 사업부 리더가 R&D 프로젝트 추진과 영업직원 유지 중 어디에 투자해야 할지 고민할 때, 정답은 R&D였다.

리더들은 어려운 결정을 내리고 일단 시작해야 했다. 그리고 여러 차례 열띤 토론을 벌였다. 데이브 릭스Dave Ricks 생물의학 사업부 대표는 이후 CEO가 된 인물로, 당시를 이렇게 회상한다. "항상 의견이 같은 것은 아니었다. 사실, 대부분 의견이 달랐다. 사업부 모델의 단점은 자연스럽게 나 자신의 관점에서 세상을 보게 된다는 것이다. 고성장 사업부를 운영하는 사람과 축소되는 사업을 운영하는 사람은 관점이 다르기 때문에 당연히 갈등이 있었다. 하지만 나는 조직의 가장 내부인 중 하나였기 때문에 우리가 결국 해내리라는 것을 진심으로 믿고 있었다." 스코브론스키 리더는 이렇게 덧붙인다. "처음에는 회의적이었다. 내가 결국 동참하게 된 이유는 전략의 실행을 위해 전념하는 리더들이 있음을 확인했기 때문이다. 필요한 인재와 자원이 있다면, 혁신 전략을 실행할 수 있음을 알았다."

최초의 트랜스포메이션 계획에서 약속한 바와 같이, 릴리는 계속해서 R&D에 투자했다. 2007~2016년까지 매출 대비 R&D 투자는 19%에서 25%로 늘어났고, 파이프라인에서도 신약을 출시하기 시작해 5년간 10개 제품을 선보였다. 스코브론스키 리더는 말한다. "모두 다 뛰어난 제품은 아니었지만, 6~7개는 블록버스터가 될 것이다. 이것은 우연이 아니라 혁신 역량을 확보하기 위해 체계적인 접근법을 도입한 결과다."

R&D 부서가 활기를 되찾고 조직 구조와 리더들의 포커스가 완전히 바뀌고 더 효율적인 조직이 됨에 따라 2016년 릴리는 수익성 있는 성장을 위한 궤도에 다시 오르게 되었다. 그 후 5년간 주가는 3배 올랐다. 프라이 HR 총괄은 트랜스포메이션의 효과에 대해 다음과 같이 설명하고 있다. "우리가 현재와 같이 될 수 있었던 것은 YZ 시기에 만든 근간 덕분이다. 외부의 조언에도 불구하고 혁신 전략을 고수했기 때문에 지금과 같은 카드 패를 쥘 수 있게 되었다. 현재의 성공은 모두 그때의 트랜스포메이션에 기반하고 있다."

비욘드 디지털

릴리의 사례와 마찬가지로, 트랜스포메이션을 위해서는 리더십 팀 구성원, 주력해야 할 부분, 리더십 방식 등 리더십 팀의 변화가 필요하다. 조직은 가치 창출에 적합한 차별화 역량을 구축하기 위해 전략적 노력을 해야 하는 것처럼, 리더십 팀도 새로운 가치 창출을 위한 리더십 역량을 구축해야 한다("우리 조직의 리더들은 실제로 '리드'하고 있는가?" 참조).

대부분의 리더들은 역량 기반의 업무 방식으로 훈련되지 않았기에 전환이 쉽지 않을 것이다. 그렇기 때문에 정말 필요한 리더십 역량이 무엇인지 신중하게 고민해야 하는 것이다. 리더십 팀은 현재 비즈니스의 다양한 수요를 관리하는 데 기여하면서, 향후 가치 창출에 필요한 행동을 선택하고 변화를 이끌어 내야 한다.

우리 조직의 리더들은 실제로 '리드'하고 있는가?

리더들이 조직을 실제로 '리드'하는 데 집중하고 있는지 스스로 평가해 보면 도움이 될 것이다. 리더들이 기업의 성공적인 포지셔닝을 확보하기 위해 시간을 최대로 활용하고 있는지 다음 질문을 통해 확인해 보기 바란다.

- BAU 업무 vs. 미래 구상에 투자하는 시간의 비율은?
- 조직이 현재 창출하는 가치 vs. 리더가 추구해야 할 것에 투자하는 시간의 비율은?
- 전략적 논의를 통해 조직의 미래에 대한 어려운 의사 결정을 해야 하는 경우가 얼마나 자주 있는가?

- 리더들이 전략을 고민할 때 외부 환경에 집중하는가? 아니면 내부적으로 결정해야 하는 과감한 선택에 집중하는가?
- 사후 점검 vs. 선제적으로 방향과 실행 방안을 수립하는 것에 할애하는 시간의 비율은?
- 리더가 명확한 결정을 내릴 수 있는 에너지나 확고한 비전이 부족해 직원들에게 구체적인 제안서를 요청하는 경우는 얼마나 자주 있는가?
- 특정 사안의 담당, 해결에 관한 R&R 논의를 해야 하는 경우가 얼마나 자주 있는가?
- 문제가 있을 때 동료와 협업하는 경우는 얼마나 자주 있는가?
- 리더십 팀의 동료들에 대해 얼마나 잘 알고 있는가? 동료들이 나의 성공을 바란다고 생각하는가? 나는 그들의 성공을 바라고 있는가?

의외의 결과가 나올 수도 있다. 어떤 팀은 업무 시간의 50% 이상을 비생산적인 방식으로 사용하고 있는 경우도 있다. 하지만 더 중요한 것은, 그러한 경우 비욘드 디지털 시대의 성공적인 포지셔닝을 위한 트랜스포메이션 노력이 부족하다는 사실이다.

우리는 연구를 통해 디지털을 활용한 역량 주도 조직으로의 트랜스포메이션 추진 과정에서 리더들에게 도움이 될 중요한 실행 방안 3가지를 도출해 보았다.

- 미래를 만드는 데 필요한 리더십 팀을 구성한다. 조직의 포지셔닝을 재구상하기 위해서는 원하는 역량을 구현하는 데 필

요한 역할, 능력, 전문성을 재검토해야 한다. 새로운 역량에 따른 성과 지향적 팀과 전통적인 사업부 및 기능 부서 간의 균형을 위해서는 어떤 역할이 필요한가? 시장, 고객, 기술 관점에서 중요한 사안에 대해 누가 인사이트를 제공해 줄 수 있는가? 미래를 재구상하는 데 필요한 새로운 관점을 제시하고, 리더의 생각에 질문을 제기하는 역할을 할 수 있는 사람은 누구인가?

- 리더십 팀이 현재의 수요에 대응하는 것이 아닌, 트랜스포메이션을 추진하는 데 집중하게 한다. 리더십 팀은 트랜스포메이션을 주도적으로 추진하며 수용해야 한다. 동시에, 조직이 현재의 성과도 창출하도록 이끌어야 한다. 중요한 일이 시급한 일보다 우선순위가 되도록 하려면 어떠한 구조와 메커니즘이 필요한가?

- 리더십 팀의 협업 및 행동 방식에 대해 책임을 진다. 디지털 이후의 세계에서 가치를 창출하는 것은 상당한 수준의 협업을 필요로 하기 때문에 리더의 행동 자체에도 상당한 관심과 주의를 기울여 조직 전체의 성공을 이끌어 낼 수 있는 조직문화를 만들어야 한다.

이러한 부분들은 상호 보완적이기 때문에 리더는 모든 것을 동시에 신경 써야 한다. 리더십 팀의 구성 등 처음부터 모든 것을 완벽하게 해내지 못할 수도 있다. 이는 노력이 필요한, 한동안 집중해야 하는 작업이 될 수 있다. 우수한 성과를 내는 리더십 팀은 미래의 여정을 훨씬 든든하고 효과적으로 만들어 주기 때문이다.

요구되는 역량별 조합을 기준으로 리더십 팀을 구성한다

첫 번째 단계는 필요한 역량을 갖춘 팀을 보유하고 있는지 자세히 살펴보는 것이다. 활용, 강화 또는 구축해야 할 역량을 검토하면서 리더십 팀에 새로운 역할이 필요(그리고 기존의 역할은 폐지)하다고 결정할 수도 있다. 실제로 최근 몇 년간 C레벨 직함과 새로운 역할이 폭발적으로 증가했다. "최고혁신책임자"는 조직의 제품 또는 서비스 출시 방식을 개선하기 위해 R&D, 엔지니어링, 마케팅, 고객 인사이트, 제품 관리, IT 등의 전문가를 이끈다. "최고품질책임자" 또는 "최고지속가능성책임자"는 전사 기능조직들의 업무 방식을 전환하는 역할이다. "최고분석책임자", "최고행동책임자", "최고브랜드책임자", "최고고객책임자", "최고디자인책임자"도 있다. 하지만 중요한 것은 직책 자체가 아니다. 전통적인 단일 기능 부서나 P&L를 관리하는 것보다 조직의 가치 제안을 제공하는 데 필요한 역량을 구축, 확장하는 데 집중해야 한다. 이러한 전환을 이미 시작한 기업들도 있지만, 대부분 이러한 역할이 충분히 수행되지 못하고, 앞서 설명한 성과 지향 조직으로 연결되지 못한다. 차별화를 위한 고객 관리 역량을 구축하고자 한다면 단순히 세일즈나 고객 서비스 프로세스가 아닌 고객 경험의 전 주기 관리를 담당할 리더가 필요하다.

또한 새로운 역할과 생태계를 연계하는 것도 필요하다. 생태계가 공급업체와 동일시되던 과거에는 보통 구매 팀장이 임원들에게 이슈를 보고하는 역할이었다. 하지만 생태계 기반의 시대에 리더의 역할은 조직 내에서, 그리고 조직을 넘어 더 큰 생태계 내에서 역량을 얻기 위한 로드맵을 그리는 것이다. 예를 들어, 마이크로소프트는 "원 커머셜 파트너" 부서를 이끌 본사 부사장을 임명해 파트너와 내부 영업 조직 간의 관여를 단순화했으며 파트너들이 효과적으로 고객 서비스를 제공할 수 있도록 했다.[3] 높은 직책을 두었다는 것은 단순히 화려한 타이틀로 그치는 것이 아니라 조직의 가치 제안 실행에 있어 생태계의 중요성을 보여주는 것이며, 의사 결정 시 생태계의 관점을 반영할 것임을 뜻한다.

역량 기반 리더십 모델로의 이행은 대대적인 조직 개편을 통해 한 번에 단행할 필요는 없다. 하지만 리더들이 꼽은 가장 흔한 실수는 주요 직책에서 충분히 속도를 내지 못하는 것이다. 전환 과정에서 필요한 역할이라 할지라도 조직의 새로운 포지셔닝에 가능한 한 정렬되는 것이 바람직하다. 전환 기간 동안 최고디지털책임자 또는 최고분석책임자가 필요하다고 결정하게 된다면 이들을 핵심 조직 밖에 존재하는 "해적선"의 형태로 두지 말고 조직의 실제 업무와 긴밀하게 통합시켜야 한다.

기존 리더의 역할을 축소해야 하는 곤란한 경우도 있다. 트랜스포메이션을 추진하기에는 새로운 역할이 너무 약하거나 그저 조직 내에 역할이 너무 많아 R&R이 명확하지 않을 수도 있다. 앞 장에서 설명한 새로운 조직(시장·고객 지향적인 P&L, 역량에 기반한 성과 지향적인 강력한 크로스펑셔널 팀)과 소단위 기능 부문 간의 균형이 리더십 팀에 반영되어야 한다.

리더십 팀에 어떤 직책을 두느냐는 조직의 전략적 목표 수립 및 달성을 위한 트랜스포메이션의 방향성을 조직, 고객, 생태계 파트너, 투자자, 외부 인재들에게 제시하는 것이기도 하다. 애플이 2015년 최고디자인책임자 직책을 만든 것은 애플이 디자인에 대해 상당한 중요성을 부여한다는 것을 조직에(그리고 사실은 전 세계에) 보여주었고, 디자인이 단순히 창립자의 독창성이 아닌 조직의 역량임을 명확히 하는 데 도움을 주었다. 최고디자인책임자 직책을 만듦으로써 애플은 패션 등 다른 산업에서 세계 최고의 디자이너를 확보할 수 있었고, 애플 사상 가장 강력한 차별화 역량을 만들어 냈다.

리더십 팀에 어떤 직책을 둘지를 결정한 후에는 적합한 사람들로 그 자리를 채운다. 조직에서 기술을 활용할 수 있는 방법을 깊이 이해하고 있는 리더, 과거에 추구해 왔던 인재상과는 다른 다양한 전문성과 경험 및 업무 방식을 보유한 리더들이 필요하다.

과거의 리더들은 기술을 다루는 데 익숙하지 않았기 때문에 최고정보책임자를 두었다. 리더는 조직의 디지털 과제와 기회를 아웃소싱했다. 하지만 이제 이러한 모델은 더 이상 지속이 불가능하다. 가치 창출에 있어 기술의 중요성을 고려하면, 디지털에 대한 이해는 모든 리더에게 필요하다. 모든 리더가 기술을 통한 외부 환경의 변화, 기술을 활용해 고객에게 더 많은 가치를 제공하고 제품 및 서비스를 개발, 생산, 제공하며 고객 참여를 강화하는 법 등을 이해함으로써 조직이 원하는 포지셔닝을 확보하는 데 기여해야 한다. 모든 리더가 봇bot 프로그래밍을 할 필요도 없고, 모든 팀원들이 디지털 네이티브가 될 필요도 없다(물론 몇 명은 필요하다). 하지만 기술을 통해 무엇이 가능한지, 특히 조직에 어떤 도움이 될지를 이해하는 것은 오늘날 모든 리더의 필수 요건이다. 리더십 팀이 기술에 대한 이해를 갖추지 못한다면 어떻게 될 것인가? 디지털 이해의 필요성을 인식하지 못하고 그러한 역량 개발에 관심을 갖지 않는다면 리더는 조직을 성공적인 미래로 이끌지 못한다.

물론 디지털에 능통하는 것이 전부는 아니다. 파트5에서 설명한 바와 같이, 역량 기반의 조직은 대부분의 기업들이 과거에 의존했던 전통적인 기능조직 모델보다 본질적으로 더 복잡하고 통합되어 있다. 이러한 조직을 효과적으로 운영하려면 폭넓은 능력, 경험, 관점이 필요하다. 완전히 다른 시각에서 문제와 기회를 볼 수 있는 사람이 필요하다. 따라서 현재 조직과 다른 방식으로 보고, 생각하고, 느끼고, 행동하는 사람들을 찾고, 자신의 견해에 이의가 제기될 때 이를 기꺼이 받아들이고 오히려 환영하는 사람이 필요하다. 이러한 것을 모두 종합해 보면 트랜스포메이션을 이끌어 갈 훨씬 다양한 조합의 리더들이 필요하다는 뜻이 된다.

다양성을 갖춘 팀이 더 우수한 성과를 낸다는 근거는 수없이 많다.[4] 예를 들어, 미시간대학의 연구자들은 객관적 능력이 더 뛰어

나고 구성이 균일한 팀보다 다양성이 높은 그룹이 문제 해결 능력이 우수하다는 사실을 발견했다.[5]

여기에서 이야기하는 것은 기업의 일반적인 다양성 프로젝트 이상의 것이다. 트랜스포메이션을 통해 조직이 이루고자 하는 미래를 리더십 팀이 반영할 수 있도록 보다 전략적으로 리더의 전문성과 경험을 선택해야 한다. 다양한 분야 또는 다양한 생태계에서 일해 본 경험이 있으며, 조직이 도입하고자 하는 다양한 역량, 기술, 채널, 트랜스포메이션 방법을 이해하는 리더십 팀원들이 필요하다. 조직이 완벽히 습득하려는 역량을 구축, 확장하는 성과를 낸 경험이 있는 리더가 필요하다. 산업 간 경계가 무너지고 있기 때문에 주로 어떤 분야에서 경력을 쌓았는지와 관계없이 최고의 역량을 가진 리더가 필요하다. 예를 들어, 헬스케어 산업은 점점 맞춤화 및 기술 기반이 되어 가면서 전통적인 헬스케어, 소비재, 실리콘밸리형 하이테크 기업을 결합한 형태로 빠르게 변모하고 있다. 전통적인 B2C 소비재와 리테일 영역의 역량 중심이었던 전통적 사고방식에 질문을 던지고, 그러한 장점과 실리콘밸리 디자이너들의 기술적 혁신을 결합하고 있다. 이 모든 역량을 다 갖춘 한 명의 인재를 찾는 것은 쉽지 않기 때문에 다양한 전문성, 삶의 경험, 능력을 가진 사람들을 모아 멋진 화음을 이루어 작품을 만들어 내야하는 것이다. 앞으로의 트랜스포메이션은 그 특성상 새로운 아이디어와 사고방식으로 서로의 방식에 질문을 던지는 용기 있는 팀을 필요로 한다. 미래의 문제를 해결하기 위해서는 관점의 다양성

비욘드 디지털

을 기본으로 갖춰야 하는 세상이 되었다.

생태계 전체의 다양한 목소리(타겟 고객, 직원, 파트너 등)에 대한 관련 경험이 있는 리더를 확보해야 한다. 이러한 목소리에는 다양한 성 정체성, 국적/인종/민족, 능력, 경제 및 교육 수준 등이 해당될 수도 있다. 생태계 파트너의 리더를 경영 회의에 참여시키는 기업들도 등장하고 있다. 파트너사의 의미 있는 참여를 확보하기 위해서이다.

칼라 크리윗 전 필립스 커넥티드 케어 최고 사업 리더는 자신의 리더십 팀을 다음과 같이 설명했다.

리더십 팀의 60%는 새로운 사람들이다. 혁신 리더, 클러스터 마케팅 리더, 최고의학책임자, 커넥티드 케어 커뮤니케이션 리더 등 과거에 없던 직책들이 많이 생겼다. 팀원들의 국적도 12개로 다양하다. 어떤 때는 UN처럼 느껴진다. 헬스케어 시스템은 국가마다 너무나 다르기 때문에 다양성이 매우 중요하다. 팀에 미국인밖에 없다면 유럽을 미국의 어느 한 주와 다름없다고 생각할 수 있으며, 결국에는 잘못된 전략을 세우게 된다. 헬스케어 제도와 보험급여 체계가 완전히 다르기 때문이다. 반대로, 유럽인들밖에 없다면 미국의 대형병원 체인 시스템, 사이버 보안 및 안전 등에 대한 문제를 이해하지 못하기 때문에 그 또한 바람직하지 않다. 리더십 팀에는 자연스럽게 연결될 수 있는 사람들이 필요하다. 따라서, 리더십 팀에 합류하기 위한 조건은 다양한 국가에서 살아 본 경험이 있어야 한다는 것이다. 중국에 생산 공장을 운영해 본 경험이 있거나, 인도의 공급업체를 알고 있어야 하기 때문이 아니다. 실제로 생활해 본 경험이 있어야만 문화적 차이를 이해할 수 있다.

또한 조직에서 '중요'하다고 정의한 행동을 실천하는 리더들을 적극적으로 찾아야 한다. 자신의 직책에 따른 권위에만 의존하지 않고 영향력과 격려를 통해 리드하는 사람들, 담당 부서의 권한, 규모, 예산에만 관심이 있는 것이 아니라 성과 달성에 집중하는 사람들, 자신이 모든 정답을 갖고 있지는 않음을 인정하면서 팀원들의 도움으로 방법을 찾는 사람들, 달성하고자 하는 목적을 위해 다른 사람들도 진정으로 참여하게 만드는 사람들, 뛰어난 성과를 달성하는 것뿐만 아니라 타인의 개인적 성공을 위해서도 노력하는 사람들이 필요하다. 이런 관점에서는 제멋대로인 학생들을 다뤄 본 전직 중학교 교사, 교인들의 고민과 불만을 들어주고 앞날에 대해 조언해 주는 목사가 리더가 될 수도 있을 것이다. 미래의 리더는 MBA 또는 공대를 졸업한 천편일률적인 인재일 필요는 없다.

그렇다고 해서 연차 보고서의 화려한 페이지를 장식할 다양성 프로젝트를 진행하거나 순전히 이타적인 동기 또는 사회적 책임을 다하기 위한 목적으로만 이러한 변화를 추진하라는 뜻은 아니다. 그러한 동기가 일부를 차지할 수는 있겠지만(그리고 그러한 부분도 고려할 것을 강력히 추천한다), 훨씬 복잡한 생태계를 위한 목소리를 담고

비욘드 디지털

역량 체계의 다양성을 강화할 감성을 가진 최고의 팀을 구성하는 것도 마찬가지로 중요하다.

예를 들어, 히타치는 다양한 제품 기반의 대기업에서 가치 창출을 위한 사회적 혁신 비즈니스에 집중하는 솔루션업체로의 트랜스포메이션을 시작했다(파트2 참조). 당시 최고 리더들은 히타치의 리더십 팀을 완전히 재구성하여 더 많은 다양성과 경험 유형을 확보해야 할 필요가 있음을 깨달았다. 트랜스포메이션을 리드하기 위해 그들은 구조조정 전문성과 외부에 대한 시각을 갖추고 조직의 절대적 신념을 포기할 의지가 있는 새로운 임원들을 영입했다. "임원들의 역할은 집행 위원회의 다양성을 증진시키는 것이다." 모리타 마모루 최고전략책임자는 당시 가와무라 타카시의 말을 기억한다. "현재 집행 위원회의 구성을 보면 모두 50~60대로 히타치에서 평생을 보낸 사람들이다. 모두 같은 방식으로 생각하고 같은 말을 한다. 문제가 생기기 좋은 환경이다." 그래서 히타치는 새로운 인재를 영입했다. 예를 들어, 가와무라 사장의 후임이자 나중에 CEO가 된 나카니시 사장은 대부분의 히타치 임원보다 다양한 경험을 갖고 있다. 그는 스탠퍼드에서 컴퓨터 공학 석사를 취득하고 몇 년 동안 본사 밖에서 일해 왔다. 히타치 유럽 총괄을 지낸 후 미국에서 히타치 글로벌 스토리지 테크놀로지스를 이끌었다. 히타치의 리더십 팀에는 여전히 일본 임원들이 대부분이지만, 여러 외국인들도 고위 임원에 임명되었다. 2015년 영국인 앨리스테어 도머Alistair Dormer가 철도 시스템 사업부 임원을 맡게 되었고, 그 이후 모빌리티 부문의 EVP가 되었다. 2018년 스위스 국적의 브라이스 코흐Brice Koch는 히타치 오토모티브 시스템즈(2021년 이후 히타치 아스테모)의 사장 겸 CEO가 되었다.

히타치는 외국인 임원들에게 매력적인 기업이 되고자 많은 노력을 기울였다. 히가시하라 토시아키Toshiaka Higashihara CEO가 2020년 ABB 파워 그리드를 인수한 것은 중요한 계기가 되었다. "ABB의 3만 6,000명의 전력망 사업 직원들이 함께하게 되면서 히타치는 이제 일본인보다 외국인이 더 많은 조직이 되었다." 모리타 최고전략책임자는 말한다. "히타치는 글로벌 비즈니스 경험을 쌓을 수 있는 기회를 얻고, 모든 직원들은 일상 업무에서 글로벌 마인드로 사고할 수 있는 기회가 늘어날 것이다. 직원들은 더 많은 해외 근무 기회를 얻게 될 것이며, 이는 인재 양성에 긍정적인 부분이다."

리더십 팀이 현재의 수요에 대응하는 것을 넘어 트랜스포메이션에 집중하게 한다

한 CEO는 자신의 조직에서 근본적으로 새로운 업무 방식을 도입한 것을 다음과 같이 설명한다. "조직 내부의 문제에 대응하느라 대부분의 시간을 보내곤 했다. 이메일, 회의 등 다른 사람들의 보고를 받고 의사 결정을 하다가 하루가 끝났다. 그러다가 조직을 이

비욘드 디지털

끌기 위해서는 조직의 미래에 필요한 일들을 실행해야 함을 깨달았다."

최고 리더들에게 가장 부족한 자원은 시간이다. 리더십 팀은 어디에 집중할 것이며, 중요한 일이 시급한 일보다 우선순위가 되게 하려면 어떻게 해야 하는가? 수많은 변화를 실행해야 함을 감안할 때, 리더들은 조직 내부의 요구에 따라 목표를 정하기보다는 트랜스포메이션의 확실한 추진력이 될 수 있는 목표를 의식적으로 수립하는 것이 훨씬 중요하다.

리더들은 언제나 두 가지 목표를 관리해야 한다. 일 단위, 분기 단위로 사업을 운영하는 것, 그리고 약속한 대로 조직의 미래를 실현하는 것이다. 필립스의 프란스 반 하우튼 CEO는 다음과 같이 설명한다. "우리는 성과를 내는 동시에 트랜스포메이션해야 하는 필요성에 대해 이야기한다. 트랜스포메이션만 추구하고 성과를 내지 않으면 현실에 충실하지 못하는 것이다. 성과는 내지만 트랜스포메이션을 추구하지 못한다면 미래가 없다. 그렇기 때문에 고과 평가에서 두 가지를 모두 보는 것이다. 고과 평가 시 우리는 두 가지를 모두 다룬다. 임원들에게 목표를 할당할 때는 항상 일정한 트랜스포메이션 목표가 포함된다."

리더십 팀은 급히 불을 꺼야 하는 단기적 문제 때문에 장기적 사안들이 간과되지 않도록 이러한 목표 각각에 대해 충분한 추진력을 확보해야 한다. 어떤 기업들은 별도의 그룹을 통해 사업 운영과 전략적 트랜스포메이션을 관리하기도 한다. 일반적으로 이러한 그룹은 인력을 공유하고, 새로운 아이디어를 얻기 위해 임원이 아닌 구성원들을 포함시키기도 한다. 하지만 그러한 경우에도 임원들은 트랜스포메이션 팀의 성과와 실질적인 트랜스포메이션에 대해 책임을 진다.

리더가 고민해야 할 문제들은 이 책에 제시된 핵심 원칙을 기준으로 정리해 볼 수 있다. 즉, 조직의 포지셔닝을 재구상하고, 중요한 고객에 대해 독보적인 인사이트를 구축하는 전략을 수립하며, 생태계를 개발하고, 사업 성과를 도출하기 위해 조직과 문화를 재설계하는 것, 또한 리더십 팀의 포지셔닝을 바꾸고, 조직 구성원과의 사회적 계약을 다시 수립하는 것이 리더의 일이다.

리더십 팀의 목표 수립은 CEO가 활용할 수 있는 가장 중요한 도구다. 그렇기 때문에 CEO는 목표 수립을 위임하지 않고 이 중요한 작업을 위한 전략을 세우는 것이 좋다. 미래에 대해 과감한 계획을 세우는 동시에 이를 일상 업무 방식에 반영할 수 있도록 여유를 확보하는 것이다. 어떤 기업에서는 조직의 차별화 역량 수립 현황을 점검하는 것을 임원 회의의 상시 안건으로 두고 있다. 이는 목표 수립이 얼마나 중요하고 복잡한 작업인지를 보여준다. 트랜스포메이션만 전적으로 다루는 별도의 정기 회의를 개최하는 기업들도 있다.

필립스의 프란스 반 하우튼 CEO는 임원 워크샵 준비가 매우 중요하다고 생각하기 때문에 본인이 직접 챙길 정도였다. 아브히짓 바타차리야Abhijit Bhattacharya CFO는 다음과 같이 회상한다. "당연

비욘드 디지털

히 임원 워크샵을 위해서는 준비할 것이 많다. 처음 두 번의 부트 캠프를 위해 프랑스 CEO는 일정 전체를 직접 준비했다. 외부 에이전시도 쓰지 않고 CEO가 단독으로 감독하면서 부족한 부분에 대해 지시를 내리기도 했다. 우리의 워크샵 프로그램은 말 그대로 리더가 리드하여 설계한, 상당히 공들인 프로그램이다."

리더십 팀의 관리자 역할은 차별화를 위한 의사 결정만으로 끝나지 않는다. 이러한 중요한 결정이 실제로 실행될 수 있게 해야 한다. 다양한 방안을 실행하고, 조직이 응집력 있는 하나의 팀을 이루게 하는 구체적 과정에 실제로 뛰어들어야 한다.

마지막으로, 조직을 리드하는 데 시간과 에너지를 쏟도록 리더십 팀과 본인 자신에게 책임을 지워야 한다. 최고 임원들의 목표 중 전략 및 트랜스포메이션이 차지하는 비중을 지표로 확인하는 방법도 있다. 리더십 팀워크에 대해 조직 구성원들의 개별적인 평가를 들어 볼 수도 있다. 이러한 도구와 인사이트는 리더십 팀을 최대한 활용하는 데 도움이 될 것이다.

리더십 팀의 협업 및 행동 방식에 대해 책임을 진다

조직의 포지셔닝을 재구상하는 과정에서 조직은 해결이 필요한 중요한 문제들을 발견하게 될 수 있다. 중대한 문제를 해결하는 것은 한두 명의 힘으로 되지 않는다. 이는 상당한 수준의 공동책임과 협업을 요구하며, 대부분의 경우 기업 자체의 역량으로는 불가능하다.

대부분의 기업에서는 일반적으로 고위 임원들 간에 상당한 경쟁이 벌어진다. 최고경영자가 되기 위한 경쟁도 있지만, 가장 강력한 P&L 성과를 내기 위해 또는 P&L에 가장 많은 기여를 하는 부서가 되기 위한 경쟁인 경우가 많다. 이러한 개인주의적 사고방식은 개인의 책임을 강화한다는 면에서 장점이 있기는 하지만 기업의 트랜스포메이션에는 도움이 되지 않는다. 하지만 당면한 과제의 규모를 리더십 팀이 인식하고 개별 구성원들이 새로운 방식으로 사고할 수 있게 만든다면 협업은 훨씬 용이해진다. 따라서, 조직에 변화가 필요한 이유, 조직이 목표로 하는 포지셔닝, 이를 위해 필요한 차별화 역량을 이해하는 것에 중점을 두고 리더십 팀의 모든 구성원을 정렬시켜야 한다. 모든 리더들은 트랜스포메이션 프로그램에 대해 전적으로 책임을 지고, 이를 성공적으로 실행하는 데 자신의 목표와 방향성을 연계시켜야 한다.

동참하기를 거부하는 사람들은 어떻게 해야 하는가? 빨리 동참하도록 설득하거나, 그들을 제외하고 출발하는 수밖에 없다. 일라이 릴리의 스테픈 프라이 HR 총괄은 다음과 같이 회상한다. "결국 몇 명은 제외해야 했다. 새로운 경영 방식에 완전히 반대하는 사람, 자신의 권한을 빼앗긴다고 생각해서 사업 부서의 아이디어에 무조건 반대하는 사람도 있었다. 사업 부서가 더 많은 의사 결정 인풋을 제공하고 책임을 맡게 됨에 따라, 이들과의 협업을 위해서는 일부 리더들과 결별해야 했다."

비전에 대한 오너십을 확보하는 것만으로는 충분하지 않다. 리더십 팀 공동의 목표가 필요하다. 리더들에게 직접 자신의 책임을 정의하게 하는 것이다. 리더십 팀의 존재 이유가 무엇인지, 어떤 중대한 문제를 해결하고자 하는지 등을 고민해야 한다. 그 과정에서 리더의 가장 중요한 임무는 조직을 이끌어 트랜스포메이션을 추진하는 것이며, 개별 기능 부서 또는 P&L을 단순히 합해서 성공이 이루어지는 것이 아니라 팀원들의 협업에 따라 성공이 결정된다는 것을 리더들에게 확신시켜야(또는 스스로 확신해야) 한다. 임원들은 자신의 업무가 판사나 국회의원처럼 제안서를 승인 또는 거절하는 것이 아니라 한 팀이 되어 가치를 창출하는 것임을 모두 인식해야 한다.

프란스 반 하우튼 필립스 CEO는 설명한다. "우리는 임원 회의를 외부 워크숍으로 개최하기 시작했다. 자연과 함께하는 시간이었다. 초반에도 그러한 시도를 한 적이 있었다. 이러한 임원 워크숍의 장점은 자연 속에 있을 때 자아에 대한 인식이 훨씬 약해진다는 점이다. 휴대폰은 금지된다. 서로 진솔한 대화를 나눌 수밖에 없는 환경이다. 처음 몇 년간은 임원 워크숍의 목적이 주로 어려운 의사 결정을 위해서였지만, 개인적인 성찰의 기회도 얻을 수 있었다. 우리의 목적은 무엇인지, 성공은 어떤 모습이어야 하는지 등 전체에 관한 것뿐만 아니라 자신이 왜 참석했으며, 여기에 동참하고 싶은지, 동참한다면 다른 팀원과 일하는 방식을 맞출 수 있는지 등 자기 자신에 대한 부분도 고민하게 된다."

2014년 마이크로소프트의 CEO가 된 사티아 나델라도 "핵심 리더들이 하나의 세계관을 공유하는 조화로운 팀이 되는 것"의 필요성을 강조했다. 자신의 저서 『히트 리프레시』에서 그는 이렇게 적고 있다.

> 훌륭한 소프트웨어, 혁신적인 하드웨어, 심지어 지속가능한 조직 등 기념비적인 일이 일어나기 위해서는 한 명의 위대한 사람 또는 같은 생각을 가진 여러 명이 있어야 한다. 예스맨을 말하는 것이 아니다. 토론과 논쟁은 필수적이다. 서로의 아이디어를 발전시켜 가는 것이 중요하다. … 하지만, 수준 높은 합의가 있어야 한다. 서로의 문제 해결을 위해 적극적으로 참여하고, 대화를 촉진하며, 효과적으로 역할을 수행하는 시니어 리더십 팀이 필요했다. 시니어 리더십 팀을 자신이 참석해야 할 수많은 회의 중의 하나로 여기는 것이 아니라 모두가 하나의 팀으로서 소속감을 가지고 미션, 전략, 조직문화에 대해 하나가 되어야 한다.[6]

그다음, 리더들과 함께 조직의 트랜스포메이션을 돕기 위해 어떻게 행동해야 하는지를 명확히 정의하고 구체적으로 소통해야 한다. 리더십 팀의 행동 방식이라는 것은 서로 호감을 갖고 의견을 같이한다는 뜻이 아니다. 각자의 효과적인 역할 수행을 위한 행동을 말한다. 즉, 문제는 서로 공유하고, 함께 해결하며, 신속하게 의

비욘드 디지털

사 결정을 하고, 서로의 성공을 위해 최선을 다하는 것이다.

코로나-19 위기는 리더십 팀이 신속하고 효과적으로 행동해야 함을 상기시켰다. 위기로 인한 상당한 부담 속에서도 리더십 팀은 협업을 기반으로 결단력 있게, 성과 지향적 방식으로 이끌고 적극적으로 참여할 수 있음을 보여주었다. 인력 관리 또는 공급망과 관련한 대책 수립을 특정 위원회에 위임하는 것이 아니라 집단적 인사이트, 관점, 경험을 결합해 정말 전사적인 대규모의 문제를 한 팀이 되어 해결했다. 사이버 범죄에 대응하는 것만큼이나 리더들이 함께 협력하고 의사 결정을 하는 것도 매우 중요하다. 지금까지 리더들은 디지털 이후의 세상에서 기업이 직면한 방대한 문제들을 그 정도로 시급하게 다루지 않았다. 그렇기 때문에 트랜스포메이션에 있어서도 그만큼 전념하거나 진지하게 참여하지 않았다.

필립스의 리더들은 조직 전체에 전파하고자 하는 기대 행동을 보여주는 것이 중요함을 강조한다. 바타차리야 CFO는 다음과 같이 회상한다.

조직문화를 위한 여정을 시작하면서 우리는 "회사에서 일어나는 모든 일은 집행 위원회를 중심으로 리더가 구축한 문화에서 기인한다."는 것을 인식했다. 책무성 차원에서 이는 시사하는 바가 크다. 예를 들어, 내가 반기 성과 평가를 위해 자기평가서를 작성할 때, 나는 "고객 중심" 항목에 "부분적으로 달성"이라고 기재했다. 고객사를 방문하지 않거나 고객의 문제가 완전히 해결될 때까지 끝까지 F/U하지 않아서가 아니다. CFO로서 내가 IT, 글로벌 비즈니스 서비스, 재무 등에 영향력을 가지고 있는데 고객들이 필립스와 사업을 하는 것이 여전히 어렵다고 느낀다면, 그 문제에 대해 나는 개인적으로 상당한 책임이 있기 때문이다. 그래서 나는 스스로 "부분적으로 달성"이라고 평가한 것이다. 나는 부하 직원들에게도 동일하게 적용했다.

필요한 행동을 정의하는 데 마찬가지로 중요한 것은 그러한 행동을 실제로 보여줄 수 있는 메커니즘을 구축하는 것이다. 이 부분은 체계적인 계획이 필요하다. 그러한 메커니즘을 그저 우연에 맡겨 둘 수는 없다. 그래서 많은 팀들은 타 부서에 협조를 요청하기도 하고, 필요시 서로 도움을 요청하기로 명시적으로 합의한다.

마이크로소프트 장 필립 쿠르트와 사장은 이렇게 회상한다. "우리는 매일 우리가 성장 마인드셋을 갖고 있는지 자문했다. 나는 스스로 내가 고정 마인드셋 또는 성장 마인드셋을 갖고 있는지 물었다. 나는 나 자신을 알고 있다. 솔직하기 위해 노력하고 있으며, 내가 정말 잘못된 행동을 할 때 팀원들이 '이것은 성장 마인드셋의 최선은 아님'을 지적해 달라고 요청한다."

프란스 반 하우튼 필립스 CEO도 진정한 피드백의 중요성을 강조하고 있다.

워크샵에서 우리는 항상 피드백에 대한 "스피드 데이트"를 한다. 충분한 피드백을 제공하면서도 이것이 얼마나 즐거운 과정이며 많은 에너지를 얻을 수 있는지 보여주는 것이다. 프로그램이 끝난 후 저녁식사 전까지 15분 정도 남았다면 두 명씩 짝을 이뤄 서로의 장점에 대해, 더 성장할 수 있는 방안에 대해 얘기한다. 하루에 적어도 다섯 번은 하도록 요청했다. 그것이면 충분하다. 그러면 사람들은 아직 피드백을 나누지 못한 사람을 열심히 찾아다닌다. 동료들에게 어떤 이야기를 해 줄지, 무엇을 관찰했는지 등을 고민하는 습관을 갖게 된다. 피드백을 즐거운 방식으로, 어느 정도 형식화하는 데 도움이 된다. 모든 기업들이 피드백 회의를 위해 복잡한 문서를 작성한다. 하지만, 한두 가지 핵심적인 부분에 대해 피드백을 공유하고 인간적 관계를 쌓는 것이 훨씬 더 의미있다.

신뢰 구축은 팀의 효과적 업무 수행을 가능하게 하는 중요한 요소다. 사람들은 (동의하지 않는 경우라 하더라도) 프로세스를 신뢰하고, 팀의 결정에 맞추어 동참할 수 있는 방법이 필요하다. 이러한 신뢰는 경계를 테스트하고 "빨리 실패"하는 문화를 만드는 데에도 도움이 된다. 즉, 실패를 통해 배우기만 한다면 실패하더라도 괜찮다는 것이다. 이러한 신뢰를 구축하기 위해서는 "성공"을 재정의할 필요가 있다. 관리하는 직원의 숫자, 재무 및 운영 성과로만 성공을 판단할 것인가? 아니면 얼마나 많은 인재를 공유하고 협업을 추구하는지 등 다른 기준도 포함할 것인가? 신뢰 구축을 위해 최고 임원들의 참여, 낯선 곳으로의 여행, 또는 어렵고 주요한 과제를 공동으로 해결하게 하는 등 다양한 방법이 활용되고 있다.

프란스 반 하우튼이 필립스의 CEO가 되었을 때, 기존의 임원들에 대해 그는 이렇게 표현했다. "모두 자신의 배를 운전하는 데 익숙해져 있었다. 하지만 나는 임원들이 상호 의존하는 팀이 되기를 바랐다. 의존적이거나 독립적인 것도 아닌, 상호 의존적이어야 했다. 공통적인 결론을 도출하고 공동의 목표를 추구하기 위해서는 실질적이고 적합한 논의를 하고 함께 협력해야 했다." 반 하우튼 CEO는 낯선 곳으로의 여행이 효과가 있다고 생각하는 사람이다. 아브히짓 바타차리야 CFO는 다음과 같이 회상한다.

프란스는 2015년부터 매년 임원들을 데리고 부트캠프를 진행했다. 5성급 호텔이 아니라 아주 기본적인 것만 있다. 텐트에서 자고, 같이 방을 쓰고, 낮에는 자연 속을 걷는다. 편안한 환경과는 물리적으로 완전히 단절된 곳이다. 정신적으로도 그렇다. 첫 번째 여행은 라스베이거스에서 시작했다. 우리가 전달받은 것은 "일주일 시간을 비워 놓고 라스베이거스행 항공권을 예약하라."는 것뿐이었다. 비행기에서 내리자마자 받은 메시지는 이것이었다. "이 호텔까지 오시오." 호텔에 가방, 노트북, 휴대폰 등 모든 것을 맡겨야 했다. 우리는 두 명씩 짝을 지어 리무진을 탔고, 운전사가 목적지까지 데려가 주었다. 무엇을 할지, 얼마나 걸릴지도 전혀 모른 채, 우리는 이곳저곳을 여행했다. 그러다가

비욘드 디지털

저녁식사 때 모두 만났다. 호텔에 돌아온 것이 새벽 1시였고, 그 제야 방을 같이 써야 한다는 것을 알았다. 사소하지만 전혀 익숙하지 않은 것들로 가득한 하루였다.

이러한 메커니즘은 모두 협업 강화에 도움이 되지만, 가장 효과적인 방법은 임원들이 두 명씩 팀을 이뤄 전사적인 문제를 함께 해결하도록 하는 것이었다. 결국, "생각만으로 새로운 방식을 배우는 것보다 실천을 통해 익히는 것이 쉽다." 임원들은 서로를 더 잘 알게 되었고, 자신의 일상적인 영향권 밖에 있는 다른 부문의 성공 요인과 한계에 대해서도 잘 이해할 수 있었다. 그리고 다양한 시각이 결합되어 협업을 통한 진정한 솔루션을 만들어 내는 효과도 경험했다. 이들은 거대하고 복잡한 문제를 해결했다는 성취감도 함께 느낄 수 있었다. 포지셔닝을 재구상하고 트랜스포메이션하는 과정에서 그러한 문제는 끝없이 나타날 것이다. 리더들은 새로운 협업과 신뢰의 모델을 구축하기 위한 능력과 기회를 얻고, 소규모 그룹을 이루어 해결할 수 있는, 그리고 해결해야 할 문제가 무엇인지 신중하게 고민해야 한다.

리더십 팀에 필요한 새로운 리더십은 다른 구성원에게도 전파하여 조직 전체에서 리더십 근육을 키워야 한다. 탑다운 리더십도 필요하지만, 그것으로 충분하지 않다. 리더는 전사적 차원의 협업을 위한 팀들과 "조직도에 구애받지 않고" 함께 일할 수 있어야 한다. 우리가 원하는 트랜스포메이션은 임원들만의 힘으로는 이루어질 수 없다. 조직의 모든 단위에서 리더십이 실행되어야 한다. 디지털 이후 세상의 혁신 속도를 감안해 전사적인 리더십 역량을 확보함으로써 시장의 속도에 맞추어 움직일 수 있어야 한다.

조직 전체의 리더들을 참여시키고 리더십 근육을 키우는 데 필요한 시간과 노력을 과소평가해서는 안 된다. 스튜어트 맥크론 필립스 전략, M&A, 파트너십 총괄은 다음과 같이 인정한다. "구성원들을 설득하고 참여시키는 일이 수월하게 금방 이루어질 것이라 믿은 것은 순진한 생각이었다. 훌륭한 자료와 워크샵을 준비하는 등 최선을 다해 시작했지만, 이만한 규모의 조직을 바꾼다는 것은 (1,200명의 리더를 변화시키는 것조차) 생각보다 훨씬 많은 노력이 필요하고, 지속적이며 복잡하고 반복적인 설득 과정이다."

조직을 변화시킨 CEO들에게 가장 후회하는 점이 무엇인지 묻는다면 대부분 리더십 팀을 다시 포지셔닝하는 데 충분한 결단력을 보이지 못한 것이라 답할 것이다. 리더를 설득하느라 너무 많은 시간과 에너지를 쏟은 것, 그 때문에 에너지를 다른 우선순위에 쏟지 못해 원하는 성과를 얻지 못한 것을 후회하고 있었다.

트랜스포메이션 노력이 성공을 거두려면 리더십을 활성화해야 한다. 이에 실패한다면(그리고 신속하게 해내지 못한다면) 상당한 대가를 치르는 실수가 될 것이다. 하지만 성공적으로 해낸다면, 당면한 도전과제에 진심을 다해 대응할 준비가 된, 성과를 내는 강력한 리더십 팀을 얻게 될 것이다.

PART 7

구성원과의 사회 계약을
다시 수립한다

시장에서 인정받으려면
먼저 직원들의 인정을 받아야 한다.

- 더글러스 코넌트Douglas Conant, 캠벨 수프 컴퍼니 전 CEO

2020년 여름, 톰 미할제빅 클리블랜드 클리닉 CEO는(파트3 참조) 최고의료인력 관리 부서Chief Caregiver Office를 설립했다. 그 책임자로 켈리 핸콕Kelly Hancock을 임명하면서 미할제빅 CEO는 다음과 같이 목적을 설명했다.

우리의 비전은 매우 명확하다. 우리 조직은 훌륭한 명성, 훌륭한 팀워크 문화를 보유하고 있다. 하지만, 우리는 더 잘할 수 있다. 클리블랜드 클리닉의 헬스케어 시스템에서 일하고 있는 7만 명의 의료진(간호사, 의사, 개인병원 그룹 등)을 관리해 팀워크 개념을 통합적으로 실행할 직책과 부서가 필요하다. 클리블랜드 클리닉의 성공은 개인의 기여보다는 각각 중요한 역할을 하는 사람들이 함께 발휘하는 팀워크에 달려 있다.

"이 부서는 우리에게는 획기적인 것이다. 단순히 HR 부서가 이름만 바꾼 것이 아니다. 우리는 의료진이 조직에서 최고의 자산임을 알고 있기에, 최고의료인력 관리 부서를 통해 그들을 위한 가치 제안을 추구하고자 한다. 의료진들에게 최고의 일터가 됨으로써 환자들에게 최고의 치료를 제공하기 위한 핵심적인 부분이다. 대중들에게 교육과 의료진을 제공하여 지역 사회에도 기여하는 방법이다."

이러한 전략적 우선순위는 흔히 들었던 내용일 수 있다. 의료진의 건강과 만족을 추구하는 것, 다양성, 평등, 포용, 의료진의 참여, 인력 관리 전략, 인재 확보 등이다. 하지만, 이에 대한 클리블랜드의 입장과 그 중요성에 대한 인식은 다르다.

"병원을 운영하는 것은 우주선을 발사해 소행성 지대를 뚫고 나가는 것과 같다. 문제들이 끊임없이 날아온다. 당장 해결하지 않으면 기회는 없다. 환자의 안전이나 치료의 퀄리티에 관한 부분은 더욱 그렇다. 클리블랜드 클리닉은 '일일 문제 해결 회의'라는 방법을 통해 이러한 집중 포화에 대응하고 있다."라고 미할제빅 박사는 설명한다.[1] 파트3에서 설명했듯이, 그는 클리블랜드 클리닉 아부다비 센터를 이끌면서 일일 문제 해결 회의라는 제도를 도입했다. 조직의 현황을 확인하고, 문제 발생 즉시 조직 전체를 해결에 참여시키는 방법이었다. 이 제도는 2018년 그가 CEO가 되었을 때 네트워크 전체로 확대되었다. 일일 문제 해결 회의는 15분간의 집중 회의로, 매일 아침 각 과의 통합진료 팀에서 진행된다. 의료진들은 체계화된 형식을 따라 퀄리티, 환자 안전, 경험, 자원 활용 등의 문제에 관해 논의한다. 모든 부서의 의료진들은 대부분 당일에 문제를 해결한다. 특정 팀에서 해결할 수 없는 문제는 단계를 거쳐 몇 시간 내에 임원들에게 보고된다. 일일 문제 해결 회의는 매일 오전 7시에 각 진료팀에서 시작되고, 임원 회의에는 오전 11시 15분까지 보고해 결론을 도출한다. 이러한 방식을 통해 다양한 팀들이 서로 소통함으로써 협업을 증진할 수 있을 뿐만 아니라 조직 전체가 미션 달성에 가장 중요한 사안에 집중하고 서로 연결될 수 있다.

미할제빅 박사는 이렇게 설명한다. "문제 해결 회의를 통해 실시간으로 문제를 해결한다. 오늘의 문제는 오늘 해결하도록 지원하며, 클리블랜드 클리닉을 환자들에게 더 좋은 치료 센터, 직원들에게는 더 좋은 직장으로 만들어 준다. 일일 문제 해결 회의는 의료진들이 매일 성장하고, 성장 역량을 확보하며, 성장을 기대하게 만드는 조직문화를 만들어 가는 방식이다." 일일 문제 해결 회의는 직원 안전부터 환자 경험, 치료 퀄리티, 설비 수리, 인력 관리 등 모든 것을 개선시켰다. 환자 낙상사고의 경우, 2017년 1월부터 2019년 8월까지 15% 감소했다.

문제 해결 회의의 또 다른 장점은 의료진들의 소속감이 크게 향상되었다는 점이다. 핸콕 책임자는 CEO부터 운영 위원회(6단계에 해당)에 이르기까지 모든 단계를 거쳐 매일 하나씩 문제를 보고하는 형식이라고 설명한다. "메인 캠퍼스에 소아과 환자가 있었는데, 안타깝게도 시간이 많이 남지 않은 상황이었다. 절망하던 가족들은 자녀를 살려 내지 못한 의료진들에게 화를 내기 시작했다. 그들의 집에 찾아가 가족들까지 위험했다. 이 사건이 6단계로 보고되자 톰(미할제빅 박사)은 '지금 가서 그 직원을 만납시다. 당장 그분의 가족들에게 가 봐야겠습니다.'라고 말했다."

해당 환자의 치료에 참여했던 의사, 간호사 등 모든 직원들이 간호국에 함께 모였다. 핸콕 책임자는 당시 상황을 설명한다. "미할제빅 박사는 '먼저, 어려운 상황에서도 이 환자분과 가족들에게 계속해서 최고 수준의, 따뜻한 의료 서비스를 제공해 주셔서 감사합니다. 우리 병원은 여러분의 프로 정신을 감사히 여기고 있습니다. 저는 환자 가족분들에게 지켜야 할 선이 있으며, 어려운 상황에서 그분들도 우리를 마찬가지로 존중해 주셔야 함을 전달하고자 합니다.'라고 말했다."

의료진들은 가족을 찾아가 그들이 겪고 있을 상상하기 힘든 슬픔을 공감하며 그들의 말을 경청했다. 동시에, 의료진에 대한 그들의 행동과 위협은 용납할 수 없음을 분명히 했다. 환자의 생명을 다시 살릴 수는 없었지만, 이러한 개입은 매우 긍정적인 결과를 가져왔다. 모두가 아이를 위하는 마음으로, 환자의 부모도 의료진도 함께 모였다.

"문제 해결 회의에 보고된 사안 때문에 병원의 CEO가 소아병동의 간호국까지 찾아왔다는 것은, 의료진의 입장에서는 상당히 의미 있는 일이었다." 핸콕 책임자는 말한다. "이는 소속감을 불어넣고, 우리가 개별적인 역할을 하는 것을 넘어, 팀을 이루어 함께 일하는 것임을 보여주는 것이다. 문제 해결 회의는 모든 구성원이 매일 소통할 수 있게 하는 도구다." 문제 해결 회의는 클리블랜드 클리닉이 IT 시스템이나 새로운 프로세스를 도입할 때에도 중요한 역할을 하고 있다. 조직과 소통하고, 효과적인 부분과 그렇지 않은 부분에 대해 즉각적인 피드백을 받을 수 있는 좋은 방법이다.

클리블랜드 클리닉은 인재가 최고의 자산임을 알고 있다. 그렇기 때문에 최고의료인력 관리 부서를 개설하고 직원들에게 공동체 의식과 소속감을 갖게 하고자 부단히 노력하고 있는 것이다. 바로 그 때문에 클리블랜드 클리닉은 조직 전체에 걸쳐 매일 소통할 수 있는 강력한 수단을 도입했고, 직원들이 문제를 보고하고 해결책 수립에 기여할 수 있게 함으로써 클리블랜드 클리닉을 더 나은 의료기관으로 만들어 가고 있다.

파트2에서 살펴본 바와 같이, 디지털 이후의 세계에서 가치 창출은 그 속성상 차별화 역량을 필요로 한다. 이는 복잡하고 많은 비용이 소요되며, 인재를 통해 이를 구축하고 실행할 수 있다. 새로운 기술과 사업에 아무리 많이 투자한다 하더라도, 구성원들이 이를 받아들여 조직의 차별화된 역량을 만들게 할 수 없다면 투자는 낭비로 끝날 수 있다("비욘드 디지털 시대, 새로운 직원 몰입 모델의 중요성" 참조). 실제로, 우리가 연구 과정에서 인터뷰한 대부분의 리더들은 트랜스포메이션의 성공에 있어 직원 몰입이 중요함을 깨달았을 뿐만 아니라, 이러한 몰입을 더 일찍 시작했으면 좋았을 것이라는 아쉬움을 표현했다.

비욘드 디지털 시대, 새로운 직원 몰입 모델의 중요성

기업들은 오랫동안 직원 몰입의 중요성에 대해 논의해 왔지만, 직원들은 조직의 목적과 여전히 단절되어 있는 경우가 많다. 가치와 경쟁우위의 속성, 그리고 일의 속성이 바뀌면서 유인책incentives도 상당히 변화되었다. 오늘날의 가치 창출 모델은 본질적으로 구성원(그들의 경험, 능력, 판단, 가치관)을 기술, 자산, 프로세스와 통합해 조직의 핵심적 경쟁력이라고 할 수 있는 차별화된 역량을 창출하는 것을 기반으로 한다.

이러한 모델에서 차별화는 단순히 스마트 기술 등에만 의존할 수 없다. 아무리 스마트한 기술이라도 결국 다음 혁신 기술을 통해 또는 기존 기술을 혁신적인 방식으로 활용하기만 해도 이길 수 있기 때문이다. 기술과 로봇이 사람을 대체하게 될 것으로 예상되는 분야에서도(예: 창고 관리, 이산형 제조) 새로운 기술을 활용하는 법을 배우고 이를 통해 가치를 창출하기 위해서는 사람이 여전히 중요하다. 또한, 정말 똑똑한 창립자나 유명한 리더십 팀이 있다고 해서 그것만으로 기업이 경쟁사보다 스마트해지는 것은 아니다. 리더의 사고방식에 어느 정도 도움은 될 수 있겠지만, 현장 또는 타 부서에서의 고객 서비스는 구성원들의 역량 활용과 그들의 성공을 지원하는 것에 달려 있다.

이 책에서 설명한 새로운 포지셔닝을 위해서는 조직 전체가 변화를 추진하기 위해 상당한 노력을 기울여야 한다. 예를 들어, 독보적인 인사이트 체계를 구축하기 위해서는 다양한 부서의 리더들이 고객과의 상호작용 방식, 인사이트 활용 방식을 새롭게 고민해야 한다. 생태계의 참여를 위해서는 수십, 수백, 수천 명의 직원들이 외부에서 일하는 새로운 방식을 학습해야 한다. 고객, 생태계 파트너사, 조직의 관심사를 모두 동시에 관리해야 하는 것이다. 차별화된 역량을 기반으로 경쟁하기 위해서는 명확한 성과를 내는 팀이 필요하다. 직원들은 매일 아침 출근할 때마다 당면한 과제를 해결하고 기회를 포착할 동기부여가 되어 있어야 한다. 직원들은 계속 변화하는 크로스펑셔널한 성격의 다양한 업무를 수행하면서도 업무 내용과 방식을 계속해서 개선해야 한다. 또한 고객 또는 사회가 직면한 방대한 문제를 해결하는 것이 쉽지 않기 때문에 이 과정에 전적으로 참여해야 한다.

이러한 규모의 트랜스포메이션은 새로운 사회 계약을 필요로 한다. 완전히 몰입하고 참여하는 직원들이 앞으로 조직의 포지셔닝을 만들고 유지할 수 있도록 지원하기 위해서이다. 문제는 대부분의 기업들이 이러한 직원 주도의 오너십 구조 수립에 어려움을 겪고 있다는 점이다. 우리의 연구에 따르면, 구성원(전략적 비전을 실행할 사람들) 대부분이 조직의 목표가 무엇인지, 회사가 차별화된 방식으로 무엇을 달성하고자 하는지, 자신의 업무는 그러한 비전과 어떻게 연결되는지를 알지 못하는 경우가 많다. 스트래티지앤이 최근 실시한 전 세계 다양한 산업의 직원 조사에 따르면, 응답자의 28%만이 조직의 목적과 완전히 연결되어 있다고 느낀다고 대답했다. 자신이 창출하는 가치를 명확히 이해한다는 응답자는 39%에 불과했으며, 업무를 통해 자신의 장점을 충분히 발휘할 수 있다고 응답한 사람은 22%였다. 조직의 성공에 상당한 기여를 하고 있다고 느끼는 응답자는 34%였다. 자신의 업무에 대해 "어느 정도 동기부여", "어느 정도 열정적" 또는 "어느 정도 기대" 중 그 어디에도 해당되지 않는다는 응답자가 50% 이상이었다.[a]

이것은 어떤 의미인가? 조직의 목표를 제대로 이해하고, 업무에 몰입하며, 스스로 기여하고 있다고 느끼는 직원들이 1/3도 되지 않는다는 뜻이다. 2/3는 몰입되어 있지 않다(노를 젓지 않고 있거나 리더가 선택한 방향과 반대쪽으로 노를 젓고 있다는 것). 팀원들이 리더와 함께 깊이 몰입하지 않는다면 원대한 전략적 비전은 한낱 꿈으로 끝날 가능성이 높다.

하지만, 좋은 소식도 있다. 우리의 연구에 따르면, 조직의 목적을 이해하고 수용하는 직원들은 그렇지 않은 직원들에 비해 업무에 대해 더 동기부여되어 있고 더 열정적이다. 실제로 스트래티지앤의 조사를 보면 기업이 고객을 위한 가치 창출 방법을 명확히 정의하고 커뮤니케이션한 경우 직원의 63%가 동기부여되어 있다고 응답했으며, 그렇지 않은 기업에서는 31%에 불과했다. 65%는 자신의 업무에 대해 열정을 갖고 있다고 응답했고, 그렇지 않은 기업에서는 32%였다.

이제 기업들은 직원들의 본질적 가치 및 동기부여 요인을 조직의 가치 및 목적과 연계할 수 있는, 보다 전체론적이고 상호 참여적인 몰입 방법이 필요하다. 리더십 모델은 직원들이 어떤 업무를 어떻게 해야 할지를 이해시키는 것에서 그들이 필요한 일을 할 수 있는 역량을 제공하는 것으로 바뀌어야 한다. 리더가 구성원과 공감하고 경청하며 이해하는 것이 그 어느 때보다 중요한 우선순위가 되었다는 뜻이다.

그들의 동기부여 요인을 이해하고 조직의 목적과 연계시켜야 한다. 리더는 조직이 목표로 하는 가치 제안을 성공적으로 달성하기 위해 구성원들이 무엇을 해야 하는지 파악해야 한다. 구성원들이 조직에 필요한 업무 방식을 수립할 수 있도록 역량을 지원해야 한다. 조직의 가치관과 일치된 방식으로 구성원들이 협업하고 즉시 문제를 해결할 수 있게 해야 한다. 구성원들이 리더에게 끌려오는 것이 아니라, 그들이 리더를 끌고 나아갈 수 있게 해야 한다.

과거에는 직원 몰입을 주로 HR 또는 사기 진작의 문제로 생각했지만, 오늘날의 환경에서 성공하기 위해서는 몰입 확보가 리더의 목표에서 중요한 축이 되어야 한다.

a Strategy&, "Our Research on the Connection between Strategic Purpose and Motivation," https://www.strategyand.pwc.com/gx/en/unique-solutions/capabilities-driven-strategy/approach/research-motivtion.html.

비욘드 디지털

그러면, 직원들이 책임 의식을 갖도록 하는 방법은 무엇일까? 직원들이 변화를 수용하게 하는 방법은 무엇일까? 성공에 안주하지 않게 하는 방법은? 자발적으로 아이디어를 제안하고 적정한 리스크를 감수하게 하려면 어떻게 해야 할까? 클리블랜드 클리닉의 사례와 같이, 구성원을 조직의 목적 및 가치 창출 체계와 직접 연계시켜야 한다. 그들이 성공할 수 있는 방법을 제시해야 한다. 문제를 제기하고 해결 방안 수립에 기여할 수 있는 메커니즘이 있어야 한다. 또한, 이것을 비정기적 또는 연 1회 프로젝트로 실행하는 것이 아니라 클리블랜드 클리닉처럼 일상 업무의 일부로 삼아야 한다. 다시 말해, 전통적인 고용주-직원 관계를 바꾸어 회사와 직원 간의 사회 계약을 다시 수립해야 한다. 즉, 직원을 가치 창출 방법의 중심, 그리고 리더십 팀의 최우선순위로 삼는 것이다.

직원과의 사회 계약을 다시 수립한다

직원들을 완전히 몰입시키기 위해서는 이들이 일상 업무에서 최선을 다하고 기업의 미션에 기여할 수 있도록 직원과의 "계약"을 근본적으로 다시 점검해야 한다. 사회 계약은 취업규칙을 명시한 법적 문서를 의미하는 것이 아니라 서로의 윈윈에 필요한 것을 얻을 수 있도록 하는 회사와 직원 간의 암묵적 계약을 말한다. 과거에는 이러한 계약이 주로 보수와 복지에 관한 것이었고, 다소 일

방적이었다. 직원들은 일련의 업무를 수행해야 했고, 이에 대해 회사는 급여를 지급했다. 그것으로 책임은 끝이었다. 하지만 이제는 보수와 복지 이상의 다양한 측면이 포함된다. 과거에는 기업이 직원을 채용하기 위해 무엇을 제시할지를 고민했지만, 이제는 관점이 바뀌고 있다. 기업은 직원 및 구직자의 의견에 귀를 기울이고, 그들에게 매력적인 환경을 제공한다. 이는 특히 경직된 취업 시장에서 흔히 볼 수 있다. 관련 분야의 전문가나 뛰어난 역량을 발휘하고자 하는 인재를 확보하려다 보면 취업 시장은 항상 경직된 곳일 수밖에 없다. 보수가 중요하지 않다는 뜻은 아니다(일부에게는 이것이 원하는 또는 필요한 전부일 수도 있다). 하지만 리더들은 직원들의 동기부여 요인이 무엇인지 더욱 폭넓게 생각해야 한다.

우리가 연구한 성공적인 기업들은 다음의 6가지 기준으로 구성원과의 사회 계약을 재평가하여 이를 강력한 몰입 시스템으로 전환했다.

- **목적:** 의미 있는 방식으로 조직의 목표를 명시함으로써 회사를 직원이 몰입할 가치가 있는 곳으로 만든다.
- **기여:** 직원들이 해결 과정에 참여하고, 혁신 및 기여할 수 있는 기회를 부여한다.
- **소속감:** 조직문화 수립에 직원들을 참여시키고 서로를 지원하는 팀과 연결함으로써 함께 의미 있는 성과를 만들게 한다.
- **인재 개발:** 비욘드 디지털 시대에 성공하는 데 필요한 능력과

비욘드 디지털

경험을 확보하도록 지원한다.

- **수단:** 직원들이 목표로 하는 차별화 역량을 구축 및 확장할 수 있도록 시간과 자원을 제공한다.
- **보상:** 직원들이 가치를 느끼는 방법은 보수만이 아님을 인식하고, 포괄적인 보상 체계를 제공한다.

목적: 직원들이 몰입할 만한 조직을 만든다

비욘드 디지털을 위해서는 직원들이 몰입할 가치가 있으며 에너지를 쏟고 싶게 만드는 조직이 될 수 있도록 기업의 목표를 명확히 제시해야 한다. 이를 위해서는 개인의 목적의식과 회사의 목적이 서로 연계됨을 보여줌으로써 스스로 조직과의 연계를 선택하게 해야 한다.

지난 10년간 "목적"이라는 단어는 경영 분야의 유행어였다. 2010년 이후 400여 권 이상의 비즈니스 및 리더십 책, 수천 개의 기사 제목으로 사용되었다. 당연한 현상이다. 사람들은 자신의 삶에서 의미를 찾고 싶어 한다. 또한 직장에서 많은 시간을 보내기 때문에 수많은 사람들(밀레니얼 세대뿐만 아니라)이 이성적, 감정적으로 공감할 수 있는 미션과 경영철학을 가진 곳에서 일하고 싶어 한다.

하지만 우리가 말하는 "목적"은 고귀한 선언문 이상의 것을 뜻한다. 고객과 사회를 위해 창출할 가치를 설명하고, 구성원들에게 동기부여가 되는 방식으로 기업의 포지셔닝을 명확히 제시해야 한다. 다른 기업들보다 뛰어난 차별화 역량을 구체적으로 명시함으로써 팀원들과 직접 연결될 수 있다. 일부 탁월한 디자이너나 엔지니어들은 이미 소속감을 느끼고 있을지 모르지만, 직원 대부분은 회사의 개별 제품이나 서비스에 대해 직접적인 연관성을 느끼지 못한다. 따라서 조직의 차별화된 역량을 어떻게 구현할 수 있는지를 명확히 제시하면 자신의 역할을 더 잘 이해하게 될 것이다. 이러한 방식을 통해 직원들은 자신의 역할을 명확히 알고, 매일 자신의 업무에 몰입하며, 성과 창출을 위한 열정을 가질 수 있다.

직원들이 조직의 목표를 이해하고 수용하면, 단순히 출근하는 것을 넘어 자신의 업무에서 한층 더 노력을 기울이게 된다. 필립스의 스튜어트 맥크론 총괄은 이렇게 설명한다. "헬스 기술 산업에서 일하는 것의 장점 중 하나는 직원들(특히 밀레니얼 세대)에게 정말 매력적인 분야라는 것이다. 우리는 매일 생명을 구하는 일을 함께 하고 있다. 누구나 참여하고 싶을 만한 일이다. 필립스에 지원하는 구직자 중 80%는 2030년까지 25억 명의 삶의 질을 개선한다는 우리의 미션이 지원 동기 중 하나라고 답했다. 신입 직원들뿐만 아니라, 오랫동안 근무해 온 직원들에게도 정말 힘이 되는 부분이다."

트랜스포메이션 여정의 지도를 그리는 과정에서 이러한 중요한 순간을 활용해 조직의 목적이 직원, 생태계, 기타 이해관계자들에게 끼치는 영향을 파악한다. 직원 및 고객들에게는 어떤 것이 중요한가? 회사의 제품과 서비스는 사회에서 어떤 차이를 만들어 내고 있는가? 이러한 인사이트를 바탕으로 조직의 목적과 직원의 동기부여 요인을 연계시키는 방법을 파악한다. 예를 들어, 파트3에서 설명한 바와 같이, 코마츠의 트랜스포메이션에서 추진력이 된 것은 일본 건설업의 심각한 인력 부족 문제를 해결한 방식이었다. 즉, 첨단 장비와 소프트웨어 솔루션을 활용해 건설 현장을 디지털화하고 고객사의 정확도와 효율성은 높이면서도 과거보다 훨씬 더 적은 노동력으로 운영할 수 있게 한 것이다. 시케 치카시 코마츠 스마트 건설 추진부 총괄은 "프로젝트를 통해 고객사에 이익이 되는 것을 넘어 사회적 가치를 창출할 수 있다면, 직원 몰입은 어렵지 않다."고 말한다.

일라이 릴리는 이성적, 감성적 측면 모두에서 성공적으로 프로젝트를 실행해 낸 흥미로운 사례다. 릴리는 파트6에서 설명한 YZ 트랜스포메이션에 대해 단순하고 논리적인 근거를 갖고 있었다. 합쳐서 매출의 40%를 차지하는 가장 중요한 제품 4가지가 거의 동시에 특허 만료 예정이었기 때문에 독립된 기업으로서 회사의 존속이 위협받는 상황이었다. 릴리가 생존하려면 혁신은 더욱 강화하고, R&D 프로그램은 현대화하며, 제품 파이프라인을 보완해야 했다. 하지만 릴리는 이러한 논리적 근거에서 멈추지 않고 감성적인 부분을 더했다. 릴리 본사가 위치한 인디애나폴리스, 인디애나 중부 지역 사회의 경제적 행복을 위해 노력하는 것뿐만 아니라 사람들의 삶의 질을 개선하는 약품을 발견 및 개발하겠다는 전통적인 기업 목적을 재확인한 것이다. 존 렉라이터 CEO는 직원들에게 이러한 내용을 전하면서 트랜스포메이션이 회사가 아닌 환자들에게 어떤 의미인지를 설명하는 데 중점을 두었고, 환자들이 릴리를 필요로 한다는 사실을 모두에게 다시 한 번 상기시켰다.

조직이 사회의 가장 중대한 문제에 대응할 때 구성원들에게 동기부여가 되기는 하지만, 대부분의 직원들은 조직의 가치 창출 방식과 자신들이 기여할 수 있는 방법을 명확히 알고 싶어 한다. 무엇보다, 리더는 그 목적을 실천해야 한다. 조직의 목적에 합당한 선택과 행동을 매일 보여줌으로써 직원들이 몰입할 수 있게 해야 한다.

기여: 직원들이 해결 과정에 참여하게 한다

우리의 연구에 따르면, 성공하는 기업들은 트랜스포메이션 초기 단계에서 내부 조직 및 생태계 구성원들을 몰입시킨다. 변화 실행 과정에 구성원들을 더 빨리 몰입시킬수록 어려운 변화를 더 수월하게 실행할 수 있다. 어려운 변화라는 것은 직원의 역할이나 조직의 대대적 개편, 새로운 기술의 통합, 고용 상태의 변화 등 매우 직접적인 영향과 결과를 가져올 수 있는 경우를 말한다. 이러한 몰입이 없다면 직원들은 기술에 대한 두려움을 극복하지 못하고 지금까지 잘해 온 방식을 바꿔야 하는 이유에 공감하지 못한다. 또한 리더를 모두 비난하거나 그들이 회사를 망가뜨리고 있다고 주장하기도 한다. 직원들이 변화를 강요받고 있다고 느끼거나 목소리를 낼 기회가 없다고 느끼면 변화를 불신하고 이에 저항하게 된다.

모든 변화가 합의에 의해 이루어져야 하는 것은 아니다. 실제로

비욘드 디지털

가장 어려운 결정의 대부분은 그렇게 하기 어렵다. 하지만 팀원들이 참여하고 기여할 수 있는 기회를 제공하는 것은 반드시 필요하다.

변화를 만드는 과정에 직원들을 참여시킨다. 기업의 목적을 명확히 한 후에는 팀원들의 피드백을 듣고 어떠한 방식으로 구체적인 목표를 달성할지 직원들이 결정할 수 있는 체계가 필요하다. 직원들은 자신의 역할을 파악하고 기여할 수 있는 방법을 정할 수 있다.

클리블랜드 클리닉의 문제 해결 회의는 조직 구성원들이 문제를 제기하고 해결 방안 수립에 기여하게 하는 강력한 방법이었다. 혁신 챌린지를 공식화하여 매년 실행하는 기업도 있다. 마이크로소프트는 매년 그로쓰 해킹growth hack을 개최하는 것이 전통이 되었다. 사티아 나델라 CEO는 이렇게 적고 있다.

매년 엔지니어, 마케터 등 모든 직종의 직원들이 일주일간의 그로쓰 해킹을 위해 각국에서 준비한다. 학생들이 과학경시대회를 준비하는 것처럼, 자신들이 중요하다고 생각하는 문제를 해결하기 위해 팀을 만들고, 동료들로부터 높은 평가를 얻기 위한 자료도 준비한다. 핵네이도hacknado, 코다팔루자codapalooza라는 이름의 공간에 모여서 수많은 도넛, 치킨, 당근, 에너지 바, 가끔씩 맥주 등을 먹어 치우면서 창의성을 불태운다. 프로그래머와 애널리스트는 갑자기 호객꾼으로 변신해 관심 있는 사람들에게 자신의 아이디어를 세일즈한다. 정중한 질문에서부터 열띤 토론, 문제 제기 등 다양한 반응이 나온다. 스마트폰 투표를 집계

하고 프로젝트를 평가해서 승자를 결정한다. 일부 프로젝트는 신사업 투자를 받기도 한다.[2]

타이탄은 직원들의 창의성을 활용해 미래 성장을 위한 원대한 아이디어를 개발했으며, 이를 회사의 정체성에 맞추기 위해 필요한 것이 무엇인지를 명확히 했다. 바스카르 바트 전 CEO는 이렇게 설명한다.

> 우리는 "이그나이터$_{Ignitor}$"라는 프로그램을 통해 팀원들이 미래를 위한 아이디어를 제시하도록 독려했다. 그리고 "타이탄의 헥사곤$_{Hexagon}$"이라는 것을 발표했다. 6개 기준에 따라 추진할 사업을 선정한다. 규제가 없는 새로운 제품, 개인용 제품, 브랜딩이 용이한 제품, 구매 결정에서 디자인이 중요한 제품, 비용이 중요한 요인이 아닌 제품, 경쟁이 극심하지 않은 제품이어야 한다. 예를 들면, 이 기준에 따라 우리는 휴대폰 사업에는 진출하지 않는다. 이그나이터 프로그램을 출시한 후 700개 제품이 제안되었다. 평가 과정을 거쳐 14개 최종 제품 중에 타네이라$_{Taneira}$라는 여성 전통의상 브랜드가 탄생했다.

직원 몰입은 다양한 방식으로 이루어질 수 있으며, 그렇게 되어야 한다. 조직의 목표는 단순히 구성원의 참여가 아니라 고객과 긴밀하게 일하는 직원들의 집단지성을 조직의 역량 체계에 반영하고, 미래를 위한 변화를 실행하도록 그들의 역량을 지원하는 것이다.

생태계를 참여시킨다. 조직 내부의 직원들에게만 기여할 기회를 주는 것으로는 부족하다. 트랜스포메이션의 성공은 내부 조직뿐만 아니라 공급업체, 파트너, 주주, 고객 등 다양한 이해관계자를 필요로 하기 때문에 더 포괄적인 생태계의 참여가 필요하다. 조직은 중요한 차별화 역량 및 인재를 확보하기 위해 점점 파트너사에 의존하고 있기 때문에 파트너들도 조직의 비전에 동참해야 한다. 예를 들어, 크리에이티브 마케팅 전문가는 외부에 소속되어 있다 하더라도, 조직의 비전과 목적을 구체화하고 실행하는 과정 모두에 긴밀하게 참여해야 한다.

파트5에서 설명한 바와 같이, 마이크로소프트는 AI/클라우드 우선 전략을 도입하기 위해 커머셜 영업 조직과 그 업무를 혁신해야 했다. 마이크로소프트는 제품 출시를 위해 방대한 파트너 네트워크(소프트웨어, 시스템 통합업체 등 IT 기업뿐만 아니라 마이크로소프트 기술을 기반으로 솔루션을 개발하는 통신업체나 전통적인 제조업, 리테일업체)를 활용하고 있었기 때문에 이러한 파트너의 역할도 상당한 변화가 필요했다. 마이크로소프트 자체와 마찬가지로, 파트너 업체들도 온프레미스on-premises 인프라 서비스보다는 클라우드 서비스에, 데스크탑 경험보다는 기기에 무관한 사용자 경험에 집중해야 했다.

마이크로소프트는 파트너사의 적응을 지원하기 위해 파트너 교육에 투자하고 세일즈 툴을 개발했다. 니콜라 호드슨 글로벌 세일즈, 마케팅, 오퍼레이션부 현장 트랜스포메이션 담당 부사장은 마이크로소프트가 파트너사에 툴을 제공하는 것을 중단하게 된 과정을 이렇게 설명한다. "우리는 판매자들을 위해 수많은 툴을 개발하고, 모두가 이를 활용할 것을 요구했다. 하지만 실제로는 아무도 이를 반기지 않았고, 아무도 사용하지 않았다. 엄청난 돈을 투자하면서도 전혀 성공을 거두지 못하고 있었다." 대신, 마이크로소프트는 파트너들의 역할 수행에 필요한 툴을 개발하겠다고 약속했다. 조건은 그들도 함께 참여해 지원해야 한다는 것이었다.

현재 마이크로소프트는 매달 2회 개발 팀과 함께 글로벌 세션을 통해 아이디어를 수집하고 우선순위를 정한다. "로드맵을 함께 수립하고, 함께 피드백을 듣는다. 로드맵은 엄청난 반복의 과정이다. 과거에는 정적이고 일반적이며 목적에 부합하지 않았다면, 이제는 상당히 역동적이며, 양방향으로 이루어지고, 사람들에게 정말 필요한 것을 만들고 있다."

소속감: 서로를 지원하는 팀 안에서 구성원들을 연결함으로써 함께 의미 있는 성과를 만들게 한다

직원들이 적극적으로 트랜스포메이션에 기여하도록 하기 위해서는 그들이 팀 안에서 서로 연결될 수 있는 기회를 주어야 한다. 자유롭게 의견을 제시하고 중요한 목표 달성을 위해 잘 맞는 사람들과 함께 일할 수 있는 팀이 필요하다. 자신의 역할이 변화를 만들어 내고 다른 팀원들에게 기여하고 있음을 느낄 수 있는 환경을

비욘드 디지털

만들어야 한다. 잠재력을 충분히 발휘할 수 있고, 포용적인 팀 안에서 지지를 받는다고 느끼는 것이 중요하다. 그러한 팀과 조직이 있을 때, 과거의 방식을 버리고 새로운 것을 적극적으로 시도할 수 있다.

이러한 소속감은 회사와 직원 간의 계약에서 중요한 요소이다. 직원들이 솔직하게 자신의 생각을 공유하고, 조직이 목표로 하는 가치를 창출하는 데 필요한 것을 제안하고 실행하도록 팀에 대한 애정을 갖게 하는 것이다. 소속되고 싶고, 함께 일하고 싶고, 일하기 좋은 환경이라고 느끼게 하는 것이 중요하다.

모두를 만족시켜야 한다는 의미가 아니다. 조직과 그 목표 달성에 도움이 되는 모델 안에서 만족감을 느끼게 하는 것이다. 코로나-19로 인한 재택 근무로 직원들은 소속감을 느끼기 어려웠다. 원격 근무가 늘어난 상황에서 조직이 새로운 모델을 실행하려면 새로운 방법으로 소속감을 확보하기 위해 특별한 노력이 필요할 것이다.

직원 간 경쟁을 유발하면서 동료보다 더 우수한 실적을 내야 성공할 수 있다고 믿게 하는 기업들도 아직 있다. 팀워크와 협업에 관해 우리가 최근 실시한 조사에 따르면, 팀원들과의 일상적인 관계가 경쟁적이지 않다고 응답한 사람은 34%에 불과했다. 하지만 이러한 내부 경쟁 모델은 더 이상 유효하지 않다. 이제는 동료들과의 경쟁에서 이기려는 직원들이 혁신하기를 기대하기보다는 다양한 능력을 가진 직원들이 함께 모여 위대한 성과를 도출함으로써 가치를 창출하는 시대이기 때문이다. 응답자의 57%는 내부 경쟁으로 인해 팀워크가 약화되고 리스크 감수가 줄어드는 등 부정적 결과를 낳는다고 답했다.

물론 소속감은 조직문화와도 연관되어 있다. 직원들은 '어떻게 하면 회사의 가치를 공유하고, 동료들도 이를 함께 공유할 수 있을까?', '조직이 기대하는 행동은 나의 가치관에 부합하는가?' 등을 고민할 것이다.

필립스의 칼라 크리웻 리더는 조직의 문화적 가치에 팀원들이 몰입하게 하는 데 많은 노력을 기울였다.

조직의 가치가 직원들에게 의미를 갖게 하는 것이 매우 중요하다. 직원들에게 그저 "우리 회사에는 5개의 문화적 가치가 있다"라고만 말한다면 별다른 반응을 일으키지 못할 것이다. 직원들을 진정으로 몰입시켜야만 조직의 가치를 제대로 이해할 수 있다. 예를 들어, 품질 우선 원칙에 대해 얘기하면서 품질에 대한 시장의 기준을 못 맞추면 어떻게 될지, 품질 문제가 있을 때 직원들이 보고하지 못하게 만드는 리더십의 문제는 무엇인지, 직원들의 역량을 충분히 지원하고 있는지를 함께 고민하도록 제안하는 것이다. 직원들이 자신의 역할에 대해 진심으로 생각해 볼 수 있게 해야 한다. 실제 업무가 무엇인지, 어떤 역할을 하고 있는지, 본인에게 어떤 의미인지, 어떤 점이 힘든지, 힘든 부분은 어떻게 전달하는지 등을 공유한다. 이러한 대화는 "시스템

비욘드 디지털

20개를 출시한다고 했는데 18개밖에 못 했다."라고 지적하는 것
보다 훨씬 중요하다.

인재 개발: 직원들이 필요한 능력과 경험을 쌓도록
지원하는 것을 우선순위로 삼는다

직원들은 다양한 능력 확보, 새로운 기술 활용, 새로운 사람들과
유동적인 팀에서 새로운 파트너와 새로운 플랫폼에서 일하는 등
새로운 방식으로 일하게 될 것이다. 그동안 일해 온 조직의 경계를
넘어 업무를 수행하거나, 자신의 일자리를 빼앗아 갈지도 모를 로
봇을 위한 코드를 만드는 것 등의 변화는 불편한 것일 수 있다. 직
원 몰입도를 높이려면 이러한 새로운 환경에서 성공할 수 있는 능
력을 갖추도록 지원하는 것이 중요하다. PwC의 24차 연간 글로벌
CEO 서베이(2021년 초 시행)에 참여한 CEO의 72%는 핵심 능력의
부족에 대해 우려하고 있었다.[3] 비욘드 디지털 시대에 성공하려면
교육과 업스킬링을 전략적 우선순위로 삼아야 한다.

직원들은 기술 활용 방법을 익히는 것뿐 아니라 일자리를 위협
하는 끊임없는 기술 변화 속에서도 이를 안정적으로 수용하는 법
을 배워야 한다. 따라서 모든 기업은 역량 체계에서 필수적인 기술
및 애자일 역량을 직원들이 개발할 수 있도록 지원하는 전략이 필
요하다.

예를 들어, 마이크로소프트는 커머셜 트랜스포메이션 프로그램
의 일환으로 대대적인 업스킬링 프로그램을 실시했다. 니콜라 호

드슨 부사장은 당시의 상황을 이렇게 회상한다. "훨씬 규모가 크고 심층적인 디지털 트랜스포메이션을 위해 고객사를 지원하는 데 필요한 역량은 우리가 기존에 보유한 것과는 확연히 달랐다. 직원들은 고객사의 임원들과 대화를 나누고, 고객들이 직면한 복잡한 비즈니스의 문제, 변화의 속도 등에 대해 논의하고, 그러한 문제 해결을 위해 마이크로소프트가 어떠한 기여를 할 수 있는지를 설명할 수 있어야 했다. 그동안 CIO 조직의 실무자들이 담당했던 소프트웨어나 서비스 영업과는 성격이 완전히 달랐다."

영업직원들만 업스킬링이 필요한 것이 아니다. 고객은 조직의 모든 구성원이 기술에 대한 전문성을 강화할 것을 요구하고 있다. 장 필립 쿠르트와 사장은 "이제 기술 인증은 모든 직원들에게 필수다. 우리는 모두 자신이 맡은 역할에 해당하는 다양한 기술 인증 과정을 이수하고 있다. 6개월에 걸쳐 최대 100~150시간의 온라인 교육을 듣는다. 기술적 업무일수록 기준이 높다. 그뿐만 아니라 파트너사와 고객사에도 같은 과정을 제공한다. 디지털화를 위한 대대적인 업스킬링 투자이다." 교육 프로그램의 참여도를 높이고 사용하기 쉽도록 마이크로소프트는 학습 내용을 게임화하고 사용자들이 흥미를 가질 수 있게 하는 데 중점을 두었다. 강제로 하는 것이 아니라 자발적으로 교육을 들을 수 있게 하기 위해서였다.

마이크로소프트는 공식 과정을 보완하기 위한 코칭 프로그램도 시작했다. "매니저들이 대기업에서 흔히 볼 수 있는 전통적인 명령-통제 방식에서 벗어나 '코칭 매니저'가 될 수 있도록 외부 업체와 함께 프로그램을 만들었다. 직원들이 어떤 업무를 어떤 방식으로 해야 하는지 세세하게 지시하고 일을 시키는 것이 아니라, 고객의 성공을 위한 최선의 방안을 하나씩 도출할 수 있도록 솔직한 대화와 좋은 질문의 방식을 익힐 수 있도록 했다."

때로는 어떠한 새로운 능력이 필요한지 제시하는 것만으로 새로운 인재를 발굴할 수 있다. 그러한 능력을 이미 보유하고 있는 사람들이 새로운 비전 덕분에 더욱 힘을 얻는 것이다. 예를 들어, 허니웰이 커넥티드 항공기 사업을 시작했을 때(파트5 참조), 리더는 엔지니어링, 데이터 분석 등의 기술 인력을 외부에서 채용해야 한다고 생각했다. 하지만 그동안 아무리 아이디어를 내도 반영되지 않는 상황을 겪으면서 포기했던 직원들이 적극적으로 새로운 부서에서 일하고 싶다고 자원했다. 처음 예상과는 달리, 내부-외부 인력 비율이 60:40가 되었다.

능력은 있지만 업무 비중이 축소될 직원들에게는 어떠한 변화가 필요한지 또는 어떠한 방법으로 능력을 최신화해야 하는지에 대해 도움을 주어야 한다. 인내심이 필요한 과정이 될 것이다. 많은 직원들은 새로운 능력, 프로세스, 역량에 대한 심층적인 교육이 필요하며, 그들이 성장에 투자할 수 있는 시간과 예산을 지원해야 한다. 보통 기업에서는 내부 인재 개발, 임원 교육, 외부 인증 프로그램을 결합해 활용한다. 우수한 기업들은 생태계 파트너들과 함께 인재 개발 프로그램을 수립해 일석이조의 효과를 누리기도 한다.

이러한 투자를 할 때에는 더 큰 목적을 생각해야 한다. 바로 생태계 전체의 협업을 증진하고 직원들의 생산성과 만족도를 높이는 것, 그리고 직장 내 다양성과 평등, 유연한 근무환경, 일의 의미와 소속감에 대한 직원들의 니즈와 욕구를 인식하고 지원하는 것이다.

수단: 차별화 역량 확보에 투자함으로써
직원들이 목적을 달성할 수 있는 기회를 제공한다

조직의 목적을 명확히 정의하고 이것을 효과적으로 전달했다 하더라도, 핵심적인 차별화 역량의 설계, 확장, 실행에 투자하지 않는다면 직원들을 완전히 몰입시킬 수 없다. 조직에서 정한 핵심 사업부에서 일하고 있는 사람에게 충분한 자원을 제공하지 않는 것만큼 직원들의 사기를 저하시키는 것은 없다.

사업환경이 어려운 경우에는 이 부분을 특히 유념해야 한다. 비용 관리와 효율 개선에 집중하느라 미래의 경쟁력을 위한 역량 확보를 게을리해서는 안 된다. 릴리의 경우, YZ 트랜스포메이션에 필요한 고통스러운 비용 절감 과정에서도(10억 달러의 비용 절감, 수천 명의 직원 해고, 주주들의 긴축재정 요구 등) 리더들은 매년 R&D 투자를 늘렸다. 2007부터 2016년까지 매출 대비 R&D 투자는 19%에서 25%로 늘어났다.[4]

성공에 필요한 핵심 역량을 구축하기 위한 자원은 어디에서 확보할 것인가? 어떠한 펀딩 방법을 통해서 직원들의 아이디어 개발을 지원할 것인가? 이러한 부분에는 경쟁사보다 더 많은 투자를

비욘드 디지털

해야 하기 때문에 다른 비용을 최소로 줄여야 한다. 모든 비용을 투자로 간주하고 동일한 예산으로 직원들이 강력한 차별화 역량을 구축하도록 지원할 것인지, 아니면 결국 조직의 발목을 잡을 일관성 없는 프로젝트에 쓸 것인지 고민해야 한다.

이러한 방식의 비용 관리는 완전히 다른 수준의 재무 관리로 이어진다. 경영환경이 좋을 때에는 수많은 신규 프로젝트에 베팅을 해서 투자 효과를 희석시키는 것보다 가장 성공 가능성이 높은 분야를 파악해 투자를 집중해야 한다. 상황이 좋지 않을 때에는 전체적인 비용을 축소하기보다는 전략적 우선순위에 집중하고 나머지는 절감하는 방법이 필요하다.

하지만, 필요한 것은 투자뿐만이 아니다. 직원들이 조직의 비전과 목표를 달성할 수 있도록 구조, 시스템, 프로세스, 통제 조치 등을 수립해야 한다. 정렬되지 않은 상태로 조직을 방치하면 불만과 냉소주의를 낳아 결국 직원 몰입을 저해하게 된다.

마지막으로, 직원들이 현재 업무와 직접 관련은 없지만 미래의 혁신이나 실행 방식 개선을 위한 프로젝트에 충분한 시간을 할애할 수 있도록 공식적으로 지원해야 한다. 가장 유명한 사례가 구글의 "20%의 시간"이다. 2004년부터 구글의 창립자들은 직원들이 일주일에 하루는 자신이 원하는 프로젝트 또는 회사의 미래에 도움이 될 수 있는 프로젝트에 투자하도록 하고 있다. 전통적인 기업의 리더들에게는 이것이 사치 또는 비효율처럼 느껴질 수도 있고, 더 많은 인력과 새로운 조직문화가 필요한 일이라고 생각할 수도 있다. 하지만 이렇게 "미래를 위한 일"을 하도록 직원들을 지원하면 상당한 효과를 거둘 수 있다. 구글의 지메일과 구글맵 모두 "20%의 시간" 프로젝트로 탄생했다.

보상: 보수는 중요하지만 전부는 아니다

금전적 보상은 인재를 확보하고 기업의 수익 공유를 위한 공정한 메커니즘을 설계하는 데 모두 중요하다. 하지만 개별 직원에게 연봉이 갖는 중요성과 별개로, 대부분의 직원들에게 다른 형태의 보상도 중요함을 인식하는 것이 사회 계약의 핵심이다. 구성원들은 조직의 트랜스포메이션에 의미 있는 기여를 하고, 고객에게 긍정적인 경험을 제공하는 데 참여하며, 성과 지향적 팀에 도움이 되는 경험을 하고 싶어 한다. 자신의 업무에 대해 인정받는 것을 좋아하며, "이달의 직원"과 같은 간단한 시상도 직원들에게 보람을 느끼게 한다. 디지털 이후의 세계는 새롭고 창의적인 방식으로 직원 개인과 팀의 성과를 인정할 수 있는 수많은 기회를 제공한다.

살레 모사이바 STC 페이 전 CEO는 다음과 같이 요약했다.

직원들은 신뢰와 지지를 필요로 한다. 적절한 보수를 제공하는 것도 중요하지만, 직원들이 돈 이상으로 중요하게 여기는 소프트웨어적 요인들이 있다. 보수는 높지만 그들에게 필요한 '존중'을 하지 않고 의사 결정 과정에 참여시키지 않는다면, 결국 조직을 떠날 것이다. 우리 직원들은 연봉의 2배를 주겠다는 제안도

받지만 관심이 없다. STC 페이에 대한 믿음이 있기 때문이다. 자신의 미래가 이곳에 있음을 믿으며, 사회에 중요한 영향을 끼치고 있음을 믿는다. 우리 직원들은 열정적이며, 성공 사례에 참여하고 싶어 한다.

보수와 직원 복지만으로 인재 경쟁에서 이길 수는 없지만, 개인 및 팀의 인센티브를 조직의 전략과 목적에 대한 기여도와 밀접하게 연계하는 것이 점점 중요해지고 있다. 조직의 새로운 가치가 무엇인지, 어떻게 성공을 측정할 것인지를 명확히 해야 한다. 그리고 그러한 지표의 성과에 인센티브를 연계시키는 것이다. 주식, 현금, 기타 혜택 등 어떤 것으로 보상할 것인지는 해당 직원의 기여도가 얼마나 오랫동안 성과를 내는지, 직원을 얼마나 오랫동안 고용하고자 하는지, 직원에 대한 동기부여 요인은 무엇인지에 따라 달라진다. 직원마다 보수 제도가 다르게 적용되는 경우 이를 관리하는 것은 훨씬 복잡해진다. 하지만 오늘날과 같은 복잡한 세상에서는 그렇게 하는 것이 일반적이다.

...

이러한 부분을 잘 보여주는 또 다른 사례는 직원 몰입을 통해 가능성의 한계를 극복한 STC 페이의 사례다(STC 페이가 고객에 대한 독보적인 인사이트 시스템을 구축한 사례는 파트4를 참조한다). 살레 모사이바 전 CEO는 혁신 센터에 투자하는 것에 반대하는 입장이다. "혁신은 협업과 함께 기본적인 원칙이다. 혁신과 협업은 누구나 실천해야 한다. 협업 팀을 별도로 만들지 않는 것과 마찬가지로, 혁신부서는 만들 필요가 없다."라고 그는 말한다. "대기업에서 많은 혁신 부서들을 보았지만, 대부분 이론적인 것에 치중하고 현실과 동떨어져 있다. 하지만 실질적인 혁신은 현장에 있는 사람들, 즉 매일 고객과 만나고 서비스를 판매하는 사람들과 기술을 개발하고 소프트웨어를 만들며 고객이 이것을 어떻게 사용하는지를 직접 보는 사람들을 통해 이루어진다. 주로 이들이 핵심적인 혁신가이다."

모사이바 CEO에게 성공은 직원의 개인적 열정에 달려 있다. "STC 페이에 정말 매력을 느끼고 향후 5년간 자신의 미래가 STC 페이에 있다고 생각하는가? 이 질문에 그렇다고 약속하는 순간, 직원들은 회사의 미래에 관심을 갖게 된다. 5년 후 자신이 임원, 매니저, 디렉터 등 조직의 일원이 되는 모습을 그린다. 올해의 KPI 달성뿐만 아니라 몇 년 후에야 성과를 낼 수 있는 아이디어를 장기적 관점에서 구상한다."

모사이바는 직원들에게 건강하고 적절한 부담을 주는 것, 어려운 목표 해결에 빠듯한 자원을 배분하는 것 등이 도움이 된다고 믿는다. 혁신을 할 수밖에 없기 때문이다. "정신적 부담이 아니라면, 부담은 항상 좋은 것이다. 신뢰, 자유, 지원이 함께 주어져야 한다. 그러면 대부분 직원들의 혁신으로 이어진다. 더 열심히 일하고, 더 헌신하며, 더 많은 혁신을 이루어 낸다."

비욘드 디지털

신뢰, 자유, 지원이 핵심이다. "직원들에게 자신이 의사 결정 과정의 일부이며, 방향을 바꿀 수 있음을 인식시켜야 한다."라고 모사이바 CEO는 말한다. 그는 자신의 의사 결정에 대해 문의하는 직원들의 전화를 자주 받는다. 보통 직원들의 의견에 동의하여 사안을 다시 검토하는 경우가 많고, 필요하면 방향을 바꾸기도 한다. "우리 조직문화에서는 CEO의 말을 무조건 따르지 않는다. 어느 리더에게나 편하게 의견을 제시할 수 있다. 우리가 겸손하거나 인간적이어서가 아니라 비즈니스 차원에서 그것이 타당하고, 그것이 직원의 권리이기 때문이다. 직원들은 일에 대해 잘 알고 있고, 우리보다 잘 아는 경우도 많다. 직원들이야말로 매일 고객을 대하고, 조직 전체의 방향을 바꿀 수 있는 소중한 피드백을 줄 수 있기 때문에 그들에게 귀를 기울이는 것이 옳다."

...

리더는 어렵고 복잡한 일을 해내야 한다. 몰입하는 직원과 생태계 파트너는 변화를 위한 큰 원동력이다. 이들은 스스로 조직의 가치 제안을 실현하려는 의지가 있을 뿐만 아니라, 리더에게도 트랜스포메이션 달성에 대한 책임을 질 것을 기대할 것이다.

PART 8

자신의 리더십 방식을
파괴적으로 혁신한다

자신의 단점 한 가지를 파악하는 것은
타인의 단점 1,000개를 아는 것보다
훨씬 유익하다.

- 텐진 가초Tenzin Gyatso, 제14대 달라이 라마

이 책을 위한 연구를 진행하면서 가장 놀랐던 점 하나는 우리가 인터뷰한 리더들이 조직만큼이나 자신의 변화 필요성을 계속해서 강조했다는 점이다. 자신의 리더십 방식을 파괴적으로 혁신하지 않고는 조직의 가치 창출 방식을 재구상하고, 조직과 리더십 팀을 재설계하며, 구성원을 의미 있는 방식으로 몰입시키는 것이 불가능하다. 다시 말해, 자신의 리더십 방식을 혁신하지 않으면 조직을 트랜스포메이션하고 비욘드 디지털 시대의 성공에 맞게 포지셔닝하는 것이 불가능하다.

프란스 반 하우튼 필립스 CEO는 이렇게 회상한다. "나에게 요구된 리더십 여정은 엄청난 것이었다." 1986년 마케팅 및 세일즈 업무로 필립스에 입사한 이후 그는 3개 대륙을 누비며 다양한 글로벌 리더십 역할을 맡았다. 그는 2000년대 초 자신이 대규모 조직을 이끌 수 있었던 것이 행운이라고 여긴다. 1999년 아시아태평

양 지역의 소비자가전 사업부를 맡은 것이 리더십 여정의 중요한 단계였다. "코르 분스트라Cor Boonstra(필립스 전 CEO) 사장은 나에게 똑똑한 척만 하지 말고 직접 가서 리더십을 배우라고 하면서 보냈다. 잊히지 않는, 중요한 갈등의 순간이었다."

2004년, 반 하우튼은 반도체 사업부의 CEO로 취임했고, 2005년 NXP 반도체로의 분사를 진두지휘한 후 CEO로 계속 일했다. "그것도 나에게는 중요한 리더십 트랜스포메이션이었다. 소유주가 매우 까다로운 사람이었고, 나는 반도체 전문가가 아니었다. 즉, 반도체에 대해서 나보다 훨씬 잘 알지만 변화에 저항하는 사람들에게 밀리지 않으면서 변화를 주도해야 한다는 뜻이었다. 당시 수많은 트랜스포메이션 프로젝트를 진행했다. 변화는 계획대로 잘 실행되었고, 2008년 나는 결국 위기의 한가운데로 뛰어들라는 요청을 받았다. 나에게는 과분한 경험이었지만, 정말 좋은 경험이기도 했다. 문 하나가 닫히면 또 다른 문이 열린다는 것을 알게 되었다." 18개월 후 그는 확실한 CEO 후임 예정자인 COO로 필립스에 복귀했다.

반 하우튼 CEO는 자신의 트랜스포메이션 경험을 이렇게 회상한다.

시간이 흐르면서 나는 직원들을 통해 성과를 내야 한다는 것, 직원들의 신념과 행동을 이해하고 영향을 끼치는 것이 성과 달성에 필수임을 깨달았다. 나 자신의 동기, 내가 왜 일을 하는지를

비욘드 디지털

더 잘 이해하는 데 많은 관심을 갖게 되었다. 직원들이 어떤 사람들인지, 그들의 신념 체계가 행동에 어떤 영향을 주는지를 깊이 이해하는 데 많은 관심을 갖는다. 나의 리더십에서 경영의 소프트웨어적 측면을 강화하고, 더 많은 직원들이 그러한 인사이트를 느낄 수 있게 했다.

내가 깨닫게 된 또 다른 점은 리더는 진정성이 있어야 한다는 것이다. 조직의 많은 구성원들에게 말도 안 되는 소리를 해서는 안 된다. 수년간 대규모 조직을 이끌 힘과 에너지를 얻기 위해서는 스스로 힘이 있어야 하기 때문에 진정성이 요구된다. 이것을 목적과 결합한다면 정말 강력한 성공 요소를 갖추게 되는 것이다. 자신의 이해관계가 아닌, 더 큰 목적을 위해 진심을 다하는 리더로 인식될 것이다. 특히 다른 직원들에게도 충분한 성공의 기회를 제공한다면 팔로우십을 얻을 수 있다.

다른 많은 리더들도 비슷한 경험을 들려주었다. 지식을 얻기 위해 익숙한 방식을 벗어나 도전했던 일들, 성공을 위한 포지셔닝에 도움이 될 경험을 얻고자 의도적으로 특정 역할을 맡았던 일들, 비욘드 디지털의 세계가 등장하면서 기존의 성공 공식을 버려야 함을 깨닫게 된 일 등이었다. 제인 프레이저 씨티그룹 현 CEO, 마이클 코바트 전 CEO는 씨티홀딩스의 경험을 통해 조직의 내부 운영에 대한 깊은 인사이트를 얻을 수 있었다. 거의 회사를 분해했다가 다시 이어 붙이는 작업이었다. 이들은 리스크, HR 문제뿐만

이 아니라 좋거나 나쁜 의사 결정이 어떤 영향을 끼치는지도 배웠다. 톰 미할제빅 클리블랜드 클리닉의 CEO 겸 사장은 아부다비 센터를 무에서 창조해 냈고, 메인 캠퍼스와 점점 확장되는 해외 센터의 운영을 개선하는 데 적용할 수 있었다. 나카니시 히로아키 CEO는 히타치 글로벌 스토리지 테크놀로지스를 회생시킨 경험을 활용해 모기업이 직면했던 문제를 객관적으로 평가할 수 있었다.

프란스 반 하우튼, 제인 프레이저, 마이클 코바트, 톰 미할제빅, 나카니시 히로아키 등의 리더들은 조직에 필요한 트랜스포메이션을 이끌 준비를 하기 위해 스스로를 성장시켜야 했다. 이러한 여정은 기업들에게 그리고 리더들에게 쉬운 것이 아니다. 사실 우리가 연구한 기업들이 경험한 여정과 리더들이 겪어야 했던 여정은 공통점이 많다. 자신에게 필요한 핵심 리더십 역량을 파악하고, 스스로를 들여다보면서 부족한 점이 무엇인지 판단했다. 목표를 달성하기 위해 현재 부족한 갭을 채울 수 있는 방법을 찾아야 했다. 기업과 마찬가지로, 리더들은 이러한 역량을 혼자 갖출 필요는 없다. 기업은 고객에게 가치를 창출하기 위해 자신의 생태계 내에 있는 다른 파트너들과 협업할 수 있으며, 리더는 자신의 약점을 보완해 줄 수 있는 팀원들과 함께하는 것이다.

디지털 시대에 성공하는 리더의 특징

리더십 여정마다 그 특징은 다르지만, 우리는 이 책을 위한 연구 뿐만 아니라 리더들과 지속적으로 일하면서 조직을 트랜스포메이션한 리더들의 공통점을 발견했다. 성공적인 CEO의 특징은 단 하나만 있는 것이 아니라, 처음에는 오히려 서로 상반되는 것처럼 보였던 여러 개의 자질들이 결합되어 있다. 예를 들어, 『효과적인 전략Strategy That Works』에서 우리는 리더들이 깊은 전략적 인사이트와 강력한 실행력의 균형을 이뤄야 한다는 내용을 다뤘다. 이것은 리더들이 위대한 선견지명이 있어야 한다거나 훌륭한 운영자여야 한다는 전통적 견해와 다르다.[1] 우리의 동료인 블레어 셰파드Blair Sheppard는 『암흑의 위기까지 10년』이라는 책에서 6가지 리더십 패러독스에 대해 설명했다.[2] 우리는 그러한 내용이 매우 적절하다고 생각하며, 이 책에서 다룬 기업들을 연구하는 데도 많은 도움이 되었다("6가지 리더십 패러독스" 참조).

6가지 리더십 패러독스

최근 출판된 『암흑의 위기까지10년』에서 블레어 셰파드와 그의 연구 팀은 사람들이 우려하는 사항을 'ADAPT 프레임워크'로 요약, 정리했다.[a]

- 부와 기회의 불평등
- 기술 및 기후의 예상치 못한 문제로 인해 야기되는 파괴적 변화

- 연령 불균형: 나이가 너무 적거나 많은 집단으로 인한 스트레스
- 양극화: 국제 및 국내적 컨센서스의 붕괴를 야기
- 신뢰 상실: 사회의 근간이 되고 안정시키는 제도에 대한 불신

연구 팀은 이러한 문제로 인한 위기의 근본 원인과 위험을 파악하고자 노력하는 리더들, "타사는 아직 문제를 파악하느라 애쓰는 동안 창의적인 솔루션을 수립한" 리더들을 분석했다. 그리고 해당 리더들이 겉으로는 상충되어 보이는 서로 다른 특징을 잘 조화시킨(그리고 자신에게 유리하게 활용한) 공통점이 있음을 발견했다. 이것이 바로 6가지 리더십 패러독스다.

셰파드는 다음과 같이 적고 있다. "각 패러독스의 중심에는 중요한 갈등이 존재한다. 서로 상충되면서도 상호 연결된 요소들이 계속해서 공존하고 유지되면서 만들어 낸 것이다. 이러한 특징들이 조화를 이루지 않으면 그 결과는 항상 실망스러울 수밖에 없다. 조직을 벼랑 끝에서 구해 낸 최고 리더가 조언을 수용하는 겸손함이 없거나 방향을 바꿀 능력이 없는 경우가 있다. 대부분의 경우 그러한 리더의 프로젝트는 실패로 끝난다."

셰파드에 따르면, 패러독스의 두 가지 측면을 모두 실천하는 것이 "쉬운 일은 아니다. 많은 리더들이, 그리고 사실 우리 모두가, 자신에게 편한 쪽, 자신의 강점 쪽으로 기우는 경향이 있다. 하지만 분명 리더십 패러독스는 우리가 최고의 역량을 발휘하면서도 회피하고 싶은 부분은 강화할 것을 요구한다."

a Blair H. Sheppard. Ten Years to Midnight: Four Urgent Global Crises and Their Strategic Solutions(San Francisco: Berrett-Koehler Publishers, 2020), 162.

비욘드 디지털

6가지 리더십 패러독스

전략적 실행자	기술에 밝은 휴머니스트
매우 전략적이면서도 효과적으로 실행한다. • **전략**: 미래 지향적 관점으로 인사이트를 발견하여 현재의 의사 결정 기반으로 삼는다. • **실행**: 현재의 과제를 정교하게 수행한다.	기술에 대한 지식을 계속 쌓으면서 조직이 사람에 의해, 사람을 위해 운영됨을 간과하지 않는다. • **기술 지식**: 미래의 성공을 위해 기술 발전을 추구한다. • **휴머니스트**: 주어진 시스템 안에서 인간의 능력을 깊이 이해한다.
강직한 정치인	**겸손한 영웅**
자신의 성격을 유지하면서도 업무를 진행시키기 위한 정치적 원리를 잘 다룬다. • **강직함**: 모든 관계에서 강직함을 유지하고 신뢰를 얻는다. • **정치인**: 동의를 얻고, 협상하고, 연합을 이루며, 반대파를 설득해 계속해서 발전을 이루어 낸다.	불확실한 세계에서 실행할 확신을 얻으면서도 자신이 틀렸음을 겸손하게 인정할 줄 안다. • **겸손함**: 타인과 서로 돕는 관계에 있음을 인식하고 자신과 타인의 회복탄력성을 강화한다. • **영웅**: 승부욕과 진중함이 있으며 자신감을 드러낸다.
전통에 기반한 혁신자	**글로벌 마인드를 갖춘 로컬주의자**
혁신, 실패, 학습, 성장을 가능하게 하는 문화를 만들면서도 과거를 바탕으로 미래의 성공을 이끌어 간다. • **전통**: 원래의 목적을 깊이 공감하며, 이러한 가치를 현재까지 이어 간다. • **혁신**: 혁신을 추진하고, 새로운 것을 시도하며, 실패하는 것을 두려워하지 않으며, 타인의 실패도 용납한다.	점점 글로벌 및 로컬화는 세상에 잘 대응한다. • **글로벌 마인드**: 신념 체계와 시장 구조에 대해 불가지론적 입장을 갖고 있으며, 세계에 많은 관심을 보인다. • **로컬주의자**: 지역 시장의 성공을 위해 노력한다.

모든 리더는 자신의 장점을 발휘한다. 조직에서 내부에 숨겨진 힘을 찾아 활용하는 것처럼, 리더도 마찬가지여야 한다. 조직을 이끄는 리더로 선택된 데에는 이유가 있는 것이다. 따라서, 트랜스포메이션을 추진하는 데 활용할 수 있는 부분을 중심으로 자신의 장

점을 강화해야 한다. 하지만 오늘날의 환경에서는 포괄적인 리더십 접근법이 필요하다는 점도 기억해야 한다. 이러한 패러독스를 나침반으로 삼아 자신의 성장에 도움을 얻길 바란다. 6가지 패러독스 모두를 완벽히 해낼 필요는 없지만, 적어도 자신이나 팀원들이 균형을 잡지 못하고 있을 때 이를 파악할 수 있을 정도로는 패러독스를 충분히 이해하고 있어야 한다. 이러한 패러독스는 리더십 갭을 파악하고 가장 중요한 곳에 집중하는 데 도움이 될 것이다. 스스로 어떤 역량을 개발해야 하는지, 각 패러독스에 강점이 있는 사람들과 어떤 부분에서 협업해야 하는지를 판단하는 데 도움이 될 것이다.

전략적 실행자

지금까지 리더가 훌륭한 전략가가 되어야 하는 시대임을 설명했지만, 그것만으로는 충분하지 않다. 리더는 실행에 있어서도 마찬가지로 능숙해야 한다. 머리로는 아이디어를 그리되, 몸은 현실에 뿌리를 내리고 있어야 한다. 목적지를 결정하고 여정을 시작하기 전에 조직이 어떤 실행 능력이 있는지 파악하고 실행에 깊이 관여해야 한다. 조직, 핵심 시스템이나 커리어 모델의 설계, 업스킬링 노력 또는 고객 경험 설계 프로세스의 실행 등 모두 해당된다. 성공에 핵심적인 분야에 있어서는 탁월성을 확보할 때까지 멈추지 않겠다는 메시지를 조직에 보내면서도 전략적 목표와 실행을 연계시켜야 한다.

하워드 슐츠가 2008년 CEO로 복귀한 것은 전략적 실행자가 어떻게 해야 하는지를 보여준다. 스타벅스를 직장과 집을 넘어 "제3의 장소third place"로 만들겠다는 원래의 비전에 따라, 그는 세세한 것까지 실행했다. 향을 보존할 수 있는 커피빈 봉지 사용을 중단함으로써 바리스타가 커피빈을 꺼내 그라인딩할 때 매장 안에 커피향이 퍼지도록 했다. 대형 에스프레소 머신을 옮겨서 고객들이 바리스타가 음료를 만드는 것을 다시 볼 수 있게 했고, 계산대 주변의 제품을 치워서 수익은 창출하면서도 맥도날드, 던킨도너츠 등과 차별화되는 스타벅스만의 경험을 방해하는 요인을 없앴다.

우리가 연구한 리더들 중 이러한 전략적 실행자에 해당되는 사람은 허니웰 에어로스페이스의 팀 마호니 전 사장 겸 CEO와 칼 에스포지토 당시 일렉트로닉스 솔루션스 사업부 사장이다(파트5 참조). 필요한 기술도 개발되기 훨씬 전인 1990년대에 이들은 이미 연결성이 항공 분야를 혁신할 수 있다는 비전을 가졌다. 마침내 기술이 개발되었을 때, 이들은 이미 준비가 되어 있었다. 칼 에스포지토 사장은 다음과 같이 회상한다. "몇 명의 리더가 미래 방향에 대해 원대한 비전을 갖고 있었다. 기업 인수, 파이프라인의 연결성, 항공 및 일반 전자기기의 디지털화, 기계 시스템 등 우리의 아이디어가 어떻게 더 큰 전략을 만들게 될지 알고 있었다."

연결성 전략을 현실로 만들 수 있는 준비가 되었을 때, 이들은 실행을 다른 사람에게 위임하지 않았다. 직접 팔을 걷어붙이고 나서서 제품 관리자 채용공고를 내고 HR 시스템에서 운영 부서의 보고 체계를 변경하는 등 세세한 것까지 신경을 썼다. 에스포지토 사장은 이렇게 회상한다. "연결성과 서비스 쪽을 담당할, 디지털에 훨씬 밝은 인재가 필요했다. 우리의 비즈니스 시스템을 기존 체제에서 더 많은 서비스를 제공하는 방식으로 트랜스포메이션해야 했다. 우리가 제공할 수 있는 새로운 역량에 대해 가격과 가치를 정하는 방법과 이를 위한 비즈니스 모델에 대한 이해가 필요했다."

에스포지토 사장은 엔진, 기상 레이더 등 개별 항공기 부품을 인터넷에 연결하고 새로운 방식으로 데이터를 공유할 수 있게 되면 어떤 미래가 펼쳐질지를 예측하기 위해 다양한 제품 분야의 경력과 전문성을 갖춘 인재를 확보하는 데 중요한 역할을 했다. 제품군별로 비즈니스 케이스, 고객의 관심사, 가치 제안 등을 수립했다.

팀 마호니와 칼 에스포지토는 단순히 비전이 있는 리더나 운영 전문가가 아니었다. 그들은 진정한 전략적 실행가며, 비욘드 디지털의 세상은 더 많은 그들을 필요로 한다.

기술에 밝은 휴머니스트

오늘날의 리더들은 성공을 위해 기술을 이해하고 활용할 줄 알아야 한다. 과거에 리더들은 기업의 기술 문제를 최고정보책임자나 최고디지털책임자에게만 맡겨 두기도 했지만, 그러한 방식은 더 이상 유효하지 않다. 혁신, 운영, 공급망 관리, 영업 및 마케팅, 재무, HR 등 기업이 하는 거의 모든 분야에서 기술은 핵심적인 조력자 역할을 하기 때문에 모든 리더들은 기술이 조직에 어떤 도움이 될지 파악해야 한다. 이것은 조직의 포지셔닝을 재구상하는 데 중요할 뿐 아니라, 업무 방식, 기업의 차별화 역량을 조직 전체에서 확장하는 방식, 고객과 직원을 몰입시키는 방식 등을 새롭게 정의할 것을 요구한다.

리더는 기술에 대한 상당한 이해를 갖고 있으면서도 고객, 생태계 파트너, 조직 구성원 등 사람을 이해하고 그들의 욕구와 니즈를 파악해야 한다. 시장 조사를 통해 고객들이 무엇을 원하는지 파악하기에는 부족하다. 리더는 고객을 통해 독보적인 인사이트를 얻기 위해 상당히 인간적인 방식을 선택해야 한다. 리더는 공감과 진정성으로 직원을 몰입시키고, 그들에게 중요한 가치와 조직의 목적을 연계해야 한다. 이를 위해서는 고객 또는 직원을 인간으로서 이해하고, 그들이 원하고 기대하는 것에 진심으로 관심을 가져야 한다.

살레 모사이바 STC 페이의 창립자가 좋은 예이다. 모사이바 창립자는 기술과 휴머니즘 사이의 균형을 매우 중요시해 왔다. "기술적으로 무엇이 가능한지는 알아야 하기 때문에, 기술에 대한 배경지식을 갖고 있는 것은 중요하다. 하지만 모바일, 스마트폰, 블록체인, AI, 빅데이터 등 어떤 것이든 기술의 가능성에 너무 압도되어서는 안 된다. 기술에 대한 지식은 배경으로 하되, 고객을 항상 중심에 두어야 한다. 고객과 공감하는 것이 중요하다."

모사이바 CEO는 재임 기간 동안 전통적인 은행의 업무 방식과 STC 페이의 모든 업무에 대해 새로운 시각에서 바라볼 것을 주문한 것으로 잘 알려져 있다. 그는 모든 방법을 시도했다. "디지털 시대의 가능성을 완전히 구현하기 위해서는 자신의 사고방식에 계속해서 질문을 던져야 한다."라고 그는 주장한다. 설립 당시 STC 페이는 자금 세탁 방지, 테러자금 조달 방지, 거래 모니터링 등의 전문가를 컴플라이언스 인력으로 채용했다. 하지만 이들은 전통적인 은행 업무 경험을 갖고 있었기 때문에 소프트웨어, 기술 등의 가능성을 접할 기회가 없었다. 상당히 전통적인 방식의 기술에만 익숙해져 있었다. "직원들에게 무엇이 가능한지 보여주자 그들은 다른 꿈을 갖게 되었고, 더 많은 것을 기대하기 시작했다."라고 모사이바 CEO는 회상한다. STC 페이의 컴플라이언스 업무 중 상당 부분은 어떤 금융기관에서도 볼 수 없는 수준으로 자동화되었다. "업계 전문가를 채용하고, 그들에게 디지털 시대의 가능성을 보여줌으로써 가능했다."

모사이바 CEO는 기술에 상당히 밝으면서도 기업의 서비스 개발에 있어 매우 인간적인 방식으로 접근하는 데 중점을 두었다. "우리는 10명의 페르소나를 만들었다. 각각 이름도 있고, 아침부터 저녁까지 하루 일과를 어떻게 보내는지, 일주일을 어떻게 보내는지, 언제 월급을 받는지, 월급을 어디에 쓰는지 등을 정했다." 예를 들어, STC 페이는 물건을 판매하는 모하메드라는 페르소나에게 어떤 서비스를 제공할지를 놓고 브레인스토밍을 한다. "모하메드의 불만은 회사가 모든 구매건에 대해 인보이스를 요구한다는 것이다. 회사와의 신뢰 문제가 있다."

비욘드 디지털

STC 페이의 설계 작업은 모두 페르소나에서 시작한다. "우리는 사용자의 입장에서 그들의 삶을 완전히 이해해야 한다." 모사이바 CEO는 주장한다. "그리고 STC 페이가 사용자를 위해 무엇을 할 수 있을지 고민한다. 1차적인 솔루션을 출시하면, 고객들이 이를 사용해 보고 그들이 원하는 것이 정확히 무엇인지 알려줄 것이다. 거기서부터 반복적 개발iteration이 시작되고, 계속해서 서비스와 기능이 추가된다. 사용자들의 지속적인 피드백을 모두 반영하기 위한 것이다."

강직한 정치인

오늘날의 생태계에서는 어느 정도 일치된 목표를 가진 기업과 개인들이 협업하고 있으며, 여기에서는 지원 확보, 협상, 연합체 구성, 반대 의견 극복 등이 필수적인 리더십 역량이다. 리더는 타협하고, 자신의 방법론을 유연하게 수정하며, 2보 전진을 위한 1보 후퇴를 할 줄 알아야 한다. 이 부분이 점점 중요해지는 이유는 생태계 파트너는 조직의 명령/통제 체계 밖에 있고, 다양한 내부 이해관계자들이 자신의 업무를 개인적 가치관과 연계시키고자 하기 때문이다. 리더는 조직의 새로운 포지셔닝을 위한 여정에 동참하도록 수많은 이해관계자를 설득해야 한다. 이 과정은 포트폴리오 재구성, 기본적 비즈니스 모델 변경, 조직 모델 재편, 주주의 기대를 조정하는 것 등이 포함될 것이다. 상당한 변화를 직면한 상황에서 리더들은 필요한 지지를 얻고 주요 관계자가 각자의 변화 방식을 파악하도록 하는 데 상당히 능숙해져야 한다.

정치가 비난을 받는 부분도 있지만, 이것이 바로 정치의 순기능이다. 정치는 다양한, 때로는 서로 다른 이해관계를 가진 사람들이 모여 서로 합의된 방향을 찾아가는 일종의 예술이다. 이러한 형태의 정치가 성공하려면 리더들은 모든 상호 작용에서 강직함을 잃지 않고 신뢰를 쌓아야 한다. 구성원들이 자신이 공감하는 공동의 목표에 기여할 수 있는 방법을 파악하고, 리더는 타협, 우회 등 어떤 방식으로든 그 목표에 집중할 때 구성원들은 그 여정에 동참하게 되고, 노력할 가치가 있는 아이디어에 자신의 커리어와 사업을 걸게 된다.

생태계는 마이크로소프트의 가치 창출에서 중요한 부분이기 때문에 마이크로소프트의 리더들은(마이크로소프트의 트랜스포메이션 사례는 파트5 참조) 강직한 정치인 패러독스에 특히 관심을 가져야 했다. 마이크로소프트는 여러 파트너와 법정 분쟁에 휘말린 경험이 많다. 사티아 나델라 CEO는 취임 후 파트너십 전략을 "새로고침" 해야 할 필요성을 느꼈다.

마이크로소프트는 이미 세계 최대의 파트너 생태계를 갖추고 있다. 나의 최종 목표는 이 모든 비즈니스 추진력의 근간이 되는 최대 플랫폼 제공자가 되는 것이며, 파트너들을 위한 경제적 기회를 창출하기 위해 쉬지 않고 집중하는 것이다. 하지만 전 세계 수백만의 신생 기업들이 우리 플랫폼에 투자하게 하려면, 먼저 신뢰를 얻어야 한다. 신뢰는 계속해서 일관성 있는 모습을 보여줄 때 얻을 수 있다. 업계 최고가 되기 위해 어떤 분야에서 경쟁할 것인지를 명확히 하고, 협업을 통해 서로의 고객을 위한 부가가치 창출이 가능한 분야가 있음을 분명히 보여줄 때 신뢰는 형성된다. 또한 신뢰를 위해서는 존중, 경청, 투명성, 집중, 그리고 필요하다면 모든 것을 다시 시작할 수 있는 의지 등 많은 것이 필요하다. 체계적인 노력이 요구된다.[3]

리더들의 사고방식이 이렇게 변화되면서 마이크로소프트는 파트너사들을 커머셜 트랜스포메이션 프로그램의 협력자로 참여시키기 시작했다. 파트너사들도 내부 직원들과 동일한 교육 및 개발, 역량 등을 활용할 수 있게 했다. "시장에 출시하는 모든 솔루션에 대해 내부 직원, 파트너사, 고객에게도 인증 서비스를 제공하고 있다." 니콜라 호드슨 글로벌 세일즈, 마케팅, 오퍼레이션부 현장 트랜스포메이션 담당 부사장은 설명한다.

마이크로소프트의 커머셜 트랜스포메이션을 통해 얻은 교훈에 대해 호드슨 부사장은 "빨리 가기 위해 천천히 가라."가 가장 먼저 떠오른다고 말했다. "미국 소프트웨어 기업이라는 특성상 빠른 실행을 원하는 경향이 있다. 하지만 우리가 원하는 성과를 얻기 위해서는 밀어붙이는 것이 아니라 조금 천천히 가는 것이 필요할 때도 있다. 모든 것을 변화시켜야 하기 때문에 원하는 만큼 빨리 움직일 수 없을 때도 있다. 진부한 얘기일 수 있지만, 든든한 지원군을 얻지 못했다면 일을 진행하기에 적합한 때가 아닐 수도 있다." 호드슨 부사장은 이어 설명한다. "이 일에서 이해관계자 관리가 상당히 중요한 부분임을 알고는 있었지만, 생각했던 것보다 10배 이상으로 중요했다. 조직 경계를 넘나들며 지원군을 확보하고, 속도를 내기 위해 천천히 가는 것은 나에게는 상당한 일이었다."

겸손한 영웅

이제 리더들은 불확실성에도 불구하고 기꺼이 중대한 결정을 내리고 무게감 있는 자신감을 보여줄 수 있어야 한다. 7가지 리더십 핵심 원칙은 과감한 의사 결정과 목표에 매진할 것을 요구한다. 이러한 핵심 원칙을 연구하고 평가하는 것만으로는 충분하지 않다. 기업의 트랜스포메이션을 위해서는 용기와 결단력 그리고 초반에는 계획대로 되지 않더라도 선택한 전략을 계속 유지할 수 있는 힘이 필요하다.

하지만 '과감한' 것과 '자기중심적'인 것은 다르다. 비욘드 디지털 세상에서는 영웅적인 모습만큼 겸손함을 가치 있게 여긴다. 사실, 이 두 가지 특성은 밀접한 관련이 있다. 리더는 자신이 무엇을 모르는지를 알고, 이에 도움을 줄 사람을 찾을 수 있는 겸손함이 필요하다. 이것은 특정 분야에서 경쟁력을 가진 생태계 파트너들과 협력하는 경우에도 적용된다. 또한 리더십 팀을 재구성하면서 자신과 상당히 다른 사고, 행동 방식을 가진 리더들을 포함시키는 것도 같은 맥락이다. 조직 구성원들을 몰입시키는 것도 마찬가지다. 변화의 속도와 당면한 과제의 복잡성을 고려할 때, 리더 혼자서 또는 리더십 팀만의 힘으로 모든 해답을 찾을 수는 없다. 리더는 조직이 나아갈 방향을 명확히 제시하고, 직원들이 그러한 목표 달성을 위해 고객에게 더 가까이 다가가거나 기술에 대한 이해를 강화할 수 있는 기회를 제공해야 한다.

프란스 반 하우튼 CEO는 이러한 '겸손한 영웅' 리더십 패러독스의 좋은 예이다. 파트2에서 언급한 바와 같이, 반 하우튼 CEO는 필립스의 다양한 트랜스포메이션을 이끌었다. "처음 4년은 심각했다. 리더십 팀은 명확한 방향성이 있었지만 모든 이해관계자가 이 것을 이해하지는 못했기 때문에 정말 과감한 트랜스포메이션이었다. 주주들도 큰 확신이 없었다. 무엇보다 필립스가 지난 30년간 어려움을 겪었던 경험 때문에 변화의 필요성에 대해 회의적인 사람들이 많았다."

하지만 반 하우튼 CEO와 리더십 팀은 방향을 바꾸지 않았다. 조명 사업 매각으로 새로운 필립스의 미래가 윤곽이 드러나기 시작했기 때문이다. 그리고 실제로 이는 결정적인 역할을 했다. "기존 소비자가전, TV, 오디오·비디오 사업부는 적자를 기록하고 있었기 때문에 당연히 매각해야 했지만, 필립스의 시초가 되었던 조명 사업을 중단한다는 것은 정체성을 완전히 바꾸는 것이었다." 이러한 어려운 결정은 필립스가 헬스 기술에 집중하고 성장을 가속화하는 궤도에 오르는 데 중요한 역할을 했다. 매출이 증가하고 수익성이 개선되면서 고객과 함께 가능성의 한계를 극복할 수 있었고, 우수한 인재를 확보할 수 있었다. 직원들은 반 하우튼 CEO의 영웅적인 리더십을 명확히 인식하고 있다. 제로엔 타스 필립스 전 최고혁신전략책임자는 "CEO가 없었다면 나는 해내지 못했을 것이다. 그는 명확한 비전을 갖고 있고, 나도 그 비전에 공감했다. 조직의 미래에 대해 완전히 전념하는 CEO가 없었다면 나는 여기까지 오지 못했을 것이다."라고 말했다.

한편, 반 하우튼 CEO는 상당히 겸손한 사람이었다. 자신의 역할에 요구되는 리더십 여정에 대해 솔직하게 인정하면서, 자기개발을 우선순위로 두고 계속해서 노력한다. 피드백을 반영하기 위해 노력하고, 효과가 있는 부분, 개선이 필요한 부분에 대해 팀원들이 솔직한 피드백을 해 줄 것을 독려한다. 그는 경영환경이 너무 복잡해서 CEO와 임원이 모든 대답을 알 수 없음을 명확히 인식하고 있기 때문에 조직 구성원 전체의 몰입을 위해 노력한다. 그의 겸손함은 생태계를 대하는 태도에서도 드러난다. 필립스가 항상 리더가 되기를 기대하지 않고, 다른 파트너가 리더가 되기에 더 적합하다면 생태계의 단순한 참여자 역할을 맡는 것에 개의치 않는다. 반 하우튼 CEO는 파트너사와의 소중한 관계를 통해 계속 새로운 것을 배울 수 있도록 선별된 파트너사의 대표들이 필립스의 임원 회의에도 참석할 것을 요청하기도 했다.

전통에 기반한 혁신자

디지털 시대의 리더는 조직의 과거와 미래에 대해 균형 잡힌 시

비욘드 디지털

각을 갖추어야 한다. 파트2에서는 조직의 숨겨진 강점을 발견해 미래의 포지셔닝을 구상하는 방법으로 활용하는 것에 대해 논의했다. 과거를 참고하는 것은 많은 도움이 될 수 있으며, 이미 과거의 일이지만 미래의 성공에 도움이 될 수 있는 부분을 새롭게 발견할 수 있다.

하지만, 리더는 과거만 바라볼 수는 없다. 전통은 조직의 발목을 잡게 된다. 이제는 그 어느 때보다도 혁신을 추구하고 새로운 것을 시도하는 것이 필요하다. 실패할 수 있는 용기가 필요하고, 직원들에게도 실패할 수 있는 기회를 주어야 한다. 그렇다고 해서 조직의 응집을 저해하는 요인을 그대로 두어서는 안 된다. 이러한 요인은 트랜스포메이션 과정에서 변화가 가속화되고 조직의 경계가 무너지며 더 많은 직원들이 몰입하게 됨에 따라 늘어난다. 따라서 실험과 혁신은 아무런 제한 없이 둘 것이 아니라 조직의 포지셔닝에 따른 기준 안에서만 추진되어야 한다. 그렇지 않으면 조직은 부족한 자원을 나눠서 활용해야 하고, 고객에게 중요한 가치를 제공하지 못하는 활동에 노력을 낭비하게 되어 필요한 역량 확장에 실패하고 한 방향으로 협업하여 나아가지 못하게 된다.

파트6에서 다뤘던 YZ 위기에 대한 일라이 릴리의 트랜스포메이션과 두 CEO의 리더십(존 렉라이터, 데이브 릭스)은 이러한 패러독스를 잘 보여준다. 특허 만료로 인한 부담이 늘어나고 매출이 크게 위협받게 되자 투자자들은 대규모 M&A를 추진하고 비용을 절감하며 동물건강 사업부를 매각할 것을 권고했다. 하지만 존 렉라이터 당시 CEO는 혁신적인 바이오 제약이라는 릴리의 정체성을 그대로 유지함으로써 위기를 극복하기로 결정했다. 렉라이터 CEO는 혁신을 통한 성장이라는 전통적 전략을 고수했다.

YZ 위기는 직원들에게 힘든 시기였으며, 많은 실패와 어려움이 있었다. CEO는 목적의식을 통해 조직을 이끌었다. 마이클 오버도프 전 최고전략책임자는 다음과 같이 회상한다. "존(렉라이트)은 항상 이렇게 말했다. '회사에 집중하지 마라. 우리는 이겨 낼 것이다. 지금보다 더 힘든 위기도 있었다. 우리가 걱정해야 할 대상은 우리가 필요한 약을 제공하지 못해서 치료를 못 받는 환자들, 삶과 기억을 되찾을 수 없는 환자들이다.' 정말 놀라운 메시지였다. 직원들이 위기를 두려워하지 않고 맞서며, 환자들을 돕는 데 전념하게 만들었기 때문이다."

혁신자로서 전통을 잊지 않는다는 것은 조직이 그 자리에 머물러 있다는 의미가 아니다. 오히려 그 반대다. 실제로 릴리는 13년이나 걸렸던, 업계에서 가장 느린 신약 개발 과정을 크게 단축해야 했다. 릴리는 업계를 리드하고, 5년 안에 신약을 출시한다는 목표를 세웠다. 앞서 설명한 바와 같이, 이를 위해 존 렉라이트 CEO는 리더십 팀을 완전히 재구성하고, 조직 전체를 바꾸었으며, R&D를 대대적으로 혁신했다. 현재 릴리는 다양한 치료 사업에서 가장 빨리 제품을 출시하게 되었다. "이것은 단순한 개선이 아니라, 완전한 변신이었다." 오버도프 전 최고전략책임자는 설명한다.

글로벌 마인드를 갖춘 로컬주의자

이제는 지구 반대편에 있는 고객에게 접근하고, 서로 떨어져 있는 동료들과 끊김 없는 방식으로 일하는 것이 예전보다 훨씬 쉬워졌다. 단일 국가나 지역에서 사업을 운영하는 기업이라 할지라도, 고객, 공급망, 협업자들은 그 어느 때보다도 다양성을 가지며 다양한 요인으로 인해 영향을 받는다. 성공적인 리더들은 폭넓은 소셜 트렌드를 깊이 이해하고, 고객, 직원, 생태계 파트너의 공통적인 니즈와 욕구를 발견할 수 있으며, 사업 전반의 관련 솔루션과 프로젝트를 확장할 수 있어야 한다.

하지만, 리더들은 개별 고객들의 상황과 성향, 직원 간의 문화적 차이점, 사업을 운영하는 지역 사회와 생태계가 안고 있는 문제와 미묘한 차이를 깊이 이해하는 것이 그 어느 때보다 요구되고 있다. 이러한 복잡한 환경에서 리더들은 조직 내에서 지속적으로 추구해야 할 부분과 유연성을 발휘해서 지역에 맞게 변경해도 되는 부분을 구분해야 한다. 개별 고객과 강력한 관계를 구축해야 할 필요성을 직접 강조하면서도 모든 시장에서 시장의 잠재력을 최대로 활용한 혁신적인 솔루션을 제시하는 리더들은 기업이 독보적인 인사이트를 얻을 수 있는 능력을 크게 가속화할 수 있다.

예를 들어, 인디텍스의 리더들은 '글로벌 마인드를 갖춘 로컬주의자' 패러독스의 균형을 어떻게 이룰 수 있는지를 보여준다. 인디텍스의 성공은 소비자의 의견에 귀를 기울이고 그들이 원하는 것을 파악하며, 이러한 인사이트를 활용해 시장에 출시할 패션 트렌드를 예측하고 경쟁사보다 더 정확하고 유연하게 이를 시장에 제공하는 역량 덕분에 가능했다. 소니아 폰탄Sonia Fontan 자라 뉴욕 플래그십 스토어 매니저는 이렇게 설명한다. "스페인에 있는 디자이너들과 매일 협의를 한다. '이 아이템은 정말 좋았다. 첫날 모두 완판되었다. 더 많이 보내 달라.'라거나 '어제 입고된 네온 컬러 점퍼는 별로 안 팔렸다.'라는 식이다. 하지만, 어제의 특수한 상황까지는 설명하지 않는다. 어제는 비가 와서 매장에 사람이 별로 없었다. 고객들이 그 제품을 안 좋아해서가 아니라, 단순히 날씨 때문이었다."

폰탄 매니저는 이 매장을 10년간 담당해 왔기 때문에 해당 매장의 고객들에 대해 잘 알고 있다. "때에 따라 방문 고객들이 다르다. 예를 들어, 하절기에는 브라질, 아르헨티나 고객들이 많이 방문한다. 주중인지 주말인지에 따라서도 다르다. 부활절, 나팔절 등 특별한 날들도 있다. 오랫동안 매장을 운영해 본 사람이라면 이미 알 수 있다. 이러한 전문성을 바탕으로 매장의 레이아웃이나 컬렉션 배치 방식에 변화를 준다."

모든 제품에 대한 전 세계의 매출 데이터를 로컬 전문가들과 공유하면서 스페인의 디자이너들은 각국의 상황을 파악하고 고객들의 반응에 따라 컬렉션을 만든다. 이를 통해 매년 6만 5,000개의 새로운 제품이 탄생하고, 인디텍스는 주 1회 매장에 새로운 컬렉션을 출시한다.

인디텍스의 리더들은 패션에 대한 두 가지 근본적인 신념을 갖고 있으며, 이는 그들의 글로벌-로컬 사고방식을 보여준다. 첫 번째는 "고객의 말은 항상 옳다." 디자이너들은 자신의 역량과 성과를 자랑스럽게 여기지만, 겸손해야 하며, 고객의 말(각 지역의 개인 로컬 고객)은 진리임을 인정해야 한다. 두 번째 신념은 "도쿄의 미의 기준은 뉴욕, 파리, 런던, 어디에서나 마찬가지로 적용된다." 그 덕분에 수백만 고객의 취향에 맞춰 대량생산할 수 있다.

이 모든 리더십 패러독스의 균형을 이루는 것이 두렵게 느껴질 수도 있다. 본인이 더 자신 있고 편한 부분도 있겠지만, 어렵게 느껴지는 부분도 있을 것이다("6가지 리더십 패러독스의 중요성 및 리더들의 최대 약점" 참조). 다행히 이 모든 것이 완벽하게 조화를 이뤄야 할 필요는 없다. 리더십 패러독스의 관점에서 자기 자신과 리더십 팀원들을 살펴보면서 자신의 강점을 파악하고 약점은 상호 보완적 역량을 가진 팀원들을 통해 개선할 수 있다. 조직의 성공적인 트랜스포머이자 리더가 되기 위해 개선해야 하는 부분을 분명 발견하게 될 것이다.

6가지 리더십 패러독스의 중요성 및 리더의 최대 약점

스트래티지앤은 2021년 봄, 다양한 산업 및 지역의 500명을 대상으로 조사를 실시했다. 기업의 미래 성공에 가장 중요하다고 판단되는 리더십 특징, 조직의 최고 리더들이 이러한 특징을 얼마나 잘 발휘하는지 등에 대한 인사이트를 얻기 위해서였다. 조사 결과 이 책에서 연구한 내용, 그리고 우리가 수년간 리더들과 고객사의 업무를 진행하면서 관찰한 것을 다시 한 번 확인할 수 있었다.

실제로 대부분의 응답자가 6가지 리더십 패러독스(12가지 리더십 특징)는
성공에 중요하거나 필수적인 것으로 간주하고 있었다. 응답자들은 "전
략적 실행자"를 가장 중요한 패러독스로 꼽았다(응답자의 96%는 '전략'과
'실행' 모두가 기업의 향후 성공에 중요 또는 필수적인 것으로 인식). 그다음, 크지
않은 차이로 "기술에 밝은 휴머니스트(90%)", "강직한 정치인(84%)",
"겸손한 영웅(83%)" 등이 언급되었다. "글로벌 마인드를 갖춘 로컬주의
자" 패러독스는 1개 이상의 지역에 사업장을 둔 기업들이 더 중요하다
고 인식하고 있었다(1개 이상의 지역에 주요 사업장을 둔 기업 응답자의 82%
가 성공에 중요 또는 필수적이라고 응답. 반면, 1개 지역에만 사업장을 둔 기업 응
답자의 경우는 67%). "전통에 기반한 혁신자"는 흥미로운 결과가 나타났
는데, 응답자들은 전반적으로 혁신이 전통보다 더 중요하다고 인식하고
있었다(허지만 해당 패러독스가 기업의 성공에 중요 또는 필수적이라고 응답한 사
람은 71%에 달했다).

6가지 리더십 패러독스의 중요성과 능숙도

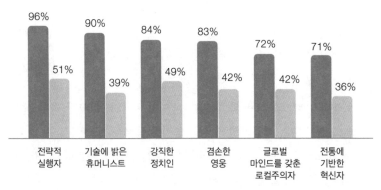

■ 관련도: 패러독스의 두 특징 모두 기업의 향후 성공에 중요하거나 필수적이라고 답한 응답자 비율
■ 능숙도: 자신이 속한 조직의 임원들이 패러독스의 두 특징 모두에서 우수 또는 최고라고 답한 응
답자의 비율

출처: 515명을 대상으로 한 스트래티지앤의 조사 분석 결과, 2021

비욘드 디지털

스트래티지앤의 조사에서는 이러한 패러독스에 대한 리더의 역량이 상당히 부족하다는 사실이 확인되었다. 응답자의 50% 이상은 자신이 속한 조직의 임원들이 각 패러독스의 구성 요소 중 어느 하나 또는 두 특징 모두 부족하다고 응답했다. 특히 취약한 부분은 "전통에 기반한 혁신자"(임원이 두 가지 특징 모두에서 우수 또는 최고라고 응답한 사람은 36%에 불과), "기술에 밝은 휴머니스트"(39%), "겸손한 영웅"(42%), "강직한 정치인"(49%), "전략적 실행자"(51%)로 나타났다.

리더 자신의 변화 그리고 차세대 리더의 발굴

이미 리더 역할을 하고 있는 사람들은 시간이 가장 부족한 자원 중 하나임을 알고 있을 것이다. 매일 급한 불을 꺼야 하면서도 장기적으로 조직의 성공적인 포지셔닝을 추진할 시간을 확보하고, 필요한 트랜스포메이션을 조율하면서도 그 실행 과정을 총괄해야 한다. 임원들 중에는 자신의 리더십 스타일과 자기개발 목표 등을 조용히 고민할 시간과 마음의 여유가 있는 경우가 많지 않다. 하지만 우리가 연구한 성공적인 리더들은 자기개발을 위한 노력이 필요함을 모두 인식하고 있었다.

자신을 위한 리더십 여정을 시작하고 조직에 필요한 리더십을 개발할 수 있는 방법은 무엇일까? 이를 위해 노력하는 가운데, 조직의 리더십 개발을 더 포괄적으로 다시 고민해 볼 수 있는 방법은 무엇일까? 결국 리더십 역량은 리더에게만 중요한 것이 아니라 현재 및 미래의 리더십 팀에게도 중요하다. 이들은 여러분이 자리를 떠난 후에도 트랜스포메이션을 이어 갈 사람들이기 때문이다.

첫 번째 단계는 조직에 가장 중요한 리더십이 무엇인지 결정하는 것이다. 앞서 설명한 6가지 리더십 패러독스는 모두 중요하지만, 조직의 전략과 현재 상황에 따라 더욱 시급한 특징들이 있을 것이다.

우리가 리더들과 연구를 진행하면서 사용했던 원칙 중에서 독자들의 리더십 개발 여정에 도움이 될 내용을 소개하고자 한다.

- **비판적인 자기 인식을 한다:** 자신의 강점뿐만 아니라 약점에 대해 스스로 솔직한 평가가 필요하다. 자신의 현재 모습에 대해서 제대로 파악하는 것과 더불어 코치, 상사, 동료, 팀원, 친구, 가족 등 타인의 피드백으로 보완하는 것도 중요하다(우리가 제공하는 간편한 온라인 진단 툴을 통해 본인이 생각하는 최대 약점과 가장 중요하다고 생각하는 부분을 비교해 볼 수 있다. 이러한 평가를 바탕으로 동료 및 멘토와 함께 논의하면서 개발 계획을 수립할 수 있다. strategyand.pwc.com/beyonddigital 참조).

- **강점을 활용해 약점을 극복한다:** 자기관리에는 엄격하지만 창의성은 부족하다고 생각한다면 자기관리의 강점을 활용해 스스로 창의성을 위한 활동에 몰입할 수 있는 시간을 만들어 지킨다. 계획적인 사람이지만 관계 형성은 어렵다고 느낀다면 관

계 지도와 관계 관리 계획을 수립해 효과가 입증된 자신의 방식대로 철저하게 이행해 본다.

- **자신과 다른 유형의 사람들을 연구한다:** 사람들은 대부분 자신과 비슷한 사람과 어울리는 것을 가장 편하게 여기지만, 다른 유형으로부터 배울 점도 많다. 자신의 약점 분야에 강점을 가진 사람을 찾아서 그들의 행동을 관찰하고 자신에게 맞는 방법을 학습, 모방, 적용하기 위한 방법을 수립한다.

- **필요한 경험을 쌓는다:** 이러한 특징은 모두 경험 없이는 얻어질 수 없다. 새로운 행동을 실험하고 배울 수 있는 환경에 스스로를 노출시킬 필요가 있다. 익숙한 영역에서 벗어나는 데 도움이 될 것이며, 실행보다 더 좋은 학습 방법은 없다.

표3은 리더들이 6가지 리더십 패러독스의 각 영역별로 필요한 지식과 마인드를 쌓는 데 도움이 될 만한 활동들을 정리한 것이다. 해당되는 모든 것을 기재한 것은 아니며, 여러분 스스로의 리더십 개발 계획을 작성하는 과정에서 더 많은 아이디어를 위한 촉매제가 되기를 바란다.

리더십 개발 계획은 사람마다 매우 다를 수 있으며, 다음의 예시는 계획 수립에 도움이 될 것이다. 표4의 워크시트를 활용해 계획을 작성해 보길 바란다.

표3 6가지 패러독스 관련 실행 방안 예시

리더십 패러독스	지식과 경험을 쌓기 위한 방안 예시	마인드와 신념 체계 강화를 위한 방안 예시
전략적 실행자	• 사업부를 회생시킨다. • 전략 업무를 맡는다(예: 최고전략책임자). • 국내 사업부 또는 시장을 총괄한다. • 스타트업에서 근무한다.	• 함께 일하고 자기개발에 도움을 줄 코치를 찾는다. • 익숙한 영역에서 벗어날 수 있는 경험에 자신을 노출시킨다(예: 외부 강연 기회, 스포츠, 모험 프로그램 등). • 자원봉사, 지역 사회 봉사 등 자신이 리더가 아닌 분야에 참여해 본다. • 자신이 모르는 분야에 대해 가르쳐 줄 수 있는 사람과 역멘토링 관계를 구축한다. • 자기돌봄을 우선순위로 삼는다. • 구체적 행동에 대해 피드백을 구하고 잘 수용한다(동료, 배우자, 친구 등). • 환경, 사회 문제 등에 관심을 가짐으로써 주요 글로벌 이슈에 대한 인식을 강화한다. • 다양한 배경의 지인, 동료와의 교류를 통해 그들의 사회적 경험과 세계관을 이해한다. • 새로운 언어를 배운다. • 다양한 음식을 통해 새로운 문화권에 대해 배운다.
기술에 밝은 휴머니스트	• 기술 기업(예: 생태계 파트너사) 또는 기술 부서에서 근무한다. • 비영리기관에서 근무한다. • 새로운 분야에 대해 지식을 쌓을 수 있는 온라인 과정을 수강한다.	
강직한 정치인	• M&A에 참여한다. • 합병 후 통합을 지원한다. • 고객 협상에 참여한다. • 생태계 파트너와 협업한다.	
겸손한 영웅	• 전문 분야가 아닌 사업부를 총괄한다. • 비용 절감 프로젝트를 이끌고, 어려운 협상을 해결한다. • 사업 회생 업무를 맡는다.	
전통에 기반한 혁신자	• 스타트업에서 근무한다. • 현재 조직의 진정한 차별화 요인을 파악한다.	
글로벌 마인드를 갖춘 로컬주의자	• 해외 근무 경험을 쌓는다(단순히 조직만 총괄하는 것이 아니라 여러 국가에서 생활해 본다). • 주재원 커뮤니티를 벗어나 지역 단체에 참여한다. • 글로벌 역량을 갖춘 팀을 총괄한다.	

표4 리더의 자기개발 계획 작성을 위한 워크시트

디지털 시대, 기업의 성공적인 포지셔닝을 위해 리더는

- 기업의 포지셔닝을 재구상해야 한다.
- 생태계를 통해 가치를 수용 및 창출해야 한다.
- 고객에 대한 독보적인 인사이트 시스템을 구축해야 한다.
- 성과 지향적인 조직을 만들어야 한다.
- 리더십 팀의 포커스를 완전히 바꾸어야 한다.
- 구성원과의 사회 계약을 다시 수립해야 한다.
- 자신의 리더십 방식을 파괴적으로 혁신해야 한다.

이를 위해서는 서로 상반된 듯 보이는 6가지 특징을 가진 새로운 유형의 리더가 필요하다.	성공에 있어 패러독스의 중요성 (상, 중, 하)	해당 패러독스에 대한 나의 능숙도 (상, 중, 하)	지식과 경험을 쌓기 위한 방안	마인드 및 신념 체계 강화를 위한 방안
전략적 실행자			• • •	• • •
기술에 밝은 휴머니스트			• • •	• • •
강직한 정치인			• • •	• • •
겸손한 영웅			• • •	• • •
전통에 기반한 혁신자			• • •	• • •
글로벌 마인드를 갖춘 로컬주의자			• • •	• • •

다른 우선순위가 아무리 시급하다 하더라도 리더는 스스로의 성장에 관심을 갖고 시간을 투자해야 한다. 리더십 개발은 항상 중요하다. 리더는 슈퍼 히어로가 아니며, 인간은 누구나 장단점을 갖고 있다. 하지만 리더가 이끌어야 할 트랜스포메이션의 규모와 속성을 생각하면, 리더의 약점은 조직의 트랜스포메이션을 크게 저해하는 요인이 될 수 있다.

리더의 성장은 성공에 중요한 요인이며, 리더는 이를 우선순위로 삼아야 한다. 자기 자신, 자신이 속한 조직, 그리고 그 구성원들에 대한 책임이다.

PART 9

성공으로의 여정을
가속화한다

나무를 심기 가장 좋은 때는 **20년 전**이었다.
그리고 두 번째로 좋은 때는 지금이다.

- 중국 속담

><｜ ｜>

이쯤이면 여러분이 미래의 기회에 대해 기대가 되면서도 새로운 가치 창출을 위해 해결해야 할 중요한 취약점들을 인식하게 되었을 것이다. 앞서 설명한 7가지 리더십 핵심 원칙과 12개 기업의 사례를 통해 로드맵을 확인하고, 비욘드 디지털 시대에 맞는 포지셔닝을 할 수 있다는 자신감을 얻었을 것이다.

물론, 7가지 리더십 핵심 원칙이 한편으로는 부담스럽게 느껴질 수도 있다. 각 원칙을 일상 업무에서 관리할 수 있을지는 몰라도, 7가지 전체를(또는 그 일부라도) 실행한다는 것은 지속적으로 상당한 노력을 요한다. 가치 창출 방법을 트랜스포메이션하는 것은 하루 만에 이루어지지 않는, 몇 년이 걸리는 일이라는 것은 명백한 사실이다.

대규모 트랜스포메이션 프로젝트는 그 목표를 달성하지 못하는 경우가 많음을 다양한 통계를 통해 알 수 있다. 미래의 과도한 불확실성 때문에 조직의 방향을 바꾸기 위한 중요한 결정이 힘을 잃게 되고, 대비책을 준비하게 된다. 단기적인 성과에 대한 부담 때문에 장기적인 계획에 관심과 예산을 집중하기 어렵다. 임원들은 남은 임기를 고려해 실행을 미루기도 한다. 조직의 에너지와 자원 대부분이 전통적인 사업에 계속 투입된다. 실망만 안긴 과거의 프로젝트에 대한 부담으로 기업들은 고전하고 있다.

다른 조직들의 실패를 답습하지 않을 수 있는 방법은 무엇인가? 여러 질문에 대한 답을 찾아야 한다. 자신이 선언한 미래에 대한 확신이 있는가? 리더십 팀과 조직이 그 목표를 달성하도록 책임감을 갖게 만들 것인가? 앞으로 직면하게 될 과제들을 헤쳐 나갈 것인가, 아니면 장애물이 되도록 내버려 둘 것인가? 더욱 속도를 내서 트랜스포메이션을 추진할 것인가, 아니면 조금씩 후퇴할 것인가?

가장 중요한 임무는 7가지 리더십 핵심 원칙 각각에 요구되는 결단력과 솔직함을 보여주는 것이다. 여정을 시작하는 지금 단계부터 타협한다면, 앞으로 시도할 모든 일의 추진력을 약화시키는 결과를 가져올 것이다.

현 상태에서 원하는 목적지까지 도달하는 과정에서 방향을 잃지 않도록 다음의 메커니즘을 제안한다.

비욘드 디지털

방향성을 잃지 않기 위한 메커니즘

우리의 경험에 따르면, 트랜스포메이션을 시작할 때 조직은 시급하다고 생각하는 분야에는 쉽게 집중할 수 있다. 경쟁사가 출시한 새로운 제품이나 서비스 등을 따라잡는 것이 한 예이다. 하지만 시급성으로는 지속적인 추진력을 얻을 수 없으며, 단발성 프로젝트를 연속으로 실행하는 것으로는 목표를 달성하기 어렵다.

먼저, 서두르지 말고 7가지 핵심 원칙을 하나씩 갖춰 가야 한다. 조직의 포지셔닝, 생태계, 독보적인 인사이트, 조직, 리더십 팀, 직원과의 사회 계약, 자신의 리더십 스타일을 재구상하는 것이다. 7가지 핵심 원칙을 단계별로 실행할 수도 있지만, 이것이 하나의 패키지임을 확실히 이해해야 한다. 한두 가지만 실행한다면 결국은 원하는 수준에 미치지 못하거나 불필요한 어려움에 직면하게 될 것이다.

7가지 핵심 원칙은 일관된 하나의 활동으로 실행되어야 한다. 구성원들을 참여시키고 그들을 리드하는 방식을 바꾸지 않으면 조직이 새로운 방식으로 움직이기를 기대하기 어렵다. 리더들이 하루 사이에 더 많은 일을 하거나 변화될 것이라 단순히 기대해서는 안 된다. 리더십 팀의 포지셔닝을 먼저 새롭게 해야 한다. 또한, 조직의 포지셔닝과 생태계 내 파트너들(우리 조직이 무엇을 할지 고민하는 동안 파트너사도 멈추어 있지는 않음을 기억한다.)과의 조화 등을 다시 고민하지 않으면 방향성을 잃게 된다.

시작 단계부터 7가지 핵심 원칙이 하나의 패키지임을 강조할수록 성공에 필요한 부분을 더 정확히 이해하고 목표 추진을 위한 에너지를 더 많이 얻게 된다. 하지만 리더들은 이러한 7가지 핵심 원칙 중 취약한 부분에 대해 철저하게 솔직해야 한다. 우리가 진행한 연구 및 고객과의 업무에 비추어 볼 때, 솔직하지 못한 것은 가장 큰 실패의 원인 중 하나다.

『성과Results』의 공동저자이자 우리의 동료인 개리 닐슨Gary Neilson의 표현을 빌리자면, 트랜스포메이션에서 중요한 것은 "과거에 대한 사면"이다.[1] 모든 임원들이 과거에 문제를 해결하지 못한 이유보다는 앞으로의 성공에 필요한 것이 무엇인지를 파악하는 데 집중할 수 있게 해야 한다. 문제가 너무 많다면 그대로 둔다. 순서와 우선순위를 정하고 균형을 맞추는 과정을 통해 문제를 해결할 수 있다. 하지만 근시안적인 관점에서 시작해서는 안 된다. 문제는 존재하지 않는다거나, 쉽게 덮을 수 있다고 스스로를 설득하거나, 타인이 자신을 설득하게 해서는 안 된다.

선의와 솔직함, 열정이 있더라도 실수는 있을 것이다. 그래서 우리는 연구를 진행한 리더들에게 그들의 성공뿐만 아니라 상처와 고통을 통해 얻은 가장 중요한 교훈이 무엇인지 물었다. 개인마다 어느 정도의 차이는 있지만, 공통점은 놀라울 정도로 단순하면서도 많은 깨달음을 주었다. 여러분이 다음 단계로 고민해 볼 만한 중요한 교훈들을 소개한다.

리더십 필수 요소에 관해 이사회와 함께 협력한다. 트랜스포메

비욘드 디지털

이션을 수행하는 것은 리더에게 상당한 위험을 내포한다. 시장에 대한 가정이 잘못되었다면? 단기적인 성과가 너무 큰 타격을 준다면? 조직이 목표를 달성할 수 있는 역량이 부족하다면?

우리가 인터뷰한 CEO들은 가치 창출 방식, 원하는 목표, 이를 달성하기 위한 리더십 필수 요소 전반에 대해 이사회가 먼저 몰입될 수 있도록 한 것이 핵심적인 성공 요소였다고 답했다. 이사회는 조직에 대한 장기적인 관점을 갖고 이러한 사안들을 고민한다. 또한 자신들도 외부의 부담을 느끼기도 하고, 특정 형태의 트랜스포메이션을 경영진에게 요구하기도 한다. 이사회와 이러한 내용을 논의하다 보면 조직의 비전, 현재 모델과 다른 대안의 문제, 조직의 역량, 트랜스포메이션을 통해 달성할 수 있는 것에 집중하게 될 것이다.

또한, 우리가 인터뷰했던 리더들 대부분은 특히 어려운 상황에서도 목표에 대한 일관성을 잃지 않는 것이 중요함을 강조했다. 이사회 구성 자체를 바꾸어 새로운 인사이트와 에너지를 확보하는 경우도 있고, 이사회 회의 때마다 목표 달성률을 공유함으로써 책임감을 부여하고 이사회의 지지를 얻기도 한다. 어떤 방법을 선택하든, 목표와 그 달성 방법 모두를 이사회에 투명하게 공유하는 것은 필요한 변화를 추진하고 지속하는 데 중요하다.

주요 주주들을 참여시킨다. 주요 주주들을 참여시키면 트랜스포메이션 기회를 마련하는 데 도움이 된다. 단기적 어려움과 장기적 성과 사이에 경제적 트레이드오프가 있는 경우에는 더욱 그렇다. 조직이 어떤 중요한 문제를 해결하고자 하는지, 조직의 차별화된 포지셔닝이 이러한 문제 해결에 어떻게 기여할 것인지, 어떻게 달성할 것인지, 트랜스포메이션의 리스크(그리고 트랜스포메이션하지 않는 것의 리스크)는 무엇인지, 조직의 성과에 예상되는 영향 등을 주주들이 이해할 수 있도록 하면 많은 도움이 된다. 많은 CEO 및 CFO들은 트랜스포메이션 계획(필요 기간, 관련된 불확실성, 필요 자원량 등)을 공유했을 때 예상치 못한 새로운 추진력을 얻을 수 있었다고 설명했다. 임원들은 분기별 매출에 집중하지 못한 것에 대해 비난받을 수 있다고 생각했지만, 주요 주주들은 리스크가 높다 하더라도 과감한 변화에 대해서는 임원들만큼 긍정적이며, 기업이 미래를 담보로 현재의 이득을 추구하기를 원하지 않았다. 트랜스포메이션은 주주들에게도 중요하며, 이들은 기업이 미래를 위해 지금 행동하기를 기대한다.

고객을 중심으로 우선순위를 정한다. 조직의 포지셔닝, 고객 및 최종 사용자에 대한 독보적인 인사이트, 생태계에서 조직의 역할 등은 모두 고객을 위한 가치 창출과 관련되어 있다. 고객의 실질적인 문제를 해결하고 그들의 실제 니즈를 충족시키는 것이 트랜스포메이션의 이유다. 따라서 고객을 중심에 두고 변화를 추구하는 것은 모멘텀을 확보할 수 있는 최고의 방법이다. 직원, 리더, 주주, 생태계 파트너, 그리고 고객 자신까지 모두를 적극적으로 참여시킬 수 있다. 백오피스의 효율성 개선 방법, 신기술 도입을 통한 비용 절감 방법을 수립하기 전에, 먼저 고객을 위한 가치 창출에 있어 핵심적인 역량 개발을 가속화하는 데 집중해야 한다. 고객에게 감동을 주는 솔루션, 고객 서비스의 최전방에 있는 업무를 중심으로 디지털화를 추진하는 것이다. 새로운 가치 창출 노력이 가장 빠른 시간 내에 가시적인 성과를 거둘 수 있는 부분이다. 실행의 촉매제로 삼을 수 있는 좋은 사례가 나오기도 한다. 고객 서비스 차별화를 통해 성공할 수 있음을 보여주면, 내부적으로 수행할 수 있는 그 어떤 이니셔티브나 "매출 증대" 또는 "시장 점유율 제고" 등의 전사적 목표보다도 훨씬 더 강력하게 구성원들을 변화시킬 수 있다. 트랜스포메이션을 위해 내부 문제 해결부터 시작한 리더들도 시장에서의 성공을 위한 실질적인 변화에 집중하는 것이 중요함을 강조했다.

디지털 이니셔티브가 아닌 역량과 성과에 집중한다. 기업에 필요한 차별화 역량 대부분은 불가피하게 어떤 형태로든 기술을 필요로 할 것이다. 각 역량을 통해 달성할 성과에 대해 청사진을 수립하고, 변화가 필요한 모든 부분을 상세히 기재한다(데이터, 시스템, 인력, 프로세스 등). 디지털화를 실행할 때는 새로운 시스템이나 도구를 도입한 것만으로 성공이라 여겨서는 안 된다. 프로세스 변화, 직원의 업스킬링 관점에서 아직 많은 작업이 남아 있다. 달성하고자 하는 최종 성과(예: 고객 서비스 개선, 예측 정확도 향상, 사업 예측 가능성 증진)를 중심으로 목표를 수립하면 단순히 기술 구현을 목표 달성으로 여기는 것이 아니라 그러한 성과 달성 자체에 팀 전체가 집중하게 된다. 성과에 집중하면 필요한 곳에 투자를 집중할 수 있으며,

크로스펑셔널 팀이 그 투자의 성공에 대해 공동의 책임감을 갖게 할 수 있다.

처음부터 조직 구성원에 투자한다. 7가지 리더십 핵심 원칙은 구성원, 즉 리더십 팀과 직원들의 몰입을 상당히 강조하고 있다. 우리가 인터뷰한 리더들은 거의 대부분 구성원의 몰입과 변화 추구에 초기부터 투자하는 것이 중요하다는 데 의견을 같이했다. 하지만 몰입이라는 문제는 뒤늦게 신경을 쓰거나 "변화 관리"라는 이름으로 위임하고 잊어버리는 경우가 많다. 처음에는 새로운 디지털 솔루션을 개발하고 새로운 사업부를 구성하는 데 집중하고 싶을 수도 있지만, 이러한 요소는 경쟁우위 확보에 필요할 만큼 빠른 속도로 확장하기 어렵다. 하지만 구성원들이 변화를 원하는 상황에서 새로운 포지셔닝을 위해 이들을 동기부여하는 노력은 상당한 성과를 낼 수 있으며, 변화 속에서 뒤쳐질 수 있다는 두려움을 방지하는 데 도움이 된다.

조직의 미래를 만들어 가는 과정에서 직원들의 트랜스포메이션을 지원하는 것은 변화가 스스로 속력을 낼 수 있도록 모멘텀을 만드는 것이다. 실제로 우리가 인터뷰한 임원들 중 가장 성공적인 사람들은 직원들이 자신이 가치를 인정받고 있음을 느끼게 하는 것이 중요함을 강조했으며, 그들이 디지털 감각, 기술, 적응력을 강화할 수 있도록 지원하는 것은 새로운 솔루션 개발에 대규모로 투자하는 것보다 훨씬 가치가 있다고 설명했다. 새로운 솔루션, 새로운 고객 업무, 새로운 가치 창출 방식이라는 것도 결국은 조직이 변화할 준비가 되어 있어야 의미 있는 확장이 가능하다. 실제로 리더들은 직원들이 새로운 기술을 얻도록 역량을 지원한 결과 새로운 솔루션과 업무 방식의 개발로 이어졌고, 그렇지 않았더라면 훨씬 더 오랜 시간과 많은 비용이 필요했을 것이라고 응답했다. 조직 구성원과 생태계의 변화 역량에 초기부터 투자하는 것은 원하는 경쟁력을 얻을 수 있는 촉매제가 된다.

여기에서 말하는 구성원에는 리더들도 포함되며, 트랜스포메이션을 추진하기 위해 적합한 리더를 확보하고 적합한 리더십 팀을 구성하는 것은 너무나 중요하다. 협업 마인드가 있는, 적합한 리더를 확보해야 한다(우리가 연구한 트랜스포메이션 중 개인의 행동만으로 이루어진 경우는 하나도 없었다). 또한, 리더십 팀이 이러한 모든 변화를 추진할 수 있는 여유를 가질 수 있도록 적합한 메커니즘도 구축해야 한다. 그렇지 않으면 성공하기 어렵다.

과거와 미래를 분리한다. 기존 사업을 보완하는 동시에 새로운 사업을 기획하는 것은 한 팀의 힘으로는 부족할 수 있다. 그렇기 때문에 과거와 미래를 분리하는 운영 모델을 도입하는 기업도 많다.

이는 다양한 형태로 가능하다. 먼저 2개의 팀을 별도로 두는 형태가 있다. 한 팀에서는 기존 사업 활용, 현금 흐름 창출 방안, 매각 가능성을 고민하고, 다른 팀에서는 신규 사업 개발, 필요한 역량 확보, 새로운 생태계를 통한 가치 창출 방안을 고민한다. 핵심 사업부를 제외한 나머지를 분사 또는 매각하는 방법도 있다. 방법은 다르지만 목표는 동일하다. 신규 사업 개발 시 기존 사업부가 저해 요인이 되지 않게 하는 것이다.

우리가 연구한 기업 및 리더십 팀은 새로운 모델은 새로운 규칙에 따라 추진 및 개발하는 것이 중요함을 강조했다. 새로운 비즈니스 모델과 솔루션을 과거의 구조, 실적 지표, 시스템 등으로 제한하는 것은 실패의 지름길임에 모두 동의했다. 기존 사업에서 확보한 역량을 활용하는 것은 물론 도움이 되지만, 성공을 위한 새로운 사고 및 운영 방식은 기존 모델에서는 얻을 수 없다. 기존 모델에서 미래의 모델로 안정적인 전환을 위해 단계별로 변화를 추진한다 하더라도, 결국은 새로운 운영 모델이 필요하다. 씨티그룹이 기존의 사업부를 씨티홀딩스로 분리하지 않았다면, 새로운 은행으로 변신할 수 없었을 것이다. STC 페이가 모선mother ship에 계속 가까이 붙어 있었다면, 고속정speedboat처럼 움직이지 못했을 것이다.

과거와 미래를 분리하기 위해 한 걸음 더 나아간 기업들도 있다. 과거와 확실히 단절하고 미래에 집중함을 보여주기 위해 특별한 계기를 마련하고 외생적 메커니즘을 활용한 사례다. 이러한 변화는 내·외부의 이해관계자들이 가치 창출에 대한 전통적인 신념을 새로운 시각으로 바라보는 데 도움이 되었다. 필립스가 조직의 근간이었던 조명 사업부를 매각하고 헬스케어 혁신에 집중하기로 한 것은 과거와의 단절을 보여주는 가장 명확한 사례일 것이다. 이러한 확실한 변화의 상징은 조직 구성원 및 투자자들이 성공 방안에 대해 새롭게 고민하고 에너지를 얻는 원동력이 되었다. 조직에 대한 인식을 바꾸고, 미래를 위해 새로운 부문에 집중할 수 있게 했다.

어떤 메커니즘을 선택하든, 핵심적인 메시지는 과거와 미래를 분리하기 위해 일찍 그리고 빨리 움직여야 한다는 것이다. 인터뷰 했던 모든 임원들은 새로운 방향성을 명확히 하고 확장할 수 있는 시간이 더 많았으면 좋겠다는 바람이 있었다. 확실하고 빠르게 과거와 단절하면 미래를 위한 추진력을 얻어 낼 수 있다. 과거를 소중하게 여기지 않거나, 특히 과거를 활용하지 말아야 한다는 뜻이 아니다. 과거는 소중한 것이지만, 과거의 그늘 때문에 미래로 나아가지 못하는 일이 있어서는 안 된다.

...

미래를 만들어 가고자 하는 열망은 비즈니스 리더의 특징 중 하나다. 점증적 성장을 지양하려면 진정한 리더십이 필요하다. 여러분은 이미 자신의 책임이 막중함을 알고 있다. 의미 있는 미래를 만들고, 근본적인 고객 또는 사회 문제를 해결하며, 그것을 끝까지 이끌어 가는 등 남들은 하지 못한 것을 여러분이 해낼 수 있는 기회다.

때로는 자신의 내면에서, 그리고 다른 사람들로부터 분명히 "우리는 불가능하다.", "우리와 맞지 않는다.", "우리는 이미 잘하고 있다." 또는 "이미 다른 계획이 있다." 등 점증적 성장을 부추기는 수많은 말들을 듣게 될 것이다. 그때마다 성공적인 트랜스포메이션 사례를 떠올리며 사람들이 디지털 이후의 세상에 대해 잠재력을 볼 수 있게 해야 함을 기억하길 바란다.

리더로서 여러분이 자기 자신, 조직, 그리고 우리 모두에게 어떤 흔적을 남기느냐는 바로 여기에 달려 있다.

퓨어톤 전략

고객에 의한, 고객의, 고객을 위한 부가가치 창출 방식을 수립하는 데 도움이 되도록 공통적인 전략 모델을 "퓨어톤_{Puretone}"이라는 이름으로 다음과 같이 정리해 보았다. 이는 기업의 궁극적 가치 제안에서 필수적인 요소이며, 그러한 가치 제안이 비즈니스에 연관성이 있는지 판단하는 데 도움이 된다.

퓨어톤 전략 중에는 최근에 특히 널리 도입된 전략도 있고(예: 플랫폼 제공, 경험 제공), 더 이상 중요하지 않은 전략도 있다(예: 카테고리 리더 또는 합병). 표A는 우리가 연구를 통해 발견한 퓨어톤 전략을 기재한 것으로, 각 특징을 나타내는 기업의 사례와 함께 디지털 시대의 새로운 경쟁 구도로 어떤 영향을 받았는지 기술하고 있다. 조직의 포지셔닝을 구상할 때 출발점으로 삼으면 도움이 될 것이다.

기업의 가치 창출은 한 가지 퓨어톤 전략으로만 이루어지지 않는다. 일반적으로 다수의 퓨어톤을 결합해 성공의 가치 제안이 만들어진다. 세계 최대의 홈퍼니싱업체 이케아가 좋은 예이다. 합리적 가격의 홈퍼니싱 제품을 제공하는 가성비 높은 업체이면서도 스웨덴 스타일의 식당, 놀이 공간, 유아용 화장실 등 특별한 매장 구성을 통해 경험을 제공한다. 한 기업이 다양한 퓨어톤의 사례로 언급된 것은 바로 그 이유 때문이다.

표A **퓨어톤 전략**

유형	정의	예	비욘드 디지털 시대의 영향
중개 aggregator	원스탑 쇼핑의 편리함과 간편함을 제공한다.	- 아마존 - 이베이 - 에어비앤비 - 여행사 - W.W.그레인저	변화: 디지털 시대에는 중개가 용이해지고 가치가 높아졌지만, 중개자는 제공되는 제품, 서비스 등을 고객이 모두 이해할 수 있도록 컨텐츠 큐레이션 등 다른 혜택도 제공해야 한다.
카테고리 리더 category leader	특정 카테고리에서 최대 시장 점유율을 유지한다. 그러한 포지셔닝을 활용해 다운스트림 채널 및 업스트림 공급 시장을 구축하고 영향력을 끼치며 협상력과 고객 충성도를 확보한다.	- 코카콜라 - 프리토레이 - 인텔 - 로레알 - 스타벅스 - 월마트	중요성 하락: 비욘드 디지털 시대에는 더 이상 규모로만 경쟁할 수 없다. 정부 영향 등 진입 장벽이 매우 높지 않다면, 기업은 특정 분야에 대한 영향력 이상의 차별성을 확보해야 한다.
합병 consolidator	인수를 통해 업계를 지배("몸집을 불림")함으로써 다른 방법으로는 얻을 수 없는 제품 및 서비스 플랫폼에 대한 접근성이나 가치 효용을 고객에게 제공한다.	- 다나허 - GE	중요성 하락: 고객에게 즉각적인 가치를 제공하지 못한다. 마찰 비용이 점점 낮아지고 파트너십 장벽이 낮아짐에 따라 기업은 반드시 규모를 확장해야 하는 것은 아니다. 마찬가지로, 규모를 통한 경제적 효용 창출은 강력한 가치 제안이 되지 못한다. 다만, 규모 확장이 필요하거나 시너지를 통해 진정한 차별화를 추구하는 경우, 고객 중심 전략의 일환으로 사용될 수 있다.

비욘드 디지털

유형	정의	예	비욘드 디지털 시대의 영향
맞춤 customizer	인사이트와 시장 정보를 활용해 맞춤형 제품이나 서비스를 제공한다.	- 버거킹("내 맘대로 만드는 버거" 캠페인) - 주문형 전자 제품 및 컴퓨터 시스템 제작 업체 - 인디텍스	중요성 부각: 고객들은 자신의 욕구와 니즈가 더욱 세부적인 수준까지 충족되기를 기대한다. 기술 덕분에 기업들은 훨씬 적은 규모로도 수익성 있는 생산이 가능해졌다.
탈중개 disinter-mediator	접근할 수 없거나 비용이 높은 유통 채널, 가치사슬의 일부를 고객들이 우회할 수 있게 함으로써 그러한 서비스, 제품에 접근할 수 있게 한다.	- 우버(배정업체와 택시 면허 보유자 탈중개) - 웨이즈(지도 제작업체 탈중개)	중요성 부각: 과거에는 중개자가 필요했던 업체들이 기술 덕분에 협력할 수 있게 되었다.
경험 제공 experience provider	강력한 브랜드나 경험을 통해 즐거움, 몰입, 정서적 친밀감을 확보한다.	- 애플 - 디자인 중심 또는 특별한 가치 제안을 제공하는 호텔 체인 - 스포츠 카 제조사 - 스타벅스	중요성 부각: 모든 기업이 어느 정도의 경험은 제공해야 할 정도로 고객 경험이 매우 중요해졌다. 고객 경험을 중심으로 경쟁하려는 기업에 대한 기대치가 높아졌다.
추격 fast follower	혁신자가 구축한 기반을 활용해 더 많은 가치를 제공하거나 더 많은 소비자를 대상으로 하는 경쟁 제품을 신속하게 출시한다.	- 제네릭 제약 회사 - 구글(안드로이드) - 현대 - 중국의 위조품	중요성 하락: 저가 브랜드를 표방하는 업체들의 전략일 수 있다. 단순히 제품을 모방하는 것으로는 고객이 원하는 솔루션을 차별화할 수 없다.
혁신 innovator	새로운 제품 또는 서비스를 시장에 출시한다.	- 애플 - 인디텍스 - 첨단 바이오테크 기업 - 프로터 앤 갬블	변화 없음: 여전히 매우 연관성이 높은 전략이다. 혁신 기업들은 성공하기 위해 독보적인 인사이트 확보에 전문성을 갖추고 혁신의 방향을 설정해야 한다.

유형	정의	예	비욘드 디지털 시대의 영향
통합 integrator	관련 제품 및 서비스를 조합 또는 큐레이션하여 번들로 제공한다.	- 다양한 업체의 서비스를 번들링하여 신규 주택 건설 또는 리노베이션을 진행하는 종합 건설업체 - 다양한 의료진, 의료 서비스, 클리닉 등을 치료 시스템으로 통합해 환자에게 제공하는 병원 - 항공, 육상교통, 병원, 가이드 등의 서비스를 패키지로 제공하는 여행사	중요성 부각: 고객들이 번거롭지 않도록 다양한 업체의 제품과 서비스를 번들링하여 제공하는 통합 모델 덕분에 많은 생태계가 탄생하게 되었다. 통합 전략은 탈중개 서비스를 제공하기도 하나, 이를 넘어서 다양한 제품과 서비스를 큐레이션, 연출, 결합하며 번들링을 통해 최종 고객에게 편리함을 제공한다.
조율 orchestra-tor	다양한 생태계 참여자가 고객에게 더 많은 가치를 제공하기 위해 협업할 수 있게 한다.	- 코마츠 - 진료 협력을 하는 의사 네트워크	중요성 부각: 개별 기여자들이 서비스를 100% 통합하지 않고도 업무를 조율함으로써 생태계가 고객에게 더 많은 부가가치를 제공할 수 있게 한다. 통합과 달리, 조율은 제품, 서비스를 반드시 번들링하는 것은 아니며, 기존에 존재하지 않았던 새로운 솔루션을 제공하도록 생태계 전체를 조율하는 데 더 중점을 둔다.
플랫폼 제공 platform provider	공동의 자원이나 인프라를 운영 및 관리한다.	- 아마존 - 페이스북 - 마이크로소프트 - NYSE	중요성 부각: 플랫폼 제공 모델은 다양한 생태계를 탄생시켰다. 기업은 플랫폼 제공 모델을 통해 경쟁에 필요한 기본 요소를 소유하지 않고도 이에 접근할 수 있다.
프리미엄 premium player	고급 제품이나 서비스를 판매한다.	- 허먼 밀러 - BMW 등 명품 자동차 제조업체 - LVMH - 리츠칼튼 등 프리미엄 호텔 체인	중요성 하락: 다른 가치를 제공하지 않고 프리미엄 브랜드로만 존재하는 것이 점점 힘들어지고 있다. 프리미엄 모델은 지속적인 차별화를 위해 관련된 경험이나 기타 효용을 제공해야 하는 시대가 되었다.
평판 reputation player	신뢰받는 기업으로서 프리미엄 비용을 받거나 고객에게 특별한 접근성을 제공한다.	- 코스트코 - 윤리에 대한 우수한 평판을 얻은 금융 회사 - 타타그룹 - 세븐스 제너레이션 - 볼보(지리자동차)	변화 없음: 평판과 신뢰는 고객이 기업을 선택함에 있어, 그리고 기업이 독보적 인사이트를 확보함에 있어 중요한 요소다.

유형	정의	예	비욘드 디지털 시대의 영향
리스크 흡수 risk absorber	고객을 위해 시장 리스크를 저감 또는 풀링한다.	- 원자재 헷지펀드 - 카이저 퍼머넌트 모델을 따라 등장한 새로운 하이브리드 헬스케어업체 - 다수의 보험사	변화 없음: 타 기업이 도전적으로 사업을 확장하거나 불확실한 상황에 대응하고자 할 때 이를 돕는 리스크 흡수 모델은 여전히 필요하다.
해결책 제시 solution provider	고객의 니즈를 완전히 해결하는 제품 및 서비스를 번들링하여 제공한다.	- 필립스 - 히타치 - 마이크로소프트	중요성 부각: 모든 B2B 기업, 다수의 B2C 기업은 해결책 제시 모델을 고려해야 할 것이다. 다양한 기술과 방식(고객사, 심지어는 경쟁사의 기술·방식까지도)을 결합해야 하기 때문에 플랫폼 제공업체에도 해당될 수 있다.
가성비 value provider	유사한 제품 및 서비스에 대해 최저가 또는 상당히 많은 효용을 제공한다.	- 이케아 - 제트블루 - 맥도날드 - 라이언에어 - 사우스웨스트 에어라인 - 월마트	변화 없음: 성공적인 가성비 모델에서는 가치사슬 전체의 비용을 낮추기 위해 모든 디지털 툴과 기술을 활용한다.

PART 1 조직의 미래를 만든다

1 기업들이 지속가능한 경쟁력을 위해 차별화 역량을 구축, 활용하는 방법에 대한 구체적인 내용은 Paul Leinwand and Cesare Mainardi, with Art Kleiner, Strategy That Works: How Winning Companies Close the Strategy-to-Execution Gap (Boston: Harvard Business Review Press, 2016)을 참고하기 바란다. 지속적인 가치 창출 방안에 대한 연구는 www.strategyand.pwc.com/gx/en/unique-solutions/capabilities-driven-strategy/approach.html.에서 확인할 수 있다.

2 Shep Hyken, "Customer Loyalty and Retention Are in Decline," Forbes, October 13, 2019, www.forbes.com/sites/shephyken/2019/10/13/customer-loyalty-and-retention-are-in-decline.

3 Business Roundtable, "Business Roundtable Redefines the Purpose of a Corporation to Promote 'An Economy That Serves All Americans,'" August 19, 2019, www.businessroundtable.org/business-roundtable-redefines-the-purpose-of-a-corporation-to-promote-an-economy-that-serves-all-americans.

4 Ernest Hemingway, The Sun Also Rises (New York: Scribner, 1926).

5 본 인용을 포함해, 연구 대상 기업 임원들의 인터뷰 인용은 저자들이 2018~2021년 진행한 인터뷰를 바탕으로 한 것이다. 직함은 2021년 봄 기준으로 되어 있다.

6 "Inditex 1Q20 Sales Drop Limited to 44% Despite up to 88% of Stores Closed," Inditex.com, June 10, 2020, www.inditex.com/article?articleId=648065.

7 본 접근법에 대한 구체적인 연구 내용은 www.strategyand.pwc.com/gx/en/unique-solutions/capabilities-driven-strategy/approach.html.에서 확인할 수 있다.

PART 2 기업의 포지셔닝을 재구상한다

1 www.philips.com/a-w/research/vision-and-mission.html.

2 "Hitachi's Challenges," interview with Hiroaki Nakanishi in Diamond Harvard Business Review, July 2016, https://www.dhbr.net/articles/-/4325.

3 Paul Leinwand and Cesare Mainardi, The Essential Advantage: How to Win with a Capabilities-Driven Strategy (Boston: Harvard Business Review Press, 2011).

4 성공 전략(The right to win)은 Leinwand and Mainardi, The Essential Advantage 에서 설명한 주요한 개념이다. www.strategyand.pwc.com/gx/en/unique-solutions/capabilities-driven-strategy/right-to-win-exercise.html.에 제시된 툴은 조직의 성공 전략을 진단해 보는 데 도움이 될 것이다.

PART 3 생태계를 통해 가치를 수용 및 창출한다

1 "Komatsu Partners with Propeller," Modern Contractor Solutions, August 2018, mcsmag.com/komatsu-partners-with-propeller; "Japan's Komatsu Selects NVIDIA as Partner for Deploying AI to Create Safer, More Efficient Construction Sites," NVIDIA press release, December 12, 2017; nvidianews.nvidia.com/news/japans-komatsu-selects-nvidia-as-partner-for-deploying-ai-to-create-safer-more-efficient-construction-sites; "Komatsu Partners with Advantech for AIoT Heavy Duty Construction Equipment," Advantech website, April 1, 2020, www.advantech.com/resources/case-study/komatsu-partners-with-advantech-for-aiot-heavy-duty-construction-equipment; Patrick Cozzi, "Cesium and Komatsu Partner on Smart Construction Digital Twin," Cesium.com, March 10, 2020, www.cesium.com/blog/2020/03/10/smart-construction/.

2 "The History of Smart Construction," Komatsu website, October 16, 2019, www.komatsu.eu/en/news/the-history-of-smart-construction; "Everyday Drone Survey," Komatsu website, https://smartconstruction.komatsu/catalog_en/construction/everyday_drone.html.

3 "Realizing the Safe, Highly Productive and Clean Worksite of the Future: Launch of 'Smart Construction Digital Transformation,'" Komatsu website, March 10, 2020, home.komatsu/en/press/2020/management/1205354_1840.html.

4 "Patient First: How Karolinska University Hospital Is Transforming to Meet Future Demands of Healthcare," Philips website, www.philips.com/a-w/about/news/archive/case-studies/20190128-patient-first-how-karolinska-university-hospital-is-transforming-to-meet-future-demands-of-healthcare.html.

5 Satya Nadella, Hit Refresh (New York: Harper Collins, 2017), 124.

6 U. N. Sushma, "Titan Opens India's First Karigar Centre at Hosur to 'Transform the Lives of Goldsmiths,'" Times of India, February 22, 2014, timesofindia.indiatimes.com/articleshow/30810718.cms.

PART 4 고객에 대한 독보적인 인사이트 시스템을 구축한다

1 Eric Cox, "How Adobe Drives Its Own Transformation," Adobe Blog, March 17, 2019, theblog.adobe.com/how-adobe-drives-its-own-transformation/.

2 "Digital Transformation Is in Our DNA," www.adobe.com/ch_de/customer-success-stories/adobe-experience-cloud-case-study.html.

3 Dan Murphy, "Saudi Arabia's STC Pay Eyes Rapid Gulf Expansion After Billion-Dollar Valuation," CNBC, November 23, 2020, www.cnbc.com/2020/11/23/saudi-arabias-stc-pay-eyes-rapid-gulf-expansion.html.

4 Paloma Díaz Soloaga and Mercedes Monjo, "Caso Zara: La empresa donde todo comunica," Harvard Deusto Marketing y Ventas 101 (November–December 2010): 60–68; and Zeynep Ton, Elena Corsi, and Vincent Dessain, "Zara: Managing Stores for Fast Fashion," case 9-610-042 (Boston: Harvard Business School, rev. January 19, 2010)

PART 5 성과 지향적인 조직을 만든다

1 Jon Katzenbach, Gretchen Anderson, and James Thomas, The Critical Few: Working with Your Culture to Change It (San Francisco: Berrett-Koehler, 2018).

2 The Katzenbach Center, www.strategyand.pwc.com/gx/en/insights/katzenbach-center.html.

3 Katzenbach, Anderson, and Thomas, The Critical Few.

비욘드 디지털

PART 6 리더십 팀의 포커스를 완전히 바꾼다

1 William R. Kerr and Alexis Brownell, "Transformation at Eli Lilly & Co. (A)," case 9-817-070 (Boston: Harvard Business School, November 7, 2016).

2 Kerr and Brownell, "Transformation at Eli Lilly & Co. (A)."

3 Doug J. Chung, "Commercial Sales Transformation at Microsoft," case 9-519-054 (Boston: Harvard Business School Publishing, January 28, 2019).

4 Greg Satell, "The Truth about Diverse Teams," Inc., April 22, 2018, www.inc.com/greg-satell/science-says-diversity-can-make-your-team-more-productive-but-not-without-effort.html.

5 Lu Hong and Scott E. Page, "Groups of Diverse Problem Solvers Can Outperform Groups of High-Ability Problem Solvers," PNAS 101, no. 46 (2004): 16385–16389, sites.lsa.umich.edu/scottepage/wp-content/uploads/sites/344/2015/11/pnas.pdf.

6 Satya Nadella, Hit Refresh (New York: Harper Collins, 2017), 81.

PART 7 구성원과의 사회 계약을 다시 수립한다

1 Tomislav Mihaljevic, "Tiered Teams Solve Problems in Real Time," Consult QD website, October 5, 2018, consultqd.clevelandclinic.org/tiered-teams-solve-problems-in-real-time/.

2 Satya Nadella, Hit Refresh (New York: Harper Collins, 2017), 104.

3 PwC 24th Annual Global CEO Survey 2021, www.pwc.com/gx/en/ceo-agenda/ceosurvey/2021.html.

4 William R. Kerr and Alexis Brownell, "Transformation at Eli Lilly & Co. (A)," case 9-817-070 (Boston: Harvard Business School, November 7, 2016).

PART 8 자신의 리더십 방식을 파괴적으로 혁신한다

1 Paul Leinwand and Cesare Mainardi, with Art Kleiner, Strategy That Works:

How Winning Companies Close the Strategy-to-Execution Gap (Boston: Harvard Business Review Press, 2016), chapter 7.

2 Blair H. Sheppard, Ten Years to Midnight: Four Urgent Global Crises and Their Strategic Solutions (San Francisco: Berrett-Koehler Publishers, 2020).

3 Satya Nadella, Hit Refresh (New York: Harper Collins, 2017), 134.

PART 9 성공으로의 여정을 가속화한다

1 Gary Neilson and Bruce Pasternack, Results: Keep What's Good, Fix What's Wrong, and Unlock Great Performance (New York: Crown Business, 2005).

어떻게 이 많은 연구를 다 수행하고 책까지 쓸 수 있었냐는 질문을 종종 받는다. 감사하게도 PwC와 스트래티지앤에는 많은 도움을 주는 유능한 동료들이 많기 때문에 가능했다. 우리가 리더들에게 의미 있고 현실적인 조언을 할 수 있었던 것은, 그 과정에서 중요한 역할을 하며 지원해 준 동료들 덕분이다.

그동안 수많은 훌륭한 고객들과 일할 수 있었던 것도 행운이었다. 이들은 용기 있는 결정과 과감한 트랜스포메이션을 통해 우리에게 영감을 주었으며, 당면한 과제와 기회에 대해 더 나은 해결책을 제안하도록 우리에게 도전을 주었다.

본 연구에 협조해 준 12개사가 없었다면 이 책은 탄생하지 못했을 것이다. 어도비, 씨티그룹, 클리블랜드 클리닉, 일라이 릴리, 히타치, 허니웰, 인디텍스, 코마츠, 마이크로소프트, 필립스, STC 페이, 타이탄의 리더십 팀(그리고 보이지 않는 곳에서 도움을 준 모든 분들)에게, 그들의 성공과 좌절로부터 우리가 교훈을 얻고 이것을 독자들과 나눌 수 있게 해 준 것에 대해 감사의 뜻을 전한다. 이 기업들이 성공 비결을 기꺼이 공유한 이유가 궁금한 사람도 있을 것이다. 여러 가지 이유가 있겠지만, 현재 세계가 직면한 다양한 과제와 문제를 해결하기 위해 그들 나름대로 기여하는 방식이었다고 생각한다. 성공은 제로섬 게임이 아니다.

놀라운 깨달음을 주었던 12개사 외에도 이 모든 연구를 이끌고 (높은 수준의 방법론을 유지하도록) 이 책과 관련 문헌들도 그러한 기준을 맞출 수 있도록 도움을 준 사람이 있다. 우리의 동료인 나디아 쿠비스Nadia Kubis PwC 디렉터이다. 나디아는 유능하면서도 매우 협조적이며, 정확하고 효과적으로 연구 내용을 정리하기 위해 상당한 노력을 기울였다. 이 모든 것을 갖춘 사람은 찾기 어렵다. 우리의 경험에 비추어 보건대, 나디아만큼 강력한 사고 리더십 전문가는 보지 못했다. 나디아가 본 연구 진행을 맡아 준 것은 정말 행운이었으며, 쉽지 않은 과정을 매우 보람되고 즐거운 시간으로 만들어 준 사람이다. 감사의 말을 전한다.

그 외에도 많은 훌륭한 분들의 도움을 받았다. 롭 노튼Rob Norton은 초기 연구를 수행하고 중요한 결과를 도출했으며, 이 책의 1차 초본 내용을 지지해 주었다. 폴 캐롤Paul Carroll은 최종 원고에 좋은 사례를 반영하고 표현, 논리, 효과 등을 다듬는 데 뛰어난 실력을 발휘해 주었다. 초반에는 아트 클레이너Art Kleiner가 「하버드 비즈니스 리뷰」 기사 및 관련 출판물 작성에 많은 조언을 해 주었다. 항상

비욘드 디지털

좋은 조언과 상담을 아끼지 않았던 톰 스튜어트Tom Stewart는 멋진 게스트로 등장해 컨텐츠를 알차게 만들고 작업 과정에 즐거움을 더해 주었다.

우리가 이 프로젝트를 시작할 수 있게 해 준 사람이 있다. 동료인 마이크 코놀리Mike Connolly이다. 전 저서인 『효과적인 전략Strategy That Works』 출간 1년 후 마이크는 다음 책이 무엇인지 물으며 변화의 시대를 나아가는 기업들에게 필요한 내용을 써 달라고 부탁했다. 그것을 계기로 우리는 "디지털 시대의 리더십"이라는 연구 프로젝트를 시작하게 되었다. 우리가 멈추지 않게 해 준 것에 대해 마이크에게 감사의 뜻을 전한다.

밥 페틱Bob Pethick은 이러한 사고 리더십을 실현하기 위한 프로그램을 이끌어 주었고 조아킴 로터링Joachim Rotering, 앨런 웹Allen Webb, 마티나 생진Martina Sangin과 함께 이를 구체화하는 데 도움을 주었다. 이들은 우리가 "먼저 책을 출간하고, 아티클을 시리즈로 내는" 방법에서 벗어나 "아티클 시리즈를 발표한 후에 책을 출간함으로써 연구 결과를 리더들에게 최대한 빨리 공유하는" 새로운 사고 리더십 모델을 제안해 주었다. "Digitizing Isn't the Same as Digital Transformation", "6 Leadership Paradoxes for the Post-Pandemic Era" 등의 HBR 아티클이 높은 조회 수를 기록하면서 이러한 방법은 좋은 효과를 거뒀다.

또한, 이 프로젝트의 잠재력을 높이 평가하고 지원해 준 PwC 리더들에게도 감사드린다. 특히 사회의 변화를 위한 노력을 계속

이어 갈 수 있도록 도움을 준 케빈 버로우즈Kevin Burrowes, 모하메드 칸데Mohamed Kande, 밥 모티즈Bob Mortiz, 팀 라이언Tim Ryan, 마틴 숄라히Martin Scholich, 블레어 셰파드Blair Sheppard에게 특히 감사의 뜻을 전한다.

PwC의 파트너들은 정말 대단한 분들이다. 최종 원고를 검토하고(여러 번 검토한 분들도 있다.) 좋은 의견(그리고 우리가 기대하고 또 필요했던 날카로운 피드백)까지 제시해 준 적극적인 참여를 통해 이를 다시 한 번 확인할 수 있었다. 니틴 뱅도어Nithin Bendore, 이안 칸Ian Kahn, 댄 프리스트Dan Priest, 블레어 셰파드Blair Sheppard에게 감사드리며, 폭 넓은 관점과 작은 디테일까지 소중한 피드백을 해 준 앤-데니스 그레히Ann-Denise Grech에게 특히 감사드린다. 올라프 아커Olaf Acker, 데니즈 캐글러Deniz Caglar, 비네이 쿠토Vinay Couto, 캐리 두아트Carrie Duarte, 피터 가스만Peter Gassmann, 폴 게이너Paul Gaynor, 앤 존스턴Ann Johnston, 모하메드 칸데Mohamed Kande, 콤 켈리Colm Kelly, 콜린 라이트Colin Light, 스캇 라이켄스Scott Likens, 코넬 놀트Cornel Nolte, 부샨 세티Bhushan Sethi, 매트 시겔Matt Siegel, 캐롤 스터빙스Carl Stubbings에게도 또한 감사의 인사를 전한다. 토론을 통해 좋은 아이디어를 많이 얻을 수 있었고, 이 책에서 다룬 중요한 주제들에 대해 전문적 견해와 지혜를 공유해 준 분들이다.

특히, 제럴드 아돌프Gerald Adolph와 드앤 아귀르DeAnne Aguirre에게 깊은 감사를 드린다. 고객 업무에 오랫동안 근무한 후 이제는 회사에서 은퇴했지만, 최종 원고를 상세히 검토하고 우리가 더 좋은 책

비욘드 디지털

을 낼 수 있도록 훌륭한 조언을 아끼지 않은 두 분이다. 오랫동안 우리의 멘토이기도 하며, 우리에게 꼭 필요한 피드백을 정확히 아는 분들이다. 본인들도 이미 알고 계시겠지만, 두 분 정말 멋지십니다!

연구를 수행하고 사례 기업들을 분석함에 있어 여러 동료들도 많은 도움을 주었다. 개리 알퀴스트Gary Ahlquist, 스캇 브라운Scott Brown, 시다스 도시Siddharth Doshi, 댄 엘리샤Dan Elisha, 자드 하지Jad Hajj, 데이브 호프만Dave Hoffman, 타이조 이와시마Taizo Iwashima, 요시유키 키시모토Yoshiyuki Kishimoto, 밥 롱Bob Long, 척 막스Chuck Marx, 앨리슨 맥널니Alison McNerney, 앨리슨 밀라Alison Millar, 패트릭 푸Patrick Pugh, 니사 모하메드 샤리프Nissa Mohamed Shariff, 구프릿 싱Gupreet Singh, 아유미 수다Ayumi Suda, 앤드루 티핑Andrew Tipping. 이들이 없었다면 이번 연구는 불가능했을 것이다.

이러한 아이디어들이 세상에 나올 수 있도록 해 준 마케팅 팀에게도 감사드린다. 글로벌 마케팅 팀, 그리고 세계 각국에서 지원해 준 훌륭한 분들께 감사의 인사를 전한다. 특히, 마케팅과 관련된 모든 업무를 꼼꼼히 처리해 준 게리 깁슨Geri Gibson에게 감사드린다.

하버드 비즈니스 리뷰 프레스와의 인연은 13년 전으로 거슬러 올라간다. 역량에 관한 우리의 아이디어를 좋게 평가해 주었고, 그 이후 4권의 책과 다양한 아티클 출판, 행사 등을 함께해 온 훌륭한 파트너이다. 멜린다 머리노Melinda Merino는 그 과정을 처음부터 함께하면서 훌륭한 질문을 통해 우리가 작업에 집중하도록 해 주었다. 이번에 함께한 에디터 케빈 에버스Kevin Evers와 더불어 이들은 매우 긍정적이고 신중하면서도 생산적이고 뛰어난 협업 능력을 보여주었다. 샐리 애쉬워스Sally Ashworth, 아킬라 발라수브라마니안 Akila Balasubramaniyan, 줄리 드볼Julie Devoll, 린지 디트리히Lindsey Dietrich, 스테파니 핑크스Stephani Finks, 브라이언 갤빈Brian Galvin, 에리카 하일만 Erika Heilman, 알렉산드라 케파트Alenxandra Kephart, 줄리아 마그누손Julia Magnuson, 엘라 모리쉬Ella Morrish, 앨리슨 피터Allison Peter, 존 쉬플리Jon Shipley, 펠리시아 시누사스Felicia Sinusas의 특별한 관심 덕분에 이 책이 출간될 수 있었다. 특히, 책 출간에 앞서 우리의 아이디어를 알리는 데 도움을 쥰 에이미 번스타인Amy Bernstein과 사라 모티Sarah Moughty 에게 감사드린다.

또한, 이 책은 세자르 마이나디Cesare Mainardi와 공동집필한 HBR 프레스의 3권의 책을 바탕으로 했음도 언급하지 않을 수 없다. 전략적 사고(전략적 컨설팅 분야 포함)에 대한 그의 비전 덕분에 비욘드 디지털을 위한 견고한 기반을 마련할 수 있었다. 그동안의 훌륭한 파트너십에 감사의 인사를 전한다.

사무실에서 실질적으로 많은 지원을 해 준 분들이 없었다면 아무것도 해내지 못했을 것이다. 회의를 잡고 다시 일정을 변경하고 또 변경하느라 고생해 준 신디 펑크Cindy Funk, 이본 로페Yvonne Lauppe, 말로 맥밀란-오쿠아디도Marlo McMillan-Okuadido에게 감사드린다. 우리는 이들이 없다면 아무것도 할 수 없을 것이다.

마지막으로, 우리의 가족들에게 깊은 감사를 전한다. 작업 때문에 늦은 밤이나 주말에도 회의를 해야 하는 상황에서도 너그럽게 이해해 주었다. 집필 작업을 할 수 있도록 공간을 마련해 준 것뿐만 아니라 일정을 맞추느라 고생하고, 무엇보다 계속해서 우리를 격려하고 응원해 주었다. Te, Cia, G.G., 메레디스Meredith, 프리얀카Priyanka, 알릭Alik, 아마Amma에게 감사의 뜻을 전한다.

폴 레인윈드, 마하데바 매트 마니

비욘드 디지털

초판 1쇄   2022년 5월 9일

지은이   폴 레인워드, 마하데바 매트 마니
펴낸이   서정희
펴낸곳   매경출판(주)
옮긴이   PwC 컨설팅
책임편집   박의성
마케팅   김익겸 이진희 장하라
디자인   이은설

매경출판(주)
등록   2003년 4월 24일(No. 2-3759)
주소   (04557) 서울시 중구 충무로 2(필동1가) 매일경제 별관 2층 매경출판(주)
홈페이지   www.mkbook.co.kr
전화   02)2000-2612(기획편집) 02)2000-2636(마케팅) 02)2000-2606(구입 문의)
팩스   02)2000-2609   **이메일**   publish@mk.co.kr
인쇄 · 제본   ㈜M-print   031)8071-0961
ISBN   979-11-6484-409-8(03320)